刑事司法
排除合理怀疑研究

潘金贵◎主编

XINGSHI SIFA
PAICHU HELI HUAIYI YANJIU

中国检察出版社

图书在版编目（CIP）数据

刑事司法排除合理怀疑研究／潘金贵主编．—北京：中国检察出版社，2024.1

ISBN 978－7－5102－2997－8

Ⅰ.①刑…　Ⅱ.①潘…　Ⅲ.①刑事诉讼－研究－中国　Ⅳ.①D925.204

中国国家版本馆 CIP 数据核字（2023）第 237096 号

刑事司法排除合理怀疑研究

潘金贵　主编

责任编辑：柴凯非
技术编辑：王英英
封面设计：龙　惠

出版发行：中国检察出版社
社　　址：北京市石景山区香山南路 109 号（100144）
网　　址：中国检察出版社（www.zgjccbs.com）
编辑电话：（010）86423768
发行电话：（010）86423726　86423727　86423728
（010）86423730　86423732
经　　销：新华书店
印　　刷：北京联兴盛业印刷股份有限公司
开　　本：710 mm×960 mm　16 开
印　　张：14.25
字　　数：260 千字
版　　次：2024 年 1 月第一版　　2024 年 1 月第一次印刷
书　　号：ISBN 978－7－5102－2997－8
定　　价：48.00 元

正确理解与适用“排除合理怀疑”是确保案件质量的关键（代序）

——第二届“证据法学论坛”研讨会之“刑事司法中排除合理怀疑的理解与适用”专题研讨综述

潘金贵*

刑事诉讼法2012年修正时在证明标准条款中引入了“排除合理怀疑”的表述。虽然我国刑事诉讼法规定的是“证据确实、充分”的证明标准，而不是“排除合理怀疑”的证明标准，但是在司法实践中，公安司法人员存在将其把握成“排除合理怀疑”证明标准的倾向，在是否起诉、是否定罪等问题上，会充分考虑案件能否排除合理怀疑。① 在司法实践中，“排除合理怀疑”事实上已经在很大程度上成为办案机关把握的证明标准。然而，在个案的处理上，由于办案人员对“排除合理怀疑”的理解和适用认识不一致，导致一些案件在最终处理上出现了“或枉或纵”的问题。从司法实践来看，正确理解与适用“排除合理怀疑”的证明标准可以说是确保案件质量的关键，尤其是在处理一些“疑难、复杂”的“定放两难”案件时更是如此。因此，如何在我国刑事司法中更好地把握“排除合理怀疑”这一“舶来品”，无疑是一个值得理论界和实务界高度关注的问题。故此，2023年4月22日，由西南政法大学法学院主办、西南政法大学证据法学研究中心承办、北京尚权律师事务所和北大法宝学堂协办的第二届“证据法学论坛”研讨会就“刑事司法中排除合理怀疑的理解与适用”进行了专题研讨。现就该专题研讨的主要内容综述如下。

---

* 潘金贵，西南政法大学法学院教授，法学博士，博士生导师，西南政法大学证据法学研究中心主任。

① 潘金贵主编：《证据法学》，法律出版社2022年版，第307页。

一、关于“排除合理怀疑的基础理论”的研讨

四川大学龙宗智教授以“排除合理怀疑作为证明标准的多元性问题”为题作了主题报告。龙宗智教授认为，排除合理怀疑作为域外引进术语，在我国被作为证明标准以及证明方法，在刑事诉讼中发挥了重要作用，主要体现在证明标准的细化与合理化，同时还发挥着人权保障的功能。第一，在具体理解排除合理怀疑与证据确实、充分的关系时，存在“一致说”与“差异说”。“一致说”认为排除合理怀疑与证据确实、充分是一体两面的关系，分别强调外部关系与内部关系。“差异说”认为排除合理怀疑并不等于证据确实、充分。龙宗智教授提出了“多元说”的观点，二者关系可分为高端、中端、低端三种标准，高端标准是二者完全相匹配，中端标准是排除合理怀疑但是证据充分性有欠缺、印证性不足，低端标准是排除合理怀疑有较大的反驳空间。第二，在对待推定问题时，需要区分推定与证明，要严格贯彻无罪推定规则，由控方承担证明责任。第三，对于孤证事实的认定标准而言，孤证适用于非要件事实、要件事实中某些难以获得印证的事实（尤其是主观事实）、孤证质量高足以支持事实认定三个场合。所以，孤证认定事实很难达到证据确实、充分标准，但是可以排除合理怀疑，并将其作为证明标准。第四，对于辩护性事实的认定标准，有利于被告人的事实（如被告人不在犯罪现场，被告人不具有某些从重情节，以及非法方法获取的证据排除等），由于客观条件限制以及被告方取证能力限制，难以达到充分证明此类“积极事实”的程度，不适用证据确实、充分的证明标准。第五，关于适用认罪认罚从宽制度的轻罪案件的认定标准，主流的意见是不降低证明标准。但实践操作不同，认罪认罚案件的重要价值就是节约诉讼资源（包括证据资源），因此，在实践操作中证据标准有别于普通程序案件具有实践合理性，也应具有法理合理性。3 年以下徒刑的案件，可以适当降低证据标准，可以适用有证据证明犯罪事实，同时应该达到排除合理怀疑的证明标准。

华东政法大学张栋教授认为排除合理怀疑是主观标准还是客观标准存在理论争议，并针对“人工智能运用是否是排除合理怀疑主观标准某种程度上的客观性问题”发表了自己的观点。首先，人工智能法官不可能存在，人工智能无法像人一样用直觉和想象去审查判断证据。其次，排除合理怀疑很大程度上是经验判断，经验判断要以知识为结构基础。最后，人工智能法官虽然能够规避道德风险，但是无法进行结果校准。此外，从哲学层面来讲，允许人工智能法官存在可能会强烈冲击社会结构、规则体系和制度运行逻辑的基本衔接，给人类生活带来巨大挑战。所以，人工智能法官并不可取。

浙江工商大学封利强教授认为，排除合理怀疑来源于道德上的制约性，由于案件的复杂性、办案的实践性，无法使每个案件事实认定都达到客观真实标准。排除合理怀疑标准有两方面功能：一方面是防止错误定罪；另一方面是防止放纵犯罪。在实践中，应该充分发挥审委会、检委会的作用，加强司法精英化建设，完善考评机制等，实现对案件事实的客观认定。

西南民族大学周洪波教授以“‘排除合理怀疑’的法律教义展开”为题作了主题发言。周洪波教授指出，在司法实践中存在“证据有点软就打折”“过度的无罪判决诉求”“辩方承担过多证明责任”现象，这些现象呈现了“排除合理怀疑的晦暗面目”，需要过滤历史哲学、宗教话语、当下的时髦证明分析话语，回归情理推断（常识常情常理）来揭示排除合理怀疑的本来面目。排除合理怀疑的规范化展开前提是解除证明标准“传统”的困扰，具体要从三方面展开：一是实质性内在的规范及属于推理认识论的信念规范；二是形式外在的规范，主要靠人数；三是半实质半形式的混合规范，主要是法律推定、裁决说理。

西南政法大学包冰锋教授从民事诉讼的角度对排除合理怀疑的基础理论进行介绍。在民事诉讼中，排除合理怀疑证明标准已经成为最高证明标准，在2015年最高人民法院《关于适用〈中华人民共和国民事诉讼法〉的解释》中，首次引入排除合理怀疑标准，引起了民事诉讼界的惊愕，民事诉讼的证明标准不应与刑事诉讼的证明标准等同。在民事诉讼中，已经存在高度盖然性这一证明标准，从民事司法实践来看，排除合理怀疑与高度盖然性之间的区别非常模糊。对于前述司法解释第109条规定的欺诈、胁迫、被串通、口头遗嘱或者赠与五类事实的证明，有一些可能不必适用排除合理怀疑证明标准。

中山大学法学院熊晓彪助理教授对证明标准界定难题、证明标准设置难题、证明标准的三个维度、证明标准理论重构几个问题作了梳理与研讨。证明标准的界定目前存在客观真实标准、概率阈值解释标准、层次性标准、模糊性标准等几种理论争议，设置证明标准在性质层面、表述层面、具象层面均存在一定的难题。影响证明标准、具象证明标准设置的核心因素在于事实的未知空间（事实认定容许多少未知空间存在难以确定），证明标准的维度体现在客观性成分、主观性内容、潜在法律政策三个方面。在重构证明标准时，可以统一表述证明标准，证明标准的功能是案件事实认定的判准，它的实质是判决错误风险分配机制，具象尺度取决于案件的利害关涉，证明标准的达成方式在客观方面有牢固的证据基础（包括区分证据分量与区分力量），在主观方面有一种绝对信念（区别于绝对真实和部分信念）。

重庆市第一中级人民法院卢君院长从审判角度对排除合理怀疑问题进行了

探讨：一是关于证明标准的高低问题。对于实务界人士以及普通民众角度来说，追求案件真实，得出唯一结论始终是他们的内心追求。因此，在排除合理怀疑入法时对法官来说并无太大起伏，立法将“排除合理怀疑”引入，使得任何人都可以有“合理”怀疑，这给法官增加了办案压力、舆论压力。二是关于排除合理怀疑与证据确实、充分之间的关系。排除合理怀疑是证据确实、充分的三个要件之一。针对“谁来排除，谁来怀疑”这个问题，应该是谁做判断就由谁来怀疑。三是从立法上来看，证明标准应当都是一致的，只是在司法实践中对证据的确实、充分程度和认识的掌握度、轻重程度有区别。

北京衡宁律师事务所合伙人常铮律师结合自身辩护工作，对排除合理怀疑问题谈了自己的理解。如何理解排除合理怀疑虽然仁者见仁、智者见智，但其主要强调两点：一是确定性，二是证明标准不是绝对的肯定性。排除合理怀疑标准的引入并不能代替证据确实、充分，而是作为证据确实、充分的一个构成要件。排除合理怀疑虽然强调自由心证、强调内心确信的过程，但其本质在于实现刑事案件事实真相的发现，保障公民的合法权利。在理解排除合理怀疑时，不应一味夸大主观性，而是要建立在客观的基础上，通过对证据的审查与判断，对待证事实形成一种相对确定的认知。

西南政法大学闫召华教授从四个方面展开了讨论。第一，2012 年刑事诉讼法修改表面上吸收了自由心证因素，但证明标准实质上的客观性并未改变。第二，引入排除合理怀疑使得证明标准更具有可操作性，更具有可量化或者可客观化的潜能。第三，排除合理怀疑是否有量化、客观化的可能？闫教授认为，排除合理怀疑不可量化。第四，我国的证明标准虽然看起来偏客观化，但实际上在裁判过程中会不可避免地掺入自由意志因素，域外的排除合理怀疑标准是为了对陪审团作出指示，而我国引入排除合理怀疑并不是想要改变司法规则，而是约束法官发挥主观能动性进行裁判。

河南韬涵律师事务所陈宁主任针对三个问题发表了自己的看法：一是案件事实清楚，证据确实、充分与排除合理怀疑的关系问题。在不同案件中，二者之间的关系是不一样的，排除合理怀疑不能以事实清楚，证据确实、充分来作解释，或认为二者存在一体两面的关系。排除合理怀疑是强调裁判主体的主观能动性，在达不到客观证明标准的案件中，降低控方举证难度，防止错判，也防止错误放纵犯罪。二是排除合理怀疑是针对控方还是辩方提出的要求？陈律师认为，排除合理怀疑只能是给控方设定的证据标准，不应当是辩方的证明标准。三是排除合理怀疑证明标准是针对全案综合事实判断，还是也可以适用于个案中单个证据、单个事实的判断？陈律师认为从日常司法实践来看，其主要还是应用于对全案证据的综合判断。

二、关于“排除合理怀疑的司法适用”的研讨

北京大学吴洪淇教授以“排除合理怀疑规则引入的影响与困境”为题作了主题报告。吴洪淇教授首先介绍了排除合理怀疑规则引入的背景及其影响。整体来说，排除合理怀疑标准是在刑事错判屡屡发生、防止死刑误判的背景下引入的。合理怀疑标准引入后在一定程度上改变了过去疑罪从轻、疑罪从挂的状态，鼓励法官在面对疑点的时候勇于作出疑罪从无的判决，在全国范围内出现了一批疑罪从无的典型案件，但由于排除合理怀疑标准本身的含糊性，司法实践对这一标准的把握也存在较大的困难。其次，吴洪淇教授阐释了我国排除合理怀疑标准适用的内在困境。由于排除合理怀疑标准脱离了其本来的制度运行环境，错案责任追究制、缺乏陪审团审判等因素导致该标准无法给予死刑案件裁判者一种道德的确定性和现实的安全感。在我国，法官既受到来自社会公众特别是被害人家属的压力，也受到追责制度的压力，法官的压力来源并没有因为排除合理怀疑标准的引入而降低。法官面临巨大的压力，导致排除合理怀疑在我国存在异化或是潜在的异化倾向。这表现在：一是主观标准在引入解释客观标准的过程中，本身被客观化解释，即用一种客观的条件去解释主观标准；二是法官在遇到案件疑难问题时，会更多地通过案件请示、审委会等方式来获得一种安全感。吴洪淇教授指出，排除合理怀疑标准要真正在中国刑事诉讼中扎根，发挥其预防冤案、保障法官心证的基本功能，还需要改善其运作的制度环境，包括继续推进庭审实质化改革为法官心证奠定基础、改革不合理的司法追责制度。

四川大学韩旭教授提出了排除合理怀疑司法适用应当关注的十个问题。第一，排除合理怀疑是情理判断而非事实判断。第二，排除合理怀疑的适用对象是犯罪构成的客观事实，而不是主观事实和量刑事实。第三，排除合理怀疑是控方证明有罪的标准，而非辩方。第四，排除合理怀疑的审查方式是一种经验判断而非证据判断，刑事诉讼法中是综合全案证据排除合理怀疑，其实单个证据也可以审查其是否达到排除合理怀疑的程度。第五，排除合理怀疑是对印证局限性的一种矫正。第六，排除合理怀疑的基本要求是控方需要用证据进行证明或者反驳，但是辩方不一定用证据来产生合理怀疑。第七，不同证据结构中排除合理怀疑的把握程度是不同的。仅靠言词证据定案的案件需要从严把握证明标准，而在人证、物证结合的证据结构中就要寻求印证。第八，排除合理怀疑的价值对于控方是入罪的证明要求，对于辩方是出罪的证据权利和重要的辩点。第九，排除合理怀疑要认真落实疑罪从无。第十，排除合理怀疑要求司法官善于运用经验法则进行情理推断。

安徽财经大学纵博教授提出，对证明标准的判断需以客观存在的证据为基础，但证明标准始终是一个主观判断的问题，在司法实践中适用排除合理怀疑要回归到主客观统一的本质，加强并规范法官的主观判断。学术层面可以进一步解释排除合理怀疑使司法人员更清楚如何运用，实践层面可以通过指导性案例指引法官对排除合理怀疑的理解与运用，但司法解释不应再追求更详细的标准，否则只会适得其反。

西北政法大学刘仁琦教授以“意志压制型强奸犯罪案件中‘违背妇女意志’的证明”为题作了发言。一是意志压制型强奸案件中实物证据比较少，有罪供述极少，被害人陈述模糊、反复、易变，笔录类证据基本无用。二是意志压制型强奸证明，应从加害人的行为是否达到了“违背妇女意志”的程度，转换为被害人的意志是否被彻底压制，并使其完全丧失了性防卫能力。因此，为使意志压制型强奸的“违背妇女意志”达到排除合理怀疑的证明标准，实践中可以使用品格证据；使用多种证明方法，如运用经验法则扭转过度的客观化；禁止使用推定，尤其禁止使用行为推定。总的来说，证明标准是主观的，应该通过证据规则的限制或者证明方法、证明过程的科学化来实现排除一切合理怀疑的效果。

中国政法大学林静副教授就排除合理怀疑的域外观察、合作性诉讼模式下的比较观察以及认罪认罚案件中的排除合理怀疑三个问题进行了论述。林静副教授指出：第一，排除合理怀疑是在竞争性诉讼关系语境下发展出来的一个风险分配机制。在合作性诉讼语境下，风险分配的必要性仍然存在，因为错案的风险仍然存在。第二，作为实质真实为价值追求的职权主义国家，我国和大部分大陆法系国家一样，证明标准没有变化，仍然是排除合理怀疑。第三，通过证明对象的转移及谨慎标准的语境依赖，证明难度事实上降低。

西南政法大学王剑虹副教授围绕“合理怀疑的界定”作了发言。排除合理怀疑的术语来自英美法系，从判例的角度来说，对合理怀疑的含义大致有三大类：一是从正面界定，即合理怀疑是基于一种理性和常理的怀疑，若使理性的人在定罪的问题上犹豫不决，则说明出现了合理怀疑；二是从反面界定，即基于幻想、同情、偏见或是纯粹的空想、猜想和猜测产生的怀疑不是合理的怀疑；三是从正反两方面界定，即合理怀疑一定是基于对证据仔细思考的怀疑，而不是一种荒唐的怀疑，合理怀疑一定是一个真实存在的、实质性的怀疑，而不是一种不可能存在的、猜测性的怀疑。在中国语境下的合理怀疑更多是一种合乎事理、合乎情理的怀疑，是一种经验性的判断。

重庆市大足区人民检察院孙琳检察长就排除合理怀疑理论的司法理解、排除合理怀疑的操作范式以及准确适用排除合理怀疑三个问题分享了自己的观点。孙琳检察长指出，排除合理怀疑在立法与司法操作层面都有我们国家的特点。实质证明的过程是一个法律思维的科学活动过程，是一个认识界定的活动过程，在此过程中搭建证据体系、运用经验法则以及得出认识结论必不可少。排除合理怀疑最重要的任务就是防止冤假错案，它是我们国家制定的一个可操作性的规则，即以“挑漏”的方式来判断这个案件是否达到了应该达到的刑事证明的标准，比内心确信更有可操作性。准确适用排除合理怀疑，就应当精准定位疑点证据，寻找合理的怀疑。

内蒙古守正律师事务所合伙人曹春风律师立足实务谈及两点见解。一是排除合理怀疑与推定明知在制度衔接上存在问题，推定明知在刑事诉讼法的文本中没有明确规定，希望各位老师和专家能够推动立法，将推定制度认定案件事实规定在刑事诉讼法中。二是毒品犯罪中推定明知的案件在很多情况下往往无法排除合理怀疑，此时适用死刑缺乏“特别慎重”这一底线规定。

西南政法大学艾明教授就“合理怀疑的发现途径”进行了交流，提出发现合理怀疑的基本途径，就是要认识合理当中的“理”。这个“理”不仅包括常情、常理这种一般的经验法则，还应当包括证据法中的相关知识，以及其他的专门知识。理论工作者还可以结合其他知识，为司法工作人员提供发现合理怀疑的具体途径，以帮助司法工作人员准确认定案件事实，有效防范冤假错案。

北京盈科（厦门）事务所经济犯罪预防与辩护法律事务部主任张锦前律师从辩护人角度对排除合理怀疑发表了自己的看法。排除合理怀疑标准的第一要素就是合理怀疑，而提出合理怀疑就是辩护律师利用证明标准进行辩护的关键一步。一方面，辩护人要对证据体系进行分析，依靠逻辑经验法则对事实认定的真实性提出疑点，说服事实认定者对指控事实的结论唯一性产生怀疑；另一方面，辩护人提出的疑点只要能够动摇事实认定者的内心，使其认为指控的事实不具有唯一性即可。张锦前律师认为，当一个怀疑出现的时候，最有效的办法是提供有关证据进行验证，这种证据既可以是新的证据，也可以是卷宗里面原有的证据。如果怀疑能够进行补强验证，那么怀疑就是合理的；当怀疑不能够被相关证据补强验证，辩护人也可以结合当时的客观环境对其进行补强说理，说明这种怀疑在细节上的合理之处，使其具有现实的可接受性。

“由于‘合理怀疑’具有较强的主观色彩，内容上也不够稳定，而且缺乏可利用的监测手段，因此，‘排除合理怀疑’这一术语从诞生迄今不断受到理论界和实务界的质疑。”① 在我国刑事诉讼法已经引入“排除合理怀疑”并且

① 潘金贵主编：《证据法学》，法律出版社 2022 年版，第 303 页。

正在司法实践中逐步成为事实上的证明标准的情况下，公安司法人员正确理解和适用“排除合理怀疑”的证明标准，对于正确认定案件事实、确保案件质量无疑至关重要，因此，“证据法学论坛”关于“刑事司法中排除合理怀疑的理解与适用”的专题研讨，在我国刑事司法背景下对排除合理怀疑的理论研究和在实践中更好地指导公安司法机关办理案件，具有重要的参考价值和指导意义。

目　录

基础理论

实证考察

制度前瞻

基础理论

排除合理怀疑作为证明标准的多元性问题*

龙宗智**

对于排除合理怀疑问题，笔者曾经写过文章，但是最近这些年未作专门研究。“推定”的概念最近被用得比较多，作为一个事实认定的方法，它认定的标准是什么？笔者从这个问题开始思考，形成本文的主题，即排除合理怀疑作为证明标准的多元性问题。

排除合理怀疑作为域外引进术语，在中国刑事诉讼中发挥了重要作用，甚至超出预期。排除合理怀疑引入中国刑事诉讼法后到底发挥什么作用，这在开始是有争议的，也是不确定的，后来发现它作为证明标准和证明方法发挥了重要的作用。可以说，排除合理怀疑在以外部性为基本特征的印证模式的推进中，实现了一个谨慎的突破。它的具体作用主要体现为证明标准的精细化和合理化。因此，当前排除合理怀疑在学术研究中经常出现，司法实践中也时常得以应用，同时凸显出人权保障的功能。中川孝博分析日本刑事司法实务时认为，排除合理怀疑的证明用途发挥得最为淋漓尽致的是在撤销原判的案例中。德国刑事诉讼中也有类似的情况。排除合理怀疑作为一种证明方法，主要是以疑点的发现、验证和排除为证据方法，以解构证据体系为功能特征。所以，它能发挥人权保障的功能。下面就证明标准的多元性问题阐释五点：

第一，如何理解排除合理怀疑与证据确实、充分的关系。在这个问题上，存在“一致说”与“差异说”。“一致说”认为，排除合理怀疑与证据确实、充分是一体两面的关系，分别强调外部关系与内部关系，具有互补作用。全国人大法工委刑法室在解释刑诉法修改时也是采用这样的观点。“差异说”则认为，排除合理怀疑并不等于证据确实、充分，前者只是后者的必要条件。笔者以前持“差异说”，现在持“多元说”。排除合理怀疑可以分为高端、中端、低端三种标准。高端标准是二者完全相匹配，证据确实、充分与排除合理怀疑

* 本文系龙宗智教授在第二届“证据法学论坛”研讨会上所作的主题报告，整理刊发以飨大家。

** 龙宗智，四川大学法学院教授、博士生导师。

相互解释；中端标准是排除合理怀疑成立，即心证成立，但是证据充分性有欠缺、印证性不足；低端标准是排除合理怀疑，但有较大的反驳空间。这三种标准能找到一些依据，刑事诉讼法解释证据确实、充分时规定“综合全案证据，对所认定事实已排除合理怀疑”，这实际上讲的是一个事物的两个方面，证据确实、充分的心证标准就是排除合理怀疑。但是最高人民法院《关于适用〈中华人民共和国刑事诉讼法〉的解释》第72条规定：“认定被告人有罪和对被告人从重处罚，适用证据确实、充分的证明标准。”则可能体现两种标准还是有区别。但是我提出多元性标准，至少有三种，即排除合理怀疑可分为高端、中端、低端三种标准。

第二，推定事实的认定标准，是低端的排除合理怀疑标准。在对待推定问题时，需要区分推定与证明，要严格贯彻无罪推定规则，由控方承担证明责任。首先要慎重对待推定，把运用间接证明事实，即利用推论定案认定为推定是不对的。原因在于：一是证明、推定、司法认知是认定事实三种不同的方式。推定必须和证明相区别。二是对任何人应该作无罪推定，没有法律根据不能推定有罪。三是控方承担证明责任，这在刑事诉讼法中有明确的规定。这三点是基本的前提，因此必须慎重对待推定。

推定和证明的区别是，前者要适度降低证明标准，同时必然转移证明责任。推定事实达不到证据确实、充分的程度，但应当能够达到“排除合理怀疑”。这是一个推翻可能性较大、事实确实性相对较低的标准。推定是一个法律问题，推论是一个事实问题，所以不能用推定来指称推论。如果推定达不到证据确实、充分的标准，那么是不是须达到排除合理怀疑的程度？也即推定是用经验法则作基础事实与推定事实之间的搭桥，而经验法则的基本要求为达到排除合理怀疑。

第三，孤证事实以及以下两种事实的认定标准，是中端的排除合理怀疑标准。孤证是指某一事实由单一证据证明或基本由单一证据证明。以孤证或基本孤证证明要件事实及犯罪情节，是打破印证模式极端化的需要，也是司法实践的需求。司法实践中孤证适用的场合有：一是非要件事实；二是要件事实中某些难以获得印证的事实，尤其是主观事实；三是孤证质量高，足以支持事实认定，如凭鉴定意见认定要件事实，酒驾案件中仪器测量酒精含量事实等。所以凭孤证很难认定为证据充分（毕竟没有达到充分性在量上的要求），但是必须达到排除合理怀疑，并将其作为证明标准。

第四，关于辩护性事实的认定标准。有利被告人的事实，如被告人不在犯罪现场，被告人不具有某些从重情节，以及以非法方法获取的证据排除等。由于客观条件限制以及被告方取证能力限制，难以达到充分证明此类“积极事实”的程度，也不适用证据确实、充分的证明标准，但是应当达到“排除合理怀疑”的心证程度。

第五，关于认罪认罚的轻罪案件的认定标准。对认罪认罚案件适用的证据标准，学界有不同的意见。主流的意见是不降低证据标准，防止降低证明标准导致降低证据质量。但认罪认罚案件的重要价值就是节约诉讼资源，包括证据资源。因此，在实践操作中认罪认罚的轻罪案件证据标准有别于普通程序案件具有实践合理性，也具有法理合理性。但是，笔者认为不能一概而论，对认罪认罚的轻罪案件，即可能被判处3年有期徒刑以下的案件，可以适当降低证据标准，适用有证据证明犯罪事实，同时应该达到排除合理怀疑的程度。

论排除合理怀疑的内涵解构

潘金贵　夏睿泓*

2012年修改刑事诉讼法时，立法者正式把“排除合理怀疑”引入刑事诉讼法中，将其作为“证据确实、充分”的要件之一予以明确，以期增强刑事司法证明标准的适用性。对“排除合理怀疑”在我国的适用，学界可谓研究成果丰硕。从研究方向看，学界研究多侧重于从宏观着眼，阐述“排除合理怀疑”所体现的改革意义、功能定位、制度保障等问题，但是缺乏“排除合理怀疑”在司法证明适用上的研究。由于“排除合理怀疑”在刑事证明场域研究的欠缺，尤其是“合理怀疑”内涵的模糊不清，实践中大部分法官在判决书中主要沿用过往“证据确实、充分”的表述，而部分法官则对“排除合理怀疑”应如何适用自行进行探索，但是往往对“合理怀疑”的内涵、适用方式认知不一，因此也出现了误用、滥用“排除合理怀疑”的情况。① 有鉴于此，笔者认为应就“排除合理怀疑”的内涵进行解构，以期提升其司法适用性。

一、排除合理怀疑内涵的现有学说述评

（一）含混不清的排除合理怀疑英美法系传统释义

“排除合理怀疑”证明标准在英美法系刑事司法制度中占据基础性地位。② 但是，多少年来，“排除合理怀疑”的含义仍然是让人捉摸不透，其如同被蒙上一层面纱，大致可见却又难以明晰。对于“排除合理怀疑”的释义，理论界及实务界解释的进路大体可分为以下几种：

---

* 潘金贵，西南政法大学法学院教授、博士生导师，证据法学研究中心主任；夏睿泓，西南政法大学法学院博士研究生。

① 参见李训虎：《排除合理怀疑的中国叙事》，法律出版社2018年版，第103页。

② 参见汪海燕：《刑事诉讼法律移植研究》，中国政法大学出版社2015年版，第231页。

1. “只能意会、不能言传”

“排除合理怀疑”的证明标准发端于英美法系，并被视为英美法系不可或缺的一部分。但令人意外的是，英美法系的法院却不倾向于对“合理怀疑”作出准确明晰的定义。比如在1954年霍兰诉联邦一案中，美国联邦最高法院就表明，“合理怀疑”的含义是不言自明、无须解释的。而任何对“合理怀疑”的解释都无法使得陪审团对其有进一步的理解。[①] 不仅如此，在联邦诉里弗斯案中，美国联邦第四巡回法院甚至认为，即使陪审团要求法官对“合理怀疑”的含义作出界定，法官拒绝对此作出解释的做法也不被视为是错误的。[②] 英美法系的法院之所以大多持对“合理怀疑”的解释是徒劳的态度，是因为他们认为，陪审团并非专业法律人士出身，并不具备相应的法律知识素养，而“合理怀疑”对他们而言本已是意思明确的语词，如若对其进一步进行解释，恐会有混淆陪审团成员思路、降低控方证明责任的风险。[③] 故而，威格莫尔曾指出，“任何更具体地定义这种无法捉摸、不可言传的心理状态的努力”都是“不明智的”。[④]

“排除合理怀疑”究竟能否界定的确存在诸多争议，但是这种认为进一步解释“排除合理怀疑”无助于澄清其含义、增强其可操作性的观点，无疑是消极和无益的。认为排除合理怀疑无须解释的理由主要有二：一是排除合理怀疑的语句组成并不复杂和晦涩。“排除”“合理”“怀疑”的语义内涵因与生活用语基本一致而一目了然。二是排除合理怀疑因关涉人类内心信念程度的判别而难以被具象化、细致化。正如马萨诸塞州司法区最高法院首席法官肖在韦伯斯特案中所言的，排除合理怀疑是一种留在陪审员心中的难以言说的状况。[⑤] 概言之，对排除合理怀疑“只能意会、不能言传”的原因在于，排除合理怀疑既“无必要”，也“无能力”言传。但是，实际上这种理论观点背离了实际需求，忽视了现实需要。根据实证研究表明，如若不对排除合理怀疑进行定义，则会实质减轻控方的证明责任和降低定罪门槛，而且实践中陪审团成员也往往希望法官就如何理解排除合理怀疑作出明确指示。因为虽然排除合理怀

---

① Holland v. United States, 348 U. S. 121, 140 (4th Cir. 1994).

② United States v. Reives, 15 F. 3d 42, 46 (4th Cir. 1994).

③ Jessica N. Cohen, The Reasonable Doubt Jury Instruction: Giving Meaning to a Critical Concept, 22 Am J. Crim. L., 1995, p. 677, 683.

④ J. Wigmore, A Treatise on the System of Evidence in Trials at Common Law, Beach: Gaunt, 2003, p. 2497.

⑤ See Commonwealth v. John W. Webster, 59 Mass. 295 (1850). 转引自张威：《排除合理怀疑的法理阐释》，法律出版社2021年版，第121页。

疑表面上看起来一目了然，但其实陪审员们并不能真正理解其中含义，甚至出现陪审员在评议过程中用智能手机在互联网搜索平台检索排除合理怀疑含义的情况。[①] 从采取不定义方式的审判实践效果来看，这种不定义的做法实际增大了不当入罪的风险，让原本严肃的事实认定活动有流于随意的情况出现。因此，这种不定义的方式并不可取，对排除合理怀疑内涵进行定义确有必要，具体理由将于下文展开阐述。

2. 道德确信

英美法系的法官们也曾尝试从反面对合理怀疑进行概念的确认，他们采用"道德确信"来注解"排除合理怀疑"的含义。在维多诉内布拉斯加州案中，美国联邦最高法院曾论及，在刑事审判中，"道德确信"便是用于解释"排除合理怀疑"，其和"排除合理怀疑"是意义完全等同的标准。[②] 据此，所谓的合理怀疑，即指陪审员对于控方起诉事实的真实性的确信程度没有达致"道德确信"的地步。

道德确信说的观点不仅在英美法系颇受认可，而且频频被国内学者所引用，作为对排除合理怀疑的界定。持该观点的学者，对排除合理怀疑的界定更多体现了一种对排除合理怀疑原意的遵循，认为"排除合理怀疑，就是由于良知的确信，是以排除一切合理怀疑"。换言之，作为证明标准，合理怀疑的认定和合理怀疑的排除都需要满足两方面的要求：一是法官和陪审员在认定案件事实时需要具备良好的职业道德、较高的职业素养和认知理性，以公正和诚实作为事实认定的立场；二是遵循公正和诚实的立场，合理怀疑必须有证据证明，妄想和臆测等无根据、无道理的怀疑不能归属于合理怀疑。[③]

首先应当承认的是，排除合理怀疑作为事实认定者心证活动的规制标准之一，肯定也包含着对事实认定者的道德要求，但是同时值得注意的是，"道德上的确信"虽然表述上与道德伦理相挂钩，但其道德伦理的规范要求更多是存在于史学价值之上。而且其道德伦理要求并非是为了消弭事实认定者面对决策结果的不确定性时的心理焦虑，而是基于神学信仰背景之下的信仰焦虑。应当说，英美法系之所以将"道德上的确信"与排除合理怀疑联系起来，实际上与英美法系近现代刑事审判中的经验理性相关。中世纪天主教的怀疑神学确

---

① See Bobby Greene, Reasonable Doubt: Is It Defined by Whatever Is at the Top of the Google Search Page?, 50 J. Marshall L. Rev. 2017. p. 933, 942 - 43, 950 - 953.

② Victor v. Nebraska, 511 U. S. 1, 11 (1994)

③ 参见樊崇义：《刑事证据规则体系的完善》，载《国家检察官学院学报》2014 年第 1 期。

立了一个关于确定性的四个等级。其中，等级最高的是道德确定性，接下来依次是意见、猜测和怀疑。力图避免危及其灵魂的基督徒被命令要超越怀疑、猜测和意见的等级，最终获致道德确定性。其含义的解读应结合启蒙时期的哲学思想来理解。根据当时的哲学思想，事实的认定并非同数学或逻辑一样，有绝对确定的结果。在事实认定领域，最接近数学演算结果所得出的绝对确信状态的，便是“道德确信”。[①] 可是，“道德确信”中“道德”一词容易误导陪审员，使陪审员产生这样的误解，即定罪是可以基于自身的伦理感情而非基于全案证据。所以美国联邦最高法院也认为，使用“道德确信”来解释“合理怀疑”，存在使得陪审员以价值判断代替事实认定来定罪的风险。[②] 简言之，“道德上的确信”与洛克等哲学家提出的盖然性理论相关，其“与伦理道德无关，只是仅次于数学计算得出的完全确定性结果后的确信状态”[③]。而且实证研究表明，仅有极少部分司法实务工作者认同将排除合理怀疑理解为道德确信，也就是说，这种理解在实践中极为罕见，不具有普遍性。[④]

3. 概率论

通过引入概率论，将“合理怀疑”予以量化也是常见的解释合理怀疑的方法。在英美法系中，法官、学者普遍都认可事实认定的确信标准无法达到100%的程度，也即绝对确信的程度。既然达不到100%的绝对确信程度，那么达到“排除合理怀疑”的确信程度的量化概率又是多少呢？显然，根据考究，理论界和实务界都没有形成统一的答案。在一项针对美国法官关于“排除合理怀疑”量化标准认定的调查研究中，大部分法官认为“排除合理怀疑”的最低量化限度应大于或等于90%，小部分则认为超过75%即可视为“排除合理怀疑”，另有极少数的研究参与者的观点是只要超过50%的概率便可定案。[⑤] 学界的主流观点和前述调查研究中大部分法官的观点较为一致，也认为“排除合理怀疑”的确信程度应不低于90%，但是究竟是90%还是95%，则因不同学者观点而异。[⑥]

---

① 参见李昌盛：《反思排除合理怀疑标准》，载《南京大学法律评论》2013年春季卷。

② Victor v. Nebraska，511 U. S. 1，13（1994）.

③ 李昌盛：《反思排除合理怀疑标准》，载《南京大学法律评论》2013年春季卷。

④ 该实证研究表明，仅有6%的受访者持该种观点。参见黄玥：《“排除合理怀疑”证明标准适用实证研究》，西南政法大学2015年硕士学位论文，第36页。

⑤ 参见肖沛权：《排除合理怀疑及其中国适用》，载《政法论坛》2015年第6期。

⑥ 参见魏晓娜：《“排除合理怀疑”是一个更低标准吗?》，载《中国刑事法杂志》2013年第9期。

量化“合理怀疑”本意是为了增强“排除合理怀疑”的实践可操作性，但是事与愿违，这种“合理怀疑”的量化表述方式无法起到明晰“合理怀疑”含义的作用，也饱受理论界和实务界的批评。尚且不论90%抑或95%的标准哪个更有利于保障无辜者不被定罪，仅是90%和95%之间这5%的差距所代表的认识程度也没有办法使人确知。换言之，刑事审判活动无法通过精确概率计算的方式来处理，其带有一定的模糊性。① 况且一旦法官或陪审员本身并不精通数学，则对证明标准的把握更是无从下手。而且新近的认知科学研究表明，人类实际上并不擅长使用以百分比形式表现为主的概率进行推理，人类更擅长在裁断时适用具有强有力的规范性和定性明确的标准。因此，评判一个主张是否“合理”比评判其是否达到“60%”的程度，更能为人们所理解和适用。②

更令人担忧的是，概率论所暗含的逻辑是会有5%—10%的刑事案件存在冤枉无辜者的情况，这无疑与“保障人权”的刑事诉讼价值理念相悖。域外实践研究也已经证明，“排除合理怀疑”不是一个普通人已经达成统一认识的概念。1990年，密歇根州的一次实验揭示：有1/4的陪审员认为“排除合理怀疑”要求排除“任何可能的怀疑”，只有不到31%的陪审员认为“排除合理怀疑”并不要求达到绝对确定有罪的程度。其他学者的研究也证实了裁判者在理解何谓“排除合理怀疑”时存在严重的不一致。③

（二）我国理论界和实务界对“排除合理怀疑”的内涵解读

“排除合理怀疑”的入法已成既定事实，但是如何理解排除合理怀疑仍是一个亟待解决的问题。综合来说，我国当前关于“排除合理怀疑”的内涵解读有以下几种：

第一，“结论唯一型”。该种内涵界定方式更多是立足于我国传统客观真实观，将排除合理怀疑与结论唯一性的证明标准进行对接。陈光中先生指出，从辩证唯物主义认识论原理和我国实践经验来看，“排除合理怀疑”的中国式理解，应当与结论唯一相结合，也即“排除合理怀疑”的含义即是对有关定

---

① 参见张保生：《事实、证据与事实认定》，载《中国社会科学》2017年第8期。

② See for example, Richard Samuels and Stephen Stich, “Rationality and Psychology” in Alfred Mele & Piers Rawling (eds.), Oxford University Press, 2004, p. 279 - 300.

③ 李昌盛：《反思排除合理怀疑标准》，载《南京大学法律评论》2013年春季卷。

罪和量刑的主要事实的证明需要达到结论唯一的程度。① 这种观点颇受实务界认可，更多见于实务工作者的观点表达当中，典型如某位检察长所言，所谓排除合理怀疑，其实质就是在案的证据均指向同一事实，不存在其他可能性。②

第二，“主观说”。该种界定方式强调对排除合理怀疑的理解应着眼于事实认定的主观性。所谓“排除合理怀疑”，是指综合所有经过法庭调查和法庭辩论的证据，法官对于被告人的犯罪事实已经产生了内心确信，而不再有任何有证据支持或者符合经验法则或逻辑法则的疑问。③

第三，“主客观整体界定说”。该种界定方式也即对“排除合理怀疑”这一立法表述进行整体性的界定。所谓的整体性指的是，在界定“排除合理怀疑”时，可以说是遵从主客观的角度予以界定。其界定方式的客观之处在于强调对怀疑的审查应有所依据，而依据可以是证据或者逻辑事理；其界定方式的主观之处在于要求排除合理怀疑的信度标准达至内心确信的程度。具体而言：

其一，“客观的道德确信说”。樊崇义先生指出，排除合理怀疑的内涵主要包含三部分内容：一是道德上的确定性；二是其是主客观相融合的体现，强调必须对具有客观性、关联性、合法性的证据之证明力进行主观的推理、判断；三是“合理怀疑”必须是有根据的、理性的，是基于合乎常理的知识和思维而产生的怀疑。排除合理怀疑不要求百分之百的确定无疑，而只要求达到相对的实体真实。④

其二，“没有符合常理的、有根据的怀疑，实际上达到确信的程度”。代表性论述即为立法机关对“排除合理怀疑”具体含义的表述。立法机关认为，关于“排除合理怀疑”的具体含义，应当理解为“对于事实的认定，已没有符合常理的、有根据的怀疑，实际上达到确信的程度”。⑤ 有学者在立法机关的基础上对“符合常理的、有根据的怀疑”作出进一步细化解读，具体而言：

---

① 参见陈光中、张佳华、肖沛权：《论无罪推定原则及其在中国的适用》，载《法学杂志》2013 年第 10 期；陈光中：《证据裁判原则若干问题之探讨》，载《中共浙江省委党校学报》2014 年第 6 期。

② 黄生林、李本森、李奋飞：《如何构建以证据为核心的刑事指控体系》，载《人民检察》2017 年第 11 期。

③ 陈瑞华：《刑事诉讼中的证明标准》，载《苏州大学学报》2013 年第 3 期。

④ 参见樊崇义：《证明标准：相对真实——〈刑事诉讼法〉第 53 条的理解和适用》，载《国家检察官学院学报》2013 年第 5 期。

⑤ 全国人大常委会法制工作委员会刑法室：《关于修改中华人民共和国刑事诉讼法的决定：条文说明、立法理及相关规定》，北京大学出版社 2012 年版，第 53 页。

一是指有新的证据事实作为根据支撑的怀疑，也即根据辩护方的辩护或司法机关的查证，发现新的证据事实足以动摇原有的事实认定，不能排除其他人作案的可能性，因而形成合理的怀疑。二是通过对现有的证据进行逻辑推理与经验分析，发现证据本身前后矛盾；证据之间存在矛盾，证据不充分，不能形成证据链条，不能得出排除合理怀疑结论的情形。①

其三，"综合确信说"。亦有学者从综合确信程度的角度来理解"排除合理怀疑"。该学者主张，"排除合理怀疑"可以概括为在对全案证据进行综合判断之后，事实裁判者对被告人犯罪的事实不再存在任何有证据支持的、符合经验与逻辑法则的疑问，产生了被告人构成犯罪的内心确信。②

在笔者看来，上述各类对排除合理怀疑的界定各有依据，侧重点也各有不同。"结论唯一型"侧重于对排除合理怀疑所代表的确信程度予以界定，"主观说"则偏重于排除合理怀疑的主观适用范围，"主客观界定说"较为全面，但因其定义的梗概性而可能在直接指导司法从业人员适用排除合理怀疑方面有所不及。进言之，这三类内涵界定的学说仍是从理论上予以高度概括，但是未能结合司法实践及司法证明原理提出于刑事司法实践而言具备可操作性的标准。

二、排除合理怀疑内涵界定的必要性及其思路

（一）排除合理怀疑内涵界定的必要性

首先，排除合理怀疑已正式成为我国刑事诉讼法文本的一部分，而且其立法范式并非与国外一致，其是作为"证据确实、充分"的注解而被规定。应予以注意的是，刑事诉讼法的法律移植相较其他部门法更具有特殊性，更加依赖外部的制度环境。③ 但是法律的成功移植和借鉴并不要求全面移植背后的政治、文化等制度性支撑因素，如欧陆的现代刑事诉讼系统便是因实现了英国刑事诉讼制度和欧陆传统之成功融合而形成了更为可靠的制度体系。④ 所以，刑事诉讼法律移植的成功不仅要考虑原先的制度背景，而且更应该因地制宜，根

---

① 肖沛权：《排除合理怀疑及其中国适用》，载《政法论坛》2015 年第 6 期。

② 卞建林、张璐：《"排除合理怀疑"之理解与适用》，载《国家检察官学院学报》2015 年第 1 期。

③ 参见［美］米尔吉安·R. 达玛斯卡：《比较法视野中的证据制度》，吴宏耀、魏晓娜等译，中国人民公安大学出版社 2006 年版，第 232 页。

④ 参见左卫民：《当代中国刑事诉讼法律移植：经验与思考》，载《中外法学》2012 年第 6 期。

据自身的法治需要与移植规范在本土的可接受性来予以相应的本土化改造和创造性转化，进而实现移植规范与本土法制的有效融合。[①] 因此，英美法系中认为排除合理怀疑不适宜解释的理由和制度背景，由于与我国的刑事司法环境和需求不相匹配，所以不能成为我国不对排除合理怀疑进行解释的依据。诉讼观念、立法范式、证明模式、裁判制度以及文化传统等元素的不同，决定了排除合理怀疑必然在我国刑事诉讼中具有有别于域外的内涵意蕴，因此亟待立足于我国本土法治，吸取域外有益经验，对其进行内涵界定。

其次，排除合理怀疑的文义具有一定的模糊性，为了增强法律的适用性及可操作性，有必要对其内涵语义进行界定。这种模糊性来源于两方面，一方面来自其看似可以依凭日常用语去理解，另一方面来自其精简化的法律条文表述。就第一方面而言，从表面上看，“排除合理怀疑”中“排除”“合理”“怀疑”的三个词汇都不是生僻少见、晦涩难懂的用语，普通人基于生活用语的角度都能够理解该规范的基本内涵。但值得注意的是，或许普罗大众对其基本内涵可能都不会有太大的歧义，但是“排除合理怀疑”乃法律文本的一部分，其在法律规范上的内涵意义自然不可能与生活用语层面的内涵意义完全等同。作为我国刑事证明相关的规范，刑事诉讼中哪些怀疑、怎样认定怀疑达到合理程度以及如何排除，都需要结合我们的刑事证明观以及整个刑事诉讼规范体系予以综合解释，并非依赖我们的日常生活经验便可以充分理解。就第二方面而言，排除合理怀疑的立法表述本身存在一定的模糊性，如果不作进一步解释，恐难以确切把握其真切的规范目的。正如学者所言，立法者常用不确定性的表述以精简立法用语，所以“模糊的法律语言比比皆是，需要通过解释加以明确”[②]。排除合理怀疑的核心文义与概念外延都存在一定的模糊性，譬如怀疑的类型、合理的程度以及排除的方式都并不明确，有待于进一步界定。如果不加解释与区分，既有可能不当增加控方的证明难度，如要求控方对臆想的怀疑都须予以证明不存在，同时也有可能不当降低刑事证明标准，如审判人员贸然认为辩方的怀疑不合理而直接机械地认定被告人构成犯罪。

最后，对排除合理怀疑进行内涵界定符合司法实践的现实需求。正如实务界资深高层法官所言，“由于‘排除合理怀疑’本身仍然比较抽象，因此有必

---

① 参见李麒：《法律移植与文化适应：基于非法证据排除的实践分析》，载《政法论坛》2016 年第 5 期。

② 汪海燕等：《刑事诉讼法解释研究》，中国政法大学出版社 2017 年版，第 94 页。

要通过司法解释的形式进一步予以确认”。① 虽然排除合理怀疑的引入的确让刑事证明标准更具备可操作性和更加明确，但是不像理论界可以依凭自身的理解对排除合理怀疑的内涵进行各种学术理论上的探讨，对于一线的实务工作者而言，语义明确和具体可行的法律规范是他们所偏好的。虽然模糊的法律规范能够让他们在法律适用过程中享有较大的自由裁量空间，但是明确的法律规范却可以使得他们在事实认定过程中受到更准确的行动指引。而且实务工作者根据更为明确细致的法律规范进行证据的认证和事实的认定，既能够避免来自外界可能的批评及指摘，而且可以避免因错误的自由裁量而事后遭受追责。因此，在实务工作者看来，排除合理怀疑的进一步明确对刑事证明活动的规范性颇有益处，同时还能为他们在事实认定时提供一定的制度保障。值得警惕的是，由于排除合理怀疑的语义内涵尚未有官方解释，司法实践中已经出现了偏离排除合理怀疑制度初衷的错误用法，如片面要求辩方对待证事实的证明也需提升至排除合理怀疑的程度，抑或将排除合理怀疑等同于排除一切怀疑，即使辩方提出的是幽灵抗辩，也要求控方予以证明排除。可见，未能对排除合理怀疑作进一步解释，对控辩双方而言，都可能施加不必要的证明负担。

（二）排除合理怀疑内涵界定的思路

证明标准因其抽象性、主观性而难以直接展现“标准”所应具备的客观化和具体化，所以证明标准的解释和运用一直是现实难题。② 在对刑事证明标准进行解释时，尤其应当注意两方面的问题：一方面，刑事证明标准与刑事证明责任紧密相关，不当或者放宽解释刑事证明标准实际上即在不当减轻控方的证明负担，而过低的刑事证明责任显然是对无罪推定的巨大威胁，大大增加了无辜公民身陷囹圄的风险。另一方面，刑事证明标准的解释对法官认定事实的准确度和严谨度具有重要影响。鉴于事实认定的复杂性，过于严苛和僵化的解释可能束缚法官主观意识发挥的空间，截断了证据与待证事实之间的联系推理，而过于灵活和宽缓的解释则可能让法官的主观心证如脱缰野马，即使主观认定犯罪事实已经融贯、满足证明标准的解释，但实际可能并不符合客观事实。如何在严苛与宽缓、僵化和灵活之间把握好尺度，无疑是对排除合理怀疑进行内涵界定时不得不考虑和重视的问题。

直接沿用英美法系对排除合理怀疑的理解显然无助于解决上述问题。首先，“道德确信”的解释方式本身就语义不明，再者我国刑事司法传统亦有别

---

① 罗国良：《优先保障法官内心确信兼顾被告人权利修改——论刑事诉讼法再修改》，载《法律适用》2013 年第 3 期。

② 参见纵博：《刑事证据规则的解释原理与路径》，载《法学》2022 年第 3 期。

于西方刑事审判深受基督教神学影响的渊源背景，因而以“道德确信”的方式显然既无法澄清排除合理怀疑的内涵，反而可能减损其实践效用。其次，概率论和不解释的方式更会由于进一步模糊排除合理怀疑内涵而不能用作我国界定排除合理怀疑内涵的方案。最后，英美法系中对排除合理怀疑的解释与其适用陪审团审判有直接的核心联系，而陪审团审判适用排除合理怀疑认定案件事实时并不需要阐明理由，所以即使有陪审团遴选机制、证据排除规则、审前宣示制度和审后动议制度等一系列制度来防范事实认定的恣意性①，也难以解决陪审团不易理解排除合理怀疑含义且认定事实粗糙的情况。而我国的事实认定模式显然与此截然不同，审判法官是犯罪事实认定的核心关键角色，法官如何理解排除合理怀疑会直接影响定罪的准确与否，因此排除合理怀疑的适用主体亦是解释时必须考虑的重要因素。

所以，在对排除合理怀疑内涵进行界定的思路选择方面，应注意两方面的要点。第一，明确我国排除合理怀疑的适用主体主要为专业的法律职业共同体，因此在解释时自然应保障明确性、专业性和规范性。第二，准确性和可操作性也是界定思路所需要关注的要点。准确性要求避免大而化之或者简略的内涵诠释，而是应结合我国刑事法律观念、法律规范和法律理论予以界定。可操作性则意味着抽象的概念解释并不足以提升排除合理怀疑的司法效用，单凭简单的文义解释并不能准确体现排除合理怀疑的规范作用，而是应该考虑结合具象的操作指引进行协同阐释。

综上所述，笔者认为可以采取教义阐释与案例分析协同并举的内涵界定方式。也就是说，排除合理怀疑在我国刑事诉讼中的题中应有之义之发掘，应立足于文本，同时考察实践典型案例。日本的做法也与此相类，日本借助判例指引的方式来对排除合理怀疑予以阐释，其阐释所覆盖的内容包含排除合理怀疑的含义、证明程度和适用证明模式等情况。②

三、排除合理怀疑内涵的解构型界定范式：“合理怀疑”的分化递进式解释

英美法系国家的经验已经证明，通过直接下定义的方式来对“合理怀疑”内涵进行阐明是不可取的。有鉴于此，笔者认为，应基于法律实用主义的立场，借助司法证明原理，考察“合理怀疑”在实践中的适用实例，对“合理

---

① 参见张威：《排除合理怀疑的法理阐释》，法律出版社 2021 年版，第 88 页。

② 参见［日］田口守一：《刑事诉讼法》（第 7 版），张凌、于秀峰译，法律出版社 2019 年版，第 445 页。

怀疑”进行“怀疑”“合理”两个层次的解构。法律实用主义，强调对实践中而非书本上法律的考察，表征着植根于经验和事实的研究脉络。[①] 排除合理怀疑的引入，是为了加强我国“案件事实清楚，证据确实、充分”刑事证明标准的可操作性。为了实现“排除合理怀疑”入法的改革目的，对“合理怀疑”的溯源和直接移用都无法满足我国司法实践的需要，应从排除合理怀疑作为司法证明方法的角度，观察其在我国的实践样态。我国刑事裁判者在司法证明过程中存在自发性、粗放性和跳跃性等问题[②]，这也导致了司法实践中“合理怀疑”的部分误用和滥用现象。排除合理怀疑着眼于司法证明的“终点”[③]，但“合理怀疑”的证明过程才是关键所在，也常被学界和实务界所忽略。将“怀疑”与“合理”分开进行解构，借助对案例的解析，明确“合理怀疑”的证明机理，才能揭开“合理怀疑”的“面纱”。值得注意的是，我国台湾地区证据法学者李学灯对合理怀疑曾作如下定义：“所谓合理之怀疑，必非以下各种的怀疑：任意妄想的怀疑；过于敏感机巧的怀疑；凭臆测的怀疑；吹毛求疵，强词夺理的怀疑；于证言无征的怀疑；故为被告解脱以逃避刑责的怀疑。如果属于以上各种的怀疑，即非通常有理性的人，所为合理的、公正诚实的怀疑。”[④] 进言之，对合理怀疑的界定应同时将其与“毫无根据的猜测”“不合理的怀疑”等概念区别出来。

（一）怀疑的产生

意图对合理怀疑的内涵进行完整实质的探明，首先就必须对怀疑的产生及形态作出准确的解构，剖析其与单个证据审查的区别，分析其生成的缘由，以及对其作类型化的分析，明确其作用。据此，才能将合理的怀疑与毫无根据的臆想区分开来。

1.“怀疑”的前提：全案形成一定的证据体系

应当予以明确的是，生成合理怀疑的前提是全案已形成一定的证据体系，换言之，至少控方已履行了一定的证明责任，围绕被告人有罪这一指控形成了一定程度上较为完整的故事。根据《刑事诉讼法》第55条第2款“综合全案

---

① 参见叶肖华：《刑事诉讼法学研究中形式主义与实用主义的结合》，载《法学研究》2012年第5期。

② 参见封利强：《我国刑事证据推理模式的转型：从日常思维到精密论证》，载《法学研究》2016年第6期。

③ 参见封利强：《司法证明过程论——以系统科学为视角》，法律出版社2012年版，第2页。

④ 参见李学灯：《证据法比较研究》，五南图书出版公司1992年版，第667页。

证据，对所认定事实已排除合理怀疑”的规定，排除合理怀疑应当是检验证据是否确实、充分的第三个步骤，此时定罪量刑的证据架构基本已经固定，定案证据已经有了一定的数量基础（即证据充分）和质量保证（即证据确实），控方已从正面证明了被告人实施了犯罪行为。而排除合理怀疑的功用之一即作为一种证明方法，这是一种反面证伪的证明方法，通过从反向检视控方指控体系是否存在瑕疵或者是否存在他人作案的可能性，利用证伪的思维方式考察定案证据是否符合确实、充分的条件，进而认定全案证据体系是否达到刑事证明标准。

2. “怀疑”的生成源点

怀疑之所以与天马行空的臆想、情感共鸣产生的同情以及根深蒂固的偏见等主观心态有所区别，具有独特刑事诉讼证明场域的价值，就在于其并非无源之水、无本之木，“合理怀疑”中的“怀疑”具有一定的客观基础，其生成的源点主要有以下两种。

（1）源于证据体系所存在的矛盾

因为控方证据体系中证据之间相互矛盾，尤其是关键事实的证据无法做到互相印证，由此产生疑问是刑事审判人员对被告人是否确实实施了犯罪行为产生怀疑的最为常见的缘由。证据之间的矛盾不仅对于证据所反映的信息，而且对于事实认定，都具有否定作用。因为相互矛盾的证据，特别是包含如被告人是否有作案时间、是否去过犯罪发生地等有关被告人罪与非罪信息的证据，代表着这两份证据至少有一份证据是虚假的，甚至两份证据都是虚假的。而且在现实司法实践中，存有瑕疵的控方证据体系中往往不单单只有一对证据之间存在矛盾，可能是不同局部事实的多对证据之间都表现出证明内容相抵触的情况。证据之间存在矛盾，尤其是多处关键证据存在矛盾的情况下，意味着证据失真的风险性较高。基于此，裁判者便有理由对公诉方所指控事实的真实性产生怀疑。

针对指控方所构建的证据体系，发现、比对其中所蕴含的矛盾进而产生怀疑，是防范冤假错案的有效途径。[1] 在最高人民法院颁布的刑事审判指导案例中，“晏某荣故意杀人、抢劫案”的裁判就清晰地体现了如何通过发现证据之

① 参见龙宗智：《试论证据矛盾及矛盾分析法》，载《中国法学》2007 年第 4 期。

间的矛盾进而怀疑指控事实的真实性，从而保障无辜者不被不当定罪的过程。[①] 该案中，被害人陈某秀的陈述、晏某荣的有罪供述、从案发现场提取的凶器以及从晏某荣家中提取的木棒和手套是控方指控晏某荣实施了犯罪行为的关键证据。但是，这些证据内部之中、证据与证据之间、证据与指控事实之间，都存在或大或小的矛盾。比如就证据内部之中的矛盾而言，被害人陈某秀就凶手身份识别的陈述在案发先后多次询问中存在矛盾之处；就证据与证据之间的矛盾而言，陈某秀指认凶手右手持械行凶，而晏某荣自认为左手持械行凶；就证据与指控事实之间的矛盾而言，陈某秀陈述凶手用刀在晏某奉头上戳了几下，而尸体结论表明晏某奉身上没有锐器伤口。前述的种种矛盾，不断瓦解控方看似表面完整却实则存在缺陷的证据指控构架，逐步强化法官对晏某荣有罪真实性的怀疑。最终，由于无法排除本案证据之间的矛盾所导致的合理怀疑，法院认为指控不能成立，宣告晏某荣无罪。

（2）基于逻辑、经验所产生的疑点

控方所搭建的指控事实是否吻合逻辑推理，抑或是否与经验法则相符合，也常常是导致刑事审判人员会不会怀疑被告人无辜的原因。基于逻辑、经验所产生的怀疑，有别于上述所称的基于证据间矛盾而生成的怀疑。换言之，此类怀疑的产生，较多情况下是发生于指控犯罪的证据相互印证、证据体系稳定的案件中。事实上，已有实务工作者敏锐地注意到这一点，合理怀疑的产生可以不需要证据间存在矛盾、疑问，当证据表面一致、犯罪构成要件已经满足时，司法者仍然可能基于一定的合理根据，如经验、常识、逻辑等产生怀疑。[②] 根据逻辑、经验所产生的疑点，主要表现为四种类型：其一是基于第三人作案可能性而生成的疑点，也就是可能出现真凶再现类型的冤假错案；其二是基于证据体系“天衣无缝”而生成的疑点，因为各证据之间完全印证，所反映的信息高度统一，缺乏差异性，这种情况有悖证明规律，通常蕴含了虚假性于其中[③]；其三是基于证据缺失而产生的疑点，因为部分证明非犯罪构成要件事实的证据缺失，可能无法合理地解释被告人实施犯罪行为的动机、时间等案件关键事实，使得被告人无辜的可能性大于被告人有罪的可能性；其四是基于错误

---

① 在“晏某荣故意杀人、抢劫案”中，晏某荣被指控因为分家、造房等问题与其父晏某奉起了冲突，由此也生了杀父的蓄意。在某日夜晚，晏某荣蒙面潜入晏某奉家中，乘晏某奉夫妇熟睡之时，持械杀死其父晏某奉、击伤其母陈某秀，并抢走钱财2800元。参见最高人民法院刑事审判庭主办：《中国刑事审判指导案例（第七卷）》，法律出版社2017年版，第90页。

② 杨斌：《正确界定合理怀疑的内涵》，载《检察日报》2016年7月27日，第3版。

③ 参见龙宗智：《试论证据矛盾及矛盾分析法》，载《中国法学》2007年第4期。

地概括分析证据内容而导致的疑点，如声称被告人是基于情感的极端愤怒而杀人（如情杀或仇杀），但同时发现被害人大量钱财被劫走，由于犯罪动机与犯罪行为不符，所以此种情况也需要进一步对疑点进行验证核查。

值得注意的是，上述疑点往往是通过逻辑推理和经验法则的互动而发现的。逻辑推理是法律思维的灵魂所在，通过逻辑分析，能够克服日常思维粗疏的局限性，同时验证控方事实推理的真实性。而经验法则的实质则是指人类用经验归纳所得的有关事物因果联系、性质状态之法则或知识。[①] 逻辑推理和经验法则虽然是两个不同的概念，互不包含，但在事实认定的过程中，两者却总是共同发挥作用。因此，最高人民法院也于司法解释中规定，运用证据进行推理时应符合逻辑和经验。[②]

综上所述，对证据体系矛盾的分析以及依靠逻辑、经验法则而对事实认定真实性产生的疑点，都会导致事实认定者对被告人是否实施了犯罪行为的结论唯一性产生怀疑。事实上，实务中有些地方法院也有所意识，如河南高级人民法院发布的《关于故意杀人爆炸放火投放危险物质犯罪死刑案件证据审查与判断的指导意见》便对此有所规定，要求“对案件事实和证据存有疑点或者证据之间存在矛盾的，必须调查核实，排除疑点和矛盾”。[③] 对怀疑生成原因的类型化分析，能够为事实认定者运用“排除合理怀疑”的司法证明方法时提供证明方向上的引导，避免陷入思维的混乱当中。

（二）“合理性”的判断

怀疑的产生只是以证伪的方式对指控体系进行综合评判的起始步骤，但是仅是怀疑的产生还不能起到动摇控方指控体系的效果。怀疑必须达到合理性的程度才对案件事实认定具有刑事证明场域中的实质意义。案件事实认定中存在合理的怀疑，意味着被告人可能是无辜的或存在第三人作案的可能性，换言之，公诉方的起诉面临失败的风险。但是，如何界定怀疑的合理性一直以来都是刑事证明领域的难题。虽然怀疑合理性的证成常作为事实认定者心证部分，而被认为难以揣度，但是笔者认为，如果从“合理性”的判断标准、证成路径、限度三个维度对其进行评估，则“合理性”的内涵仍是有迹可循的。

1.“合理性”的判断标准：以刑事专业法官的认识能力为准

就“合理性”的判断标准而言，一直以来存在一种误解，即以普通人的

---

① 参见刘春梅：《浅论经验法则在事实认定中的作用及局限性》，载《现代法学》2003 年第 3 期。

② 最高人民法院《关于适用〈中华人民共和国刑事诉讼法〉的解释》第 140 条。

③ 李训虎：《排除合理怀疑的中国叙事》，法律出版社 2018 年版，第 17 页。

理性认识能力作为怀疑“合理性”的评判标准。换言之，在此种观念下，“合理”便是符合“常情”“常理”的程度。有学者便指出，合理怀疑要求以普通的理性人所具有的日常生活经验对犯罪事实真实性进行明智审慎的辨别。[①] 考虑到刑事审判中事实认定的严肃性，在普通人理性认识能力标准的基础上，还有一种进阶性的标准，笔者称其为“日常重要事项决定标准”。在“日常重要事项决定标准”中，排除合理怀疑的标准便是指处事审慎的人在决定日常生活中重要事项的处理时作出决定所需达致的确信标准。[②]

上述两种标准的本质都是以普通理性人的认识能力为准，但是以这种认识能力作为“合理性”的判断标准无法满足我国刑事审判的要求。首先，普通理性人标准与我国刑事审判事实认定模式有差别。普通理性人标准曾是为了向陪审团阐明“排除合理怀疑”的标准所作出的解释。在英美法系中，重罪案件的事实认定传统上主要交由陪审团来进行，而陪审团成员主要是由各行各业的社会公众担任，其往往不具备专业的法律素养，因此需要靠法官的指示来履行其职责。因此，普通理性人标准与陪审团成员的身份、认识能力是较为相符的。但是，我国刑事审判事实认定的职责主要由法官来承担，判处死刑立即执行的案件更是设立了层层核准的制度。承办法官皆为法律素养较高、审判经验丰富的法律职业人员，其对事实真相的发现能力应强于普通人，因此若采用普通理性人标准则实际是降低了刑事证明标准。其次，普通理性人标准无法应对非常规领域犯罪的事实认定问题。比如金融类犯罪、海上刑事犯罪等高度专业化的犯罪，这些案件在证据审查、法律适用上都与常见犯罪有所不同。以海上刑事犯罪为例，其合理怀疑的认定便不能以陆地的相关经验为依据。如在海上走私汽油的案件中，执法人员查获被告人驾船航行经过某海域，被告人辩解去该海域纯粹是为了观光，但是根据相应海航背景可知该海域较为凶险，驾船去观光的辩解不具有合理性。[③] 因此，相关案件的合理怀疑需要有相应的知识背景才能发现、检验及排除。

有鉴于此，判断怀疑“合理性”的标准则应以刑事专业法官的认识能力为基准。刑事专业法官的认识能力这一判断标准的强调，有助于推动刑事审判人员恪守事实认定的职责，调查核实相应的合理怀疑，保证事实认定的准确

① 参见樊崇义：《证明标准：相对实体真实——〈刑事诉讼法〉第53条的理解和适用》，载《国家检察官学院学报》2013年第5期。

② 肖沛权：《排除合理怀疑及其中国适用》，载《政法论坛》2015年第6期。

③ 罗恒：《论海上刑事案件的“排除合理怀疑”》，载《公安海警学院学报》2018年第4期。

性。同时，也应根据犯罪类别针对性地提升法官的素质，通过专业化的培养提高其事实认定的能力。

2. "合理性"的证成路径

虽然产生合理怀疑是刑事审判人员对控方指控事实是否达到证明标准而所有的心理状态，但是对"合理"的评判并非一个纯粹主观的认识。[①] 合理性的判断是基于客观基础的主观认识过程。进而言之，怀疑达到合理的程度，是主客观相统一的结果。故而，怀疑的"合理性"是由主客观两个层面共同构成的。

(1)"合理性"需要有客观依据支撑

合理怀疑必须具有客观依据予以支持。没有依据支持的怀疑，只能沦为无意义的猜想，对案件真相的探明没有帮助。客观依据的表现形式并没有定式，而是根据个案的不同而有所不同，但归类而言，"合理性"的客观依据主要表现为无法解释的证据矛盾、无法弥补的关键证据短缺以及表明案件事实认定有其他可能性的证据与线索。

就基于控方证据体系内部所存在的矛盾而产生的怀疑而言，证据之间的相互矛盾便是支撑怀疑合理性的客观基础。同时，对案件真相影响极大的关键事实的证据缺失，也在客观上对怀疑合理性的证成起着重要作用。值得注意的是，此类关键事实，并不一定是犯罪构成要件事实，亦可能是犯罪动机、案发经过等可能对事实认定有重要意义的事实。关于证据矛盾、关键证据如何影响怀疑合理性判断，《刑事审判参考》曾刊载的"朱某故意杀人、盗窃案"便可资参考。[②] 最高人民法院复核时认为，该案存在合理怀疑，且无法排除。首先，就证据矛盾而言，朱某的多位工友曾作证案发时朱某与他们待在一起，这明显与朱某的有罪供述自相矛盾，故而朱某是否有作案时间存在疑问。其次，就证据缺失而言，朱某指认的手机是否为被害人所有、案发被害人身旁所提取的一只旅游鞋与本案存在什么关系、现场提取的女式高跟鞋是否即凶器等问题，因为公安机关没有进一步收集证据予以核实而得不到解决。前述种种怀疑因为有客观依据支撑，已经对法官在关于被告人是否确切作案的认定上产生了

① 张威：《论排除合理怀疑的动态界定》，载《中国刑事法杂志》2014 年第 2 期。

② 据审理该案的中级人民法院查明：朱某打电话约被害人丛某至玉米地相见，后两人发生争吵，朱某掐丛某的颈部，并用丛某掉在地上的高跟鞋击打丛某的头、面部，致丛某死亡。随后，朱某将丛某的尸体移至别处，并盗走丛某随身携带的手机、戒指及现金。朱某因此被判处死刑立即执行。参见最高人民法院刑事审判庭主办：《中国刑事审判指导案例（第七卷）》，法律出版社 2017 年版，第 61 页。

实质性的影响。证据的矛盾否定了结论的唯一性，关键证据的缺失降低了指控事实的可信性，两者共同作用下，对朱某是否杀了丛某的怀疑自然具有合理性。最终，最高人民法院也以本案存在合理怀疑且不能得到排除的理由对朱某的死刑不予核准。

而针对基于逻辑、经验而产生的怀疑而言，其最常见的客观依据则可能表现为找到第三人作案、控方伪造证据的线索、材料。进而言之，针对此类怀疑，其合理性构成的客观要素要求能对基于逻辑、经验而产生的疑点进行验证，证明此种猜测是合理正确的，而非逻辑推导出错或适用了错误的日常经验所得出的结果。在于某某等盗窃案中，法院认为该案存在被告人于某某和颜某某串供的可能性。[①] 但事实上，经查，两名被告人归案后即被分别关押，两人之间没有任何机会能有所接触，不存在串供的可能性。也就是说，猜测于某某与颜某某串供的怀疑没有客观依据，不存在现实可能性。由于该怀疑得不到验证，那么该怀疑也纯粹是停留在主观猜测层面，没有现实合理性。故而，最高人民法院的审判人员就曾指出，不开展调查核实工作，就作出案件存在合理怀疑的结论，是不应该的。[②]

（2）“合理性”必须经得起逻辑规则、经验判断的主观检验

所谓“合理性”的主观检验，指的是在依托客观依据的基础上，利用逻辑推理、经验判断等主观分析方法来论证其合理性的过程。在怀疑的“合理性”主观检验中，逻辑推理为主观检验提供基本的思维框架，经验则为主观检验提供检验前提。[③] 于此，常用的逻辑推演方法为似真推理、归纳推理及溯因推理等方法，经验则来自可靠性强而且广为认可的日常经验以及专业性强且可供检验的专业经验。借助这些方法，裁判者根据对客观依据的解释、推理以及客观反映出来的信息价值的评估，检验怀疑是否达到合理性的标准。每一个存在合理怀疑的案件，其控方证据体系通常都有多处瑕疵。每个瑕疵或许对被告人可能是无辜的这一怀疑提供的支持都不大，各个瑕疵本身只能反映有限的信息，这些信息承载着犯罪发生过程或诉讼进程中片段化的事实。但是在客观验证的基础上，裁判者通过主观分析论证将这些片段化的信息串联起来，便能汇聚成为极为有力的推论，足以证明对指控事实真实性的怀疑是合理的。换言之，合理性的证成有赖于主观上对弥散的客观依据进行信息读取、聚合，从而

---

① 参见江苏省南通市中级人民法院（2017）苏06刑终372号刑事裁定书。

② 任卫华：《刑事证据判断》，人民法院出版社2017年版，第244页。

③ 参见纵博：《论诉讼证明中的逻辑与经验》，载《新疆大学学报（哲学·人文社会科学版）》2016年第2期。

强化怀疑的可信度。

3. “合理性”的限度：指控事实不具有唯一性

在裁判者以专业刑事法官的认识能力为准，根据客观依据和主观分析对怀疑的合理性进行证成后，事实上自然会产生一个效力，即因为该案存在合理怀疑，所以裁判者对控方指控事实的认定有了动摇。换言之，怀疑达到合理性的一个关键标志便是裁判者认为控方指控不具有唯一性，此亦是“合理性”的最低限度。

实务界存在误用、滥用合理怀疑的情况，其中重要原因就在于没有意识到合理怀疑在刑事证明场域上的动摇案件事实认定效力。例如，有的时候，不同证人证言因理解能力、记忆能力和感知能力等能力差异而作出内容不一致的证言，这种天然个体认识能力上差异所致的证言不一致不能武断地认定为产生了合理怀疑。仅因为局部证据不一致，就认为对检控和审判存在合理怀疑，显然是不可取的。[①] 因为这些不一致能够得以通过合理的解释予以说明，其不足以对全案其他互相印证证据而形成的事实的真实性产生冲击。

指控事实不具有唯一性，说明裁判者认为被告人有罪的结论不具有唯一性。我国刑事证据制度的理论基础为辩证唯物主义认识论[②]，在该理论基础的影响下，刑事审判以追求被告人犯罪事实认定结论的唯一性为刑事司法证明目标。这种唯一性的结论是司法证明场域主客观相统一的结果。[③] 怀疑未达到合理性程度，或者毫无根据的臆测，都不足以对结论唯一性产生影响。但是，怀疑达致合理性的程度，则意味着裁判者意识到基于当前全案的证据而言，可能无法得出被告人有罪的唯一结论。除非能够经由补充证据或实验验证等方式对该合理怀疑进行消解，否则有罪结论的唯一性则存疑。实际上，在依托客观依据的基础上对怀疑的“合理性”进行逻辑、经验法则的主观验证后，裁判者内心会形成一个有别于指控事实的“故事”版本。这个“故事”版本即是怀疑的合理性证成所得出的推论结果，是多处疑点经过主客观层面的互动验证后共同作用所聚合形成的。而且该“故事”版本具有较高程度的完整性，甚至能与建立于控方证据基础之上的指控事实“分庭抗礼”。质言之，该“故事”的产生意味着定罪结论不再具有唯一性。

值得注意的是，基于“合理的怀疑”所形成的“故事”版本虽因经主客

---

① 参见任卫华：《刑事证据判断》，人民法院出版社 2017 年版，第 232 页。

② 陈光中、陈海光、魏晓娜：《刑事证据制度与认识论——兼与误区论、法律真实论、相对真实论商榷》，载《中国法学》2001 年第 1 期。

③ 参见陈光中：《“结论唯一”之解读》，载《证据科学》2010 年第 5 期。

观检验而具有真实性，但因为其证成过程并非基于严格证明，故而对其真实性的要求不需要达到定罪量刑所“苛责”的标准。正如学者所言，该“故事”只要能对事实证明产生巨大冲击，使有罪证明受到威胁即可。[①] 换言之，该“故事”不需要达到令裁判者内心确信的程度，类比而言，其只需要达到或者接近优势证明标准即可。因为我们所追求的并不是该“故事”的真相，而是旨在通过该“故事”的合理性和存在可能性来说明，公诉机关的指控是存在事实认定错误风险的。

所以应当说，怀疑合理性的界定过程，既是司法证明机理的作用过程，同时也是“排除合理怀疑”作为司法证明标准的规范效力作用过程。司法证明机理层面上，通过主客观的综合分析，对怀疑合理性的证成进行清晰的刻画；在证明规则规范效力层面，怀疑的合理性程度应当达到使得裁判者认为指控事实不具有唯一性的最低限度。故而应从司法证明机理和证明规则规范效力两个层面，共同完成对怀疑合理性的界定。

① 栗峥：《合理怀疑的本土类型与法理结构》，载《中国社会科学》2019 年第 4 期。

法官自由心证与排除合理怀疑的抵牾与弥合

张金科*

司法实践中无处不渗透着认识论观念。近年来新兴司法证明模式“以概率论揭示法庭认知的系统性错误，以论证表现法庭上的对立冲突，以故事呈现法庭事实认定的真相”，然而，凭借认识论优势追求过程可视化，却暴露了价值论上的缺陷。① 事实与价值并非僵化的二元对立，它们之间不是决然界分的，而是处于互相渗透的状态。② 刑事诉讼法规定刑事证明标准为“事实清楚，证据确实、充分”。《刑事诉讼法》第55条第2款解释了“证据确实、充分”所应符合的条件：(1) 定罪量刑的事实都有证据证明；(2) 据以定案的证据均经法定程序查证属实；(3) 综合全案证据，对所认定事实已排除合理怀疑。这是立法者从证据“质”与“量”两个方面对证明标准的诠释，前者通过后者加以体现，在查明案件事实的基础上确保定罪准确、量刑适当，防范冤假错案发生。

刑事诉讼法中并没有自由心证的法律规定，自由心证只是司法实践的学术表达。心证达到何种程度才算是能够排除合理怀疑，理论界与实务界尚未达成共识。③ 有学者认为，我国刑事诉讼中的自由心证至少有三层含义：一是作为证明标准，基本等同于“排除合理怀疑”；二是作为证明模式，指代实现诉讼证明及作出判决的基本方式；三是作为证明力评价，指法官衡量证据证明程度的依据。这些理解模糊混杂，一定程度上使得理论陷入逻辑混乱，实践遭遇适

---

* 张金科，云南省昆明市中级人民法院四级高级法官，南京大学法学博士。

① 史长青：《从认识论到价值论：司法证明模式的新展开》，载《现代法学》2021年第6期。

② ［美］希拉里·普特南：《事实与价值二分法的崩溃》，应奇译，东方出版社2006年版，第1页。

③ 杨迎泽、孙锐：《刑事证据的收集、审查与运用》，中国检察出版社2013年版，第330页。

用难题。[①] 司法证明是在诉讼过程中发现和认定事实的活动。案件事实认定是比较复杂的经验和思维过程。事实是指可以验证的、过去或现在的具体事件或状态。证据认证并不等同于事实认定，从证据认证到事实认定是一个独立的过程。

法官裁判是以法律司法解释为核心依据，只有在遇到裁判困难又无法检索到类案时，才会寻求法学理论的帮助，作为对案件实体处理结果的参考。程序上的心证过程探寻和思维方式引导目前并不是法官最迫切需要的。从当前形势发展来看，刑事审判实践中的诉讼构造以及实际运行已经发生了较大的变化。认罪认罚从宽制度使得控辩双方趋同协商司法，新时代背景下的科层价值诉求倒逼法院需要以更快的速度来审理案件，许多司法决定，都受法官的政治偏好或法律以外其他因素的强烈影响，如法官个人特点以及个人的和职业的经验。[②] 而这往往又作为法官经验法则的组成部分，成为自由心证的重要影响因素。自由心证作为一种探索案件事实真相的直觉感知模式，法官借此实现证据自由评价从客观确信至判决责任伦理的跨越。因此，正确对待法官自由心证的理论价值和实践意义，探究其运行现状和规律，以及与排除合理怀疑制度的冲突与制度弥合，成为本文的思考方向。

一、自由心证与印证证明之张力

证据印证规则作为我国刑事司法基本证明模式，学术界和实务界对此已基本达成共识，并在司法实务中被广泛适用。证据印证规则对于发现客观真实、防范办案人员肆意司法、保障案件质量，具有重要意义。证明标准是指依据主观判断所要达到的确信程度，这种判断需要利用经验和理性。自由心证就是一种利用经验和理性、依据客观基础作出的主观判断。自由心证建立在批判法定证据的基础之上，其核心要义有二：一是判断自由，法官自由评价和判断案件事实和证明程度，不受外部影响。二是内心确信，法官依据证据在内心真诚地确信，形成心证判定事实。[③] 当下中国的法官自由心证在实事求是的要求下径行发展，演变过程中内涵已经集中在传统自由心证的第二项语义，即当法官称自己根据自由心证得出结论时，他实际想表达的是“根据全案证据，我已经

---

① 施鹏鹏：《刑事裁判中的自由心证：论中国刑事证明体系的变革》，载《政法论坛》2018 年第 4 期。

② ［美］理查德·波斯纳：《法官如何思考》，苏力译，北京大学出版社 2009 年版，第 7 页。

③ 徐静村：《刑事诉讼法（修订本）》，中国政法大学出版社 1999 年版，第 144 页。

形成了内心确信”。

现代刑事诉讼制度得益于证据裁判与自由心证主义二者密切结合，使得保障人权与发现真实成为可能，法官受严格采证体系的制约，不得逸脱现有证据而为自由心证。[①] 客观来讲，自由心证局限性明显。内心确信虽然是综合全案事实证据后形成，但所得出的结论是合议庭法官自认为可靠、正确的主观信念，容易滋生臆断，过于满足主观真实。然而，司法权属于判断权，这决定了其在运行中不可能排除自由裁量的因素。[②] 制度的压制使得法官的自由裁量权从公开转为隐蔽，显性转为隐性，反而因缺乏引导不能正确行使，无法监督而可能滥用。因此，有必要在制度上承认法官的自由裁量权。

事实是裁判的基础，刑事司法过程中必须认真对待事实。法官自由心证和印证证明的服务对象最终都会指向事实。案件事实包括定罪与量刑事实。2021年最高人民法院《关于适用〈中华人民共和国刑事诉讼法〉的解释》第72条第1款规定，应当运用证据证明的案件事实包括：(1) 被告人、被害人的身份；(2) 被指控的犯罪是否存在；(3) 被指控的犯罪是否为被告人所实施；(4) 被告人有无刑事责任能力，有无罪过，实施犯罪的动机、目的；(5) 实施犯罪的时间、地点、手段、后果以及案件起因等；(6) 是否系共同犯罪或者犯罪事实存在关联，以及被告人在犯罪中的地位、作用；(7) 被告人有无从重、从轻、减轻、免除处罚情节；(8) 有关涉案财物处理的事实；(9) 有关附带民事诉讼的事实；(10) 有关管辖、回避、延期审理等的程序事实；(11) 与定罪量刑有关的其他事实。根据《关于办理死刑案件审查判断证据若干问题的规定》(以下简称《办理死刑案件证据规定》) 第5条第2款的规定，被指控的犯罪的发生，被告人实施了犯罪行为以及犯罪行为的时间、地点、手段、后果以及其他情节，影响被告人定罪的身份情况，被告人有刑事责任能力、罪过，都属于与定罪相关的事实。

法官裁判需要全面查明案件事实。单纯的“证据确实、充分”表述，侧重于对有罪证据的评价，容易忽视无罪证据，造成这样一种错误倾向，即只要案件的各环节有相应的有罪证据予以证明，就达到了证据确实、充分，继而无视无罪证据、证据间的矛盾，忽视其他可能性。因此，引入“排除合理怀疑”有助于法官从多方面重视无罪证据、辩护证据，重视案件中可能存在的其他可能性，从而能够更大限度地避免错误定罪。随着时代发展，影响法官决策的因

---

① 蔡墩铭：《刑事证据法论》，五南图书出版公司1997年版，第424页。

② 翁子明：《司法判决的生产方式：当代中国法官的制度激励与行为逻辑》，北京大学出版社2009年版，第142页。

素也更加复杂。法律现实主义已将人类思维方式与司法决策过程之间建立理论联系，将法官的直觉视为司法过程中影响司法决策的关键因素。[①] 一个优秀且理性的推理者在进行调查之初会带有它自己对可能出现的结果的判断。司法实践也是如此，接受专业系统训练的法官经过审慎的推理作出裁判，也会使用直觉来对案件作出判断，在这一过程中不断试错，运用一般法律范畴来检验、修正直觉，往往这种对直觉的依赖也能帮助其作出正确的裁判。越是经验丰富、职业素养深厚的法官，出错的概率越低，试错、检验修正的过程就越短。[②]

刑事案件中，过于追求客观真实而不是法律真实，强调彻底查明案件真相。然而，这只能是一种理想化的状况，以诉讼的方式令人完全确信地重现过去是不可能的。[③] 由于过于坚持客观真实原则，自由心证在我国遭到排斥，诉讼认识的主观性成为理论禁区。印证规则通过诉诸证据之间的相互检验，否定法官对于案件真实的主观判断，竭力要求以证据间的客观验证性作为裁判的依据和标准。[④] 然而，对于毒品、命案积案等类型化案件，适用证据印证规则来审查定案证据是否确实、充分，却面临极大困难。特别是在被告人拒不供述、缺乏现场目击证人、立案报案不及时、客观证据缺失的案件中，很难收集到其他证据来形成印证关系。印证规则要求的两个以上证据，信息源必须各自独立。在司法活动中，法官应充分发挥自由裁量权，不能机械适用法律。法官自由裁量权作为一种司法权力，贯穿于司法活动始终，尽管也不可避免会出现问题，但它对法的价值实现、法律发展、社会秩序构建等具有重要作用，关键在于对自由裁量权采取何种导向。

虽然“不存在能毫无疑问地表明法官判决职权为越权的合适标准”[⑤]，但自由心证的合理性判断也可遵循一定的路径。一是心证结果具有可重复性。心证以法官的经验法则为内在约束，经验法则又基于普遍共识，因此法官的心证不但在个案中具有正当性，在类案中亦应当具有可重复性。二是心证形成的程序性。平野龙一博士曾批评，法官心证形成的场所是法庭而不是办公室，把证

---

① Jerome Frank, Law and the Modern Mind, Transaction Publishers, 2009, p. 108.

② Martin Stone, Formalism, in Oxford Handbook of Jurisprudence and Philosophy of Law, 2002, at April 15, 2006.

③ ［美］波斯纳：《法理学问题》，苏力译，中国政法大学出版社1994年版，第227页。

④ 杨波：《刑事诉讼事实形成机理探究》，载《中国法学》2022年第2期。

⑤ ［德］阿图尔·考夫曼、温弗里德·哈斯默尔：《当代法哲学和法律理论导论》，郑永流译，法律出版社2002年版，第281页。

据带回办公室进行调查的做法，叫闭门造车的证据调查主义。[①] 最高人民法院要求“四个在法庭”，即案件事实查明在法庭、诉讼证据质证在法庭、辩诉意见发表在法庭、裁判理由形成在法庭。其中，裁判理由形成在法庭可视为对心证形成的程序性要求。法官要分析针对经验法则进行的推理证成和攻击证伪的各个环节及其证据情况[②]，通过庭审清晰地证明经验法则运用的正当性和可靠性。

虽然刑事疑难案件在案件总量中占比不大，但对这类案件办理能否达致司法公正，却是法治水平的试金石，正像木桶的容量取决于短板一样。[③] 法律决定简单案件，法官决断疑难案件。刑事疑难案件中的规范与事实不像常规案件那样直接相对应。疑难案件包括事实和法律上的疑难案件。事实上的疑难案件是指真相难以查清、案件事实扑朔迷离的案件。法律上的疑难案件是指因为法律规定的模糊或缺陷而导致处理存有争议的案件。

“法院判决时面对的实际情况不是在真空中，而是在一套现行的法规的运作中出现的……在这种运作中，根据实际情况而作的各种考虑，都可以看作支持判决的理由。这些考虑是广泛的，包括各种各样的个人和社会的利益，社会的和政治的目的，以及道德和正义的标准。”[④] 就价值论而言，司法的客观性是指司法判断的正当性与合法性。[⑤] 价值衡量贯穿于司法的全过程，其意义不仅在于以公式化倾向和僵硬的刑事适用法律[⑥]，也在于维系正义理想、避免司法裁判“丧失伦理责任”。[⑦] 价值判断不同于事实判断。有人认为，“价值选择从根本上讲纯粹是任意的，根本不能被纳入理性的辩护或批判的范围”。[⑧] 当然，这一结论有些武断。法官裁判时价值取向不可避免，关键是如何确保在事

① ［日］平野龙一：《刑事诉讼的诊断》，载《团滕重光博士古稀祝贺论文集》第 4 卷，有斐阁 1985 年版，第 407 页。

② 张迪：《刑事证明中经验法则的精密运用》，载《法制与社会发展》2022 年第 5 期。

③ 刘远：《刑事司法过程中的刑法学建构问题研究：刑法学司法逻辑化的方法论》，人民出版社 2018 年版，第 62 页。

④ ［英］H. L. A. 哈特：《法律推理问题》，刘星译，载《法学译丛》1991 年第 5 期。

⑤ 江国华：《论中国实践主义司法哲学》，载《法律科学（西北政法大学学报）》2023 年第 1 期。

⑥ ［德］冯·吉尔希曼：《作为科学的法学的无价值性：在柏林法学会的演讲》，赵阳译，载《比较法研究》2004 年第 1 期。

⑦ ［德］霍尔斯特·海因里希·雅科布斯：《十九世纪德国民法科学与立法》，王娜译，法律出版社 2003 年版，第 7 页。

⑧ ［德］卡尔·施米特：《政治的概念》，刘宗坤、朱燕冰等译，世纪出版集团、上海人民出版社 2015 年版，第 19 页。

实判断之后进行，不能让价值评价的地位过于前置或凸显。[①]

二、印证证明与排除合理怀疑

排除合理怀疑作为英美法系国家的刑事证明标准，在“无罪推定”“合理怀疑”的理念基础之上形成。合理怀疑并不是一种想象出来的怀疑，必须源于证据。在对比全案证据之后发现矛盾，给出逻辑上的质疑理由。美国司法中心对“排除合理怀疑的证据”（Proof Beyond a Reasonable Doubt）的解释为：法律不要求你只有在没有任何怀疑时才能给被告人定罪。在考虑所有证据后，你如果坚信（firmly convinced）被告人犯有被指控的罪行，你就应对被告人作出有罪裁决。但在考虑所有证据后，你如果认为确有实际可能性被告人没有犯被指控的罪行，那你就应作出无罪裁决。美国学界一般认为，“排除合理怀疑的证据”要求陪审团必须有90%以上的确定性认为被告人犯有被指控的罪行。也就是说，“事实认定是概率的而不是确定的”[②]。在法官的心中，事实认定程度具有量化的可能和必要，如根据美国联邦法官的调查问卷显示，171个法官中有126人认为“排除合理怀疑”需等于或高于90%的确定。[③] 也有英美学者持如是观点：“如果我是事实裁定者，我会考虑我自己对于被告人有罪的确信程度，范围是从0到100，除非我确信的程度超过95%的范围，否则我不会赞同裁定有罪。”[④]

法官把握案件事实的建构需具有一定的选择性和加工性，并不是单纯的客观描述过程，在形成案件事实的同时，司法人员考量个别事实在法律上的可能意义。当然，法官在作陪审团指令时不会以百分比的方式来解释排除合理怀疑的证据。排除合理怀疑的标准低于演绎证明，从逻辑的角度来讲，演绎证明的标准为“排除任何怀疑”。“所谓无合理怀疑，谓系始于良知或道义上的确信，是以排除一切合理之怀疑。如自其反面而言，有谓在一切证据经过全部比较与考虑，审理事实之人，本于道义或良知，对于追诉之事实不能信以为真。所谓合理怀疑，亦即其怀疑必须有理由，而非纯出于想象或幻想之怀疑。”[⑤]

疑罪从无和排除合理怀疑中的“疑”指的是被追诉人的犯罪嫌疑，同时

---

① 邓子滨：《中国实质刑法观批判（第二版）》，法律出版社2017年版，第67页。

② ［美］波斯纳：《法理学问题》，苏力译，中国政法大学出版社1994年版，第271页。

③ Lawrence M. Solan, Refocusing the Burden of Proof in Criminal Cases: Some Doubt About Reasonable Doubt, 78 Tex. L. Rev. 105, 110 (1999).

④ Jon O. Newman, Beyond "Reasonable Doubt", 68N. Y. U. L. Rev. 979 (1993).

⑤ 李学灯：《证据法比较研究》，五南图书出版股份有限公司1992年版，第395页。

也有可能不构成犯罪的质疑。刑事诉讼的理想状态是对被追诉人“不枉不纵”，然而，理想不是总能够照进现实。“枉”则造成冤案，“纵”会造成悬案。尽管人们不愿意看到两种结果，司法机关必须作出抉择时，却被要求尽可能地做到“宁可错放，也不可错判”。可以认为，这是一种深层次意义上对良好社会秩序和人权保障价值的追求，能够有效避免在证据存疑的情况下司法权力被滥用，避免出现迁就性、妥协性的裁判使法律蒙羞。不可否认，相比较“错放”导致悬案，司法机关更重视避免产生冤案，这是因为：悬案更加容易操纵人们的道德情感、吸引人们的眼球。①

诉讼上证明是一个程度概念，我国引入排除合理怀疑这一西方的常见法语，来作为定罪量刑证明标准“证据确实、充分”这一传统法律表述之反向内涵，由此产生证明程度的难题。传统的证明标准要求具有高度盖然性。刑事案件关涉人权问题，必须以作出不容置疑的犯罪证明为必要。而民事案件从数学角度看，只要有超过50%的盖然性，即可作出结论。在刑事审判中，证明是犯罪就是存在高度盖然性。盖然性并不能否定相反事实存在的可能。自由心证主义要求根据经验、逻辑法则进行合理的心证，不允许法官恣意判断。

三、作用有限的制度保障：人民陪审员参与审判和文书强化说理

为了合理规制法官的自由心证，我国尝试通过引入人民陪审员参与审判与加强裁判文书说理两条路径。的确，特定案件特殊情形下，“人民陪审员在对互相矛盾的推断的解释和判定上表现得更为优秀”②。人民陪审员制度可以使审判中加入社会公众的意见，通过对话与沟通，有利于避免法官在司法裁判中的偏见与专断，克服法官的恣意与专断。同时，犯罪与刑罚直接面向世俗生活、普罗大众，但刑事法官日益职业化和精英化的倾向，可能会导致裁判结论对社会常识的疏远和偏离，产生刑事裁判过程中的共识危机。引入人民陪审员与职业法官共同沟通与博弈，形成对事实、法律问题的判断，无疑可以促进裁判最终获得结论的共识。③

但实际上，我国陪审员的“高度陪衬化”在法律共同体内部早已成为

---

① 桑本谦、戴昕：《真相、后果与排除合理怀疑》，载《法律科学（西北政法大学学报）》2017年第3期。

② ［美］伦道夫·乔纳凯特：《美国陪审团制度》，屈文生、宋瑞峰译，法律出版社2013年版，第58页。

③ 武良军：《刑法裁判规范的理性证成研究》，中国政法大学出版社2018年版，第270页。

"公开的秘密"。人民陪审员在刑事审判中发挥的作用极其有限，更多是一种"国民"法官的象征，最大意义在于缓冲法院案多人少的压力，庭审时一动不动、一言不发，合议时被动附和，很少发表独立意见，更别提反对意见①，既没有扩大司法的民意基础，也没能为司法决策注入适量的"朴素正义观"②，更难以撕开司法冰冷的面纱，在每一次具体的、独特的、新鲜的案件处理过程中注入鲜活的民众情感和价值判断。

此外，强化法官裁判文书说理也并未达到预期效果。为了检验裁判者的认知能力高低和认知决策正误，法官都应当在裁判说理中呈现认知决策进路，借此接受各方监督。判决书能够详尽展示法官心证的形成过程，约束法官评判证据时的自由裁量。法官将心证公开使审判过程成为互涉的沟通，强制性要求法官形成合理心证的同时，说服被追诉人接受法官的裁判。通过详细撰写并披露认知过程，促使法官严谨地审查和反思，校验是否有不符合逻辑及经验法则之处，使包括当事人在内的社会公众详细了解法院采信过程，避免受到非议。然而，由于目前针对裁判文书的强制说理要求过于原则，尚没有具体、明确的标准来予以规制，部分法官担心说理不当受到质疑，并不会对证据事实的分歧进行论证分析，通用做法仍然是详细列举证据、断然认定事实。客观上，判决书对心证形成过程、疑点排除等从人情事理、证据法理、认识原理方面进行深入分析的并不多见。③

四、法官自由心证下排除合理怀疑的路径

（一）综合全案证据后排除合理怀疑

排除合理怀疑并非排除一切怀疑，合理怀疑应当强调怀疑的合理性，避免排除合理怀疑等同于排除一切怀疑的倾向。从字面上讲，排除的是"合理"的怀疑，而非所有的一切怀疑。这种怀疑，应当是一种有理由、有根据的怀疑，而不是任何幻想的怀疑，不是吹毛求疵的怀疑，不是强词夺理的怀疑。英美判例中先后将合理怀疑界定为"在日常生活中足以使人在决定重要事务时产生犹豫的不确定性""一种有理由的怀疑，不能是一种推测或猜疑""一种建立在共同意识基础上的怀疑"等。辩方发表辩护意见时，有时将二者混同，

---

① 唐稷尧：《从文本中的刑法到司法中的刑法：定罪视野下犯罪成立要件确定机制研究》，法律出版社 2014 年版，第 359 页。

② ［德］托马斯·魏根特：《德国刑事程序法原理》，江溯等译，中国法制出版社 2021 年版，第 144 页。

③ 龙宗智：《中国法语境中的"排除合理怀疑"》，载《中外法学》2012 年第 6 期。

将排除合理怀疑标准视同排除一切怀疑，只要案件中还存在其他某种可能性，便认为控方所指控的事实不能达到确信，认为全案事实不清、证据不足。这种观点是对排除合理怀疑证明标准的误读，它试图迫使裁判者将案件事实毫无遗漏地真实还原，使认定的案件事实完全等同于已经发生的客观事实，然而这在刑事诉讼中是无法做到的。因此，法官在审理案件时应当对出现的可能怀疑作出甄别，只有那些有根据的、理性的、合乎常理的怀疑才应当被排除；反之，那些没有根据的无端质疑，以及吹毛求疵的怀疑，并不属于需要排除的范畴，应不予采信。

凡是无法排除合理怀疑的，即便被告人有罪的嫌疑很大，也要作无罪处理。实践中有一种错误做法，虽然认为存在被告人无罪的可能，但是认为被告人有罪的可能远远大于无罪的可能，再加之被害人方及社会各方的压力，即作出留有余地的判决，也即有罪但罪轻的判决。这一错误做法恰恰是很多冤假错案产生的原因。排除合理怀疑是定罪标准，如若达不到这一标准，对被告人就应按无罪处理，不存在中间道路。从逻辑上来讲，首先应当确认有罪，然后才有罪轻或罪重的问题，而罪轻罪重的衡量标准是犯罪的主观恶性、造成的犯罪后果和社会危害程度等，而非是否存在合理怀疑。排除合理怀疑要求重视案件中的一切疑点。除了那些影响案件事实认定的具有根本冲突的疑点或者重大疑点，如被害人身上的伤口与致害工具不相符、被告人口供与物证不能相互印证等，还包括具体的一般疑点，如共犯就具体的犯罪时间表述不一致，因为在有些案件中，往往是无视那些不起眼的疑点而最终造成冤假错案。

（二）增强控辩双方“叙事竞争性”

法官对特定的诉讼主张获得内心确信的过程不是证明过程，而是控辩双方的证明过程在法官主观上的反映。[①] 常识判断的经验性、制度的规范性等共同作用，可能会加深法官的“认知偏差”，甚至导致自由心证的滥用。先入为主的人（人几乎总是这样）会去寻找能够支持他观点的证据，而不会去寻找反对他这一观点的证据；[②] 控辩双方的实践逻辑互不相同，却都像常人一样受着“结论的统治”，尽管其往往不愿意承认。为了防止对话式程序的管道视野、确证偏误等认知偏差的心理影响，应当增强控辩双方叙事竞争性。[③] 对抗制的

---

① 南英、高憬宏主编：《刑事审判方法（第二版）》，法律出版社 2015 年版，第 288 页。

② ［美］李·爱泼斯坦、威廉·M. 兰德斯、理查德·A. 波斯纳：《法官如何行为：理性选择的理论和经验研究》，黄韬译，法律出版社 2017 年版，第 42 页。

③ ［荷］弗洛里斯·贝克斯：《论证、故事与刑事证据：一种形式混合理论》，杜文静等译，中国政法大学出版社 2020 年版，第 124 页。

庭审过程，可以更好地解决冲突。对抗制可以让讼争双方充分陈明各自的立场，双方在辩论中必然产生“自利的偏见”，法官通过这一偏见才能发现哪怕是最细微的对某方当事人有利的事实，从而更加接近真相。

刑事诉讼中，由于控辩双方地位不平等、武器与能力不对等、欲实现证明目的不相同，有必要对不同的主体、不同的证明对象采用不同的证明标准。① 法官需要保障控辩双方积极、有效参与认知交互过程，发挥辩方的实质提示与协助作用。② 不应排斥辩护的参与，而是将其视为认知意义上的提示者和协助者。法官通过“兼听”，确保以充分的证据防止以偏概全或偏听偏信。法官对质证后的证据加以“细辨”，使得判决形成的理由得到反驳性检验，继而防止错案的产生。③ 基于法院发现真实的义务，辩方一旦自身能力不足以维护正当权利时，法官应实施适当的照顾被告人义务。

（三）印证事实的双向验证

法官需要基于常识、经验、良知去思考，这是审视案件的惯常视角和本能方法，也是生活理性方面的方法论；还要站在政治家（哲学家）的立场，基于国家、社会、发展的正义思考，在司法裁判中呈现政治理性，富于智慧和远见地将国家正义、国家关怀、社会秩序等社会关切通过个案的方式予以呈现；更要秉持职业理性，像法律家那样思考，基于目的、规范和实效，将裁判后果纳入司法裁判衡量，给社会公众宣告一种“可能生活”。④

证据裁判原则于2010年“两高三部”《办理死刑案件证据规定》第2条明确，“认定案件事实，必须以证据为根据”。其基本含义是通过证据认定案件事实。证据裁判原则从正向要求法官认定事实以有证据存在为前提，避免偏听偏信、主观臆断。禁止以非理性的方法判断事实，不得以证据以外的其他客观现象认定事实，或仅凭法官个人的主观推测和印象来认定事实。证明标准要求法官既要从正面审查据以定罪量刑的事实是否都有经法定程序查证属实的证据予以证明，又要从反面审查该事实能否经得住辩方证据与意见的质疑，更加

---

① ［美］理查德·A. 波斯纳：《证据法的经济分析》，徐昕、徐昀译，中国法制出版社2001年版，第87页。

② 谢澍：《认知交互与偏见阻断：刑事庭审实质化的理性认知进路》，载《当代法学》2023年第1期。

③ 张金科：《论庭审功能场域中的有效辩护：基于裁判者视角的思考》，载《湖南社会科学》2021年第4期。

④ 江国华：《论中国实践主义司法哲学》，载《法律科学（西北政法大学学报）》2023年第1期。

强调了反面证伪的重要性。

排除合理怀疑可以通过正向和反向两阶验证。正向验证是在案所有证据之间的横向比较，反向验证则是强调将印证事实与在案证据及进行综合性验证。印证事实与证据之间若存在矛盾或者矛盾无法合理排除，不能予以认定。正向验证意味着要有效发挥审判功能形成理性认知；反向验证要求法官对认知偏差和程序控制足够关注。如在马某运输大宗毒品一案中，被告人马某携带妻子及不满两周岁婴儿在案发现场被抓获。如果单独来评价该事实，可以提出被告人马某没有运输毒品主观故意的质疑，否则不会让妻子婴儿一起陪同。但反过来说，被告人为逃避法律追究，利用特殊群体如孕妇或老人、携带未成年子女共同犯罪的也并不少见。我们应当坚持“疑罪从无”，却不能因无法排除“不合理”的怀疑而“将罪从无”。

针对事实推定特别要注意，推定分为事实推定和法律推定。事实推定是指法官依据自由心证，运用逻辑法则和经验法则，以间接事实推定待证事实，由某一事实的存在来推定出不明事实。法律推定是一种强制推定，只要有法律明文规定的前提事实存在，法院即应认为所推定的事实存在。事实推定是人为的推定，是法官依据自由心证所为的推定。推定一般只能用于认定案件某一方面事实，不能直接用来推定被告人有罪。推定事实必须经得起反向验证，即辩方可以通过反证或反论的方式对推定事实形成合理怀疑。反证是举出证明推定事实的基础事实不真实；反论是通过推理说明基础事实与推定事实之间的高度盖然性的因果联系并不存在或并不可靠。无论是反证还是反论，只有对控方所推定的事实形成合理怀疑，足以动摇法官对推定事实的内心确信和要求，方为有效。

刑事证明标准的事实认定者视角转向

杨馥源*

引言

现代司法裁判的一个典型特征就在于，它建立在规则和事实的基础上。在事实的问题上，我国理论界已经完成了从“客观真实”到“法律真实”的观念性转变。① 后者认为，在绝对真理不可获知的前提下，诉讼程序本身为诉讼认识活动提供了一种合法化或者正当化的效果，一项经过法律重塑的事实因为符合法定的证明标准而取得作为定罪量刑的依据的资格。② 因此，刑事证明标准制度内涵的厘清对刑事审判尤为重要。纵观我国刑事诉讼法的修订历程，除2012年引入了“排除合理怀疑”标准外，均主要延续1979年刑事诉讼法所确立的“事实清楚，证据确实、充分”标准（以下简称“证据确实、充分”）。虽然在近几次修法下，刑事证明标准的立法表述变化不大，但其内质却随着事实观的变化而不断发生变迁。现代刑事司法普遍认为，发现真相只是司法程序

---

* 杨馥源，上海海事大学硕士研究生。

① 樊崇义教授最先提出“法律真实”的概念。参见樊崇义：《客观真实管见——兼论刑事证明标准》，载《中国法学》2000年第1期。关于何谓法律真实，学界有诸多的理论。例如，杨波教授基于哈贝马斯的交往行动理论，构建了“法律事实建构理论”，认为所谓“法律事实”，就是指在法定的程序空间内，由多方诉讼主体依据既定的规则建构起来的一幅案件事实图景，它是某种法律裁决据以作出的事实依据。这里理论强调了证据规则的程序功能，避免为达目的不择手段，为实现结果不考虑任何代价的问题出现。参见杨波：《法律事实建构论纲》，载《吉林大学社会科学学报》2010年第2期；杨波：《论法律事实的程序保障》，载《当代法学》2008年第5期。又如，何家弘教授认为，司法判决只能建立在“法律真实”之上，且所谓“法律真实”应当是一种“人造的真实”。参见何家弘、周慕涵：《刑事诉讼事实观与真实观的学理重述——兼评“程序共识论”》，载《清华法学》2022年第6期。

② 参见樊崇义、锁正杰、吴宏耀、陈永生：《刑事证据前沿问题研究》，载《证据学论坛》第1卷。

的目标之一，在发现真相的过程中，诸如保障人权等价值考量同样重要。在此背景下，刑事证明标准不再是传统见解下的程序性制度，而是自成体系，具有内在的伦理追求。本文将沿用新加坡学者何福来教授在其《证据法哲学》中所采取的“外在视角—内部视角”的分析框架，并将之解释为基于外在超然立场的“立法者视角”以及基于内部道德立场的“事实认定者视角”，浅析以作为道德主体的事实认定者为核心的刑事证明标准所展现出的全新样貌。

一、刑事证明标准的工具属性：立法者视角样貌综述

所谓“立法者视角”，取自何福来教授所称的“外部视角”，是一种站在审判制度之超然观察者、构建者的立场上审视证据规则的分析路径，这种路径主要关注一项证据规则的适用后果以及它们对事实认定结果的影响。[①] 对采取这种方法的分析者而言，证据法首先是一个认识机器，一个通常从许多令人迷惑的蛛丝马迹中发现真相的工具。[②] 学界对于刑事诉讼证明责任的分析多采立法者视角，这使得该制度表现出鲜明的工具特征，这可以从“具体个案”和“制度整体”两个维度予以阐述。

（一）立法者视角下的刑事诉讼证明责任：具体个案维度

在具体案件中，鉴于客观真实之不可知，法庭中所认定的事实只能是被建构的，这就要求事实认定者基于被呈现于庭上的证据材料得出事实存在与否的心证并作出事实裁决。证明标准制度为这一建构过程提出了规范性要求，作为事实真实性的法定程度[③]，证明标准构成了事实裁决的阈值：如果事实认定者对某一要件事实的信念超过法律规定的水平，那么他就必须认定该事实为真；反之，他就必须拒绝接受该事实。作为程度的证明标准在诉讼中发挥着缺省功能和管控功能。[④]

---

① 参见［新加坡］何福来：《证据法哲学——在探究真相的过程中实现正义》，樊传明等译，中国人民大学出版社 2021 年版，第 63—64 页。

② 参见［美］拉里·劳丹：《错案的哲学：刑事诉讼认识论》，李昌盛译，北京大学出版社 2015 年版，第 2 页。

③ 通说将证明标准称为一种事实真实性的法定程度。参见施鹏鹏：《证据法》，中国政法大学出版社 2020 年版，第 276 页；参见张保生主编：《证据法学》（第二版），中国政法大学出版社 2014 年版，第 319 页；参见陈瑞华：《刑事证据法》（第四版），北京大学出版社 2021 年版，第 484 页。

④ ［新加坡］何福来：《证据法哲学——在探究真相的过程中实现正义》，樊传明等译，中国人民大学出版社 2021 年版，第 238 页。

就其缺省功能而言，证明标准与证明责任共同构成了事实认定的两个“端口”①：证明责任旨在分配诉讼中要件事实真伪不明的风险，而证明标准则起到“测试仪”的作用，即当事人的证明行为只有符合了一定的外在标准，才可以称其妥善地履行了证明责任；反之，就会因为该关键事实真伪不明而承担不利后果。例如，在刑事诉讼中，若控方无法就犯罪构成要件完成证明，法院便必须作出对被告人有利的判决。

就其管控功能而言，证明标准划定了事实认定者为了认定某一事实而所需达到的信念上的最低标准，这种最低标准由法律所预设，并且不会因为个案的具体情况而变化。② 例如，根据我国刑事诉讼法的规定，案件只有达到证据确实、充分，法院才可以认定被告人有罪并处以刑罚，其中，“证据确实、充分”就是由法律所预设的证明标准。

为了使管控功能具有可操作性，持立法者视角者还会赋予不同的证明标准以一定的量化标准，从而提出从100%的绝对真实状态直至0的无信息状态的数量化概括。③ 例如，有学者提出，70%是终结侦查的证明标准，80%是提起公诉的证明标准，95%是认定有罪的证明标准。④ 对于事实认定者而言，他必须以这些量化的概率值作为标准来测度他对事实发生之有无的信念；而当他认定了某项事实存在时，其实就是在宣称有关该事实的证据材料已经符合了这些法定的标准。

（二）立法者视角下的刑事诉讼证明责任：制度整体维度

从司法制度之整体的视角看，证明标准的工具特征还体现在它是一种实现法律政策的手段。“法律的每一个分支，都在处理公平与效率的冲突。”⑤ 证明标准也不例外，事实认定的准确度与公平裁判直接相关，但若“在追求精确的道路上走到尽头，就是法律的坟墓”⑥。从制度构建者的视角看，公平与效率间冲突的核心在于成本。尽管不枉不纵是刑事司法的理想，但司法事实认定

---

① 参见张保生主编：《证据法学》（第二版），中国政法大学出版社2014年版，第142—143页。

② ［新加坡］何福来：《证据法哲学——在探究真相的过程中实现正义》，樊传明等译，中国人民大学出版社2021年版，第239页。

③ 参见施鹏鹏：《证据法》，中国政法大学出版社2020年版，第281页。

④ 张保生主编：《证据法学》（第二版），中国政法大学出版社2014年版，第335页。

⑤ ［美］亚历克斯·斯坦：《证据法的根基》，樊传明、郑飞等译，中国人民大学出版社2018年版，第255页。

⑥ 桑本谦：《法律简史》，生活·读书·新知三联书店2022年版，第129页。

必须符合成本—收益要求。为了维持成本—收益，事实认定者应当使错误和避免错误的总成本最小化。① 一方面，准确认定事实可以避免错误，但事实认定需要成本，而社会的资源总量是有限的，并非所有的资源都可以被花费在事实认定之上。“如果一个国家的法律制度过于专注事实认定的准确性，那么反而会破坏该法律制度所试图维护的社会环境。”② 另一方面，错案导致的社会利益损害也是成本。如果为了节约事实认定的成本而放低对事实的要求，那么由此产生的错案或者使无辜者蒙受冤屈，或者放任有罪者逍遥法外，加之以司法公信力的折损，这样的制度成本同样是难以接受的。总之，成本制约着事实认定的准确度，这要求司法制度必须容忍一定程度的错误，这也是衡平公正与效率之间冲突的题中应有之义。③

持立法者视角者进而需要回答，我们如何在各种错误中进行抉择？在刑事司法的视域下，裁判中存在两种不同的错误——“错判有罪”和“错判无罪”，而允许错判的发生就意味着我们需要在两种错判间作出取舍。这种取舍依旧以成本为考量，资源配置的不同会产生不同的偏向：若我们将诉讼负担更多地交给控方，那么“错判无罪”就更可能发生；反之，则“错判有罪”就更可能发生。④ 对此波斯纳法官指出，在刑事案件中，“错判有罪”比“错判无罪”所产生的成本更高，因此，必须将主要的说服责任分配给控方。⑤ 张保生教授也持类似的观点，他认为“错判无罪”只有经济成本，而“错判有罪”还包括道德成本，因此“错判有罪”的成本更高。⑥ 基于这样的理念，刑事诉讼中的证明标准往往极为严格且通常由控方承担证明责任。

进一步而言，上述以成本为导向这一理念的底层逻辑在于，持立法者视角的学者希望借证明标准这一制度实现社会利益的最大化：诉讼是一种“负值

---

① ［美］亚历克斯·斯坦：《证据法的根基》，樊传明、郑飞等译，中国人民大学出版社 2018 年版，第 168 页。

② 参见［美］罗纳德·J. 艾伦：《艾伦教授论证据法》（上），张保生、王进喜、汪诸豪等译，中国人民大学出版社 2014 年版，第 435 页。

③ 参见桑本谦：《法理学主题的经济学重述》，载《法商研究》2011 年第 2 期。

④ ［美］罗纳德·J. 艾伦：《美国证据排除规则》，郑飞、王磊译，载《证据科学》2012 年第 1 期。

⑤ 参见［美］理查德·A. 波斯纳：《证据法的经济分析》，徐昕、徐昀译，中国法制出版社 2001 年版，第 85 页。

⑥ 张保生：《错判比错放的司法成本更大（上）》，载知乎 2018 年 1 月 16 日，https：//zhuanlan. zhihu. com/p/32989630，最后访问日期：2022 年 12 月 14 日。

交互行为”[①]，既然一定要损耗社会资源，那么只要实现损耗的最小化，就可以间接满足社会利益的最大化的要求。问题在于，相较于可被精确定量研究的自然科学，社会科学领域的问题更为复杂[②]，“如果要求法律像科学那样运行，那么就必须将其所有的变量均清楚地置于某种推理结构中。但这种结构是不可能被创设的，它太复杂了”[③]。同理，社会利益本质上是不可测度的，所谓社会利益最大化不过是一种理想，绝不能作为决策目标。

相反，决策目标应当足够具体。前述“社会利益最大化”之理想，往往通过法律政策的形式体现。桑本谦教授指出了法律变迁与生物演化之间的同质性：人类的进化本是无序的，但随着正确被累计、错误被淘汰，人类最终实现了演化；法律也同样如此，任何一种状态都可以成为法律变迁的起点，只要遵循优胜劣汰的逻辑，法律也会找到其最优的状态。[④] 因此，法律政策的变迁实际上是人们试图寻找最优法治体系的过程；在这些尝试中，事实调查是法律裁决的核心关注点，并会随着时代和地域的不同而以不同的法律政策形态出现。例如，在初民时代存在这样一条证据规则：一对男女被发现私下相处的事实，可以直接被当作通奸既遂的结论性证据。这是因为在当时的社会条件下，如果要证明一男一女确实在封闭空间内实施了通奸行为，难度太大，如果提出了过高的事实要求，则通奸罪只能成为具文；相反，极低的证明标准反而可以形成较强的威慑，从而教育人们的日常行为。[⑤] 可以说，这就是一种法律政策的体现。在现代社会，证明标准是直接关涉事实认定的制度，其同样是实现一定法律政策的手段。在中华人民共和国成立后，“实事求是”和“有错必纠”就是我们所奉行的法律政策。在这一政策指导下，学者们得出了“整个刑事诉讼的目的在于追求实体真实，整部程序法是为实体法服务的结论”[⑥]。但学界逐渐发现，这种对事实真相的执意追求可能不惜以侵犯人权为代价，乃至滋生无

---

① ［美］迈克尔·贝勒斯：《法律的原则——一个规范的分析》，张文显等译，中国大百科全书出版社 1996 年版，第 85 页。

② ［美］罗纳德·J. 艾伦：《论司法证明的性质》，王进喜等译，载《证据科学》2011 年第 6 期。

③ ［美］罗纳德·J. 艾伦：《证明责任》，蒋雨佳等译，载《证据科学》2012 年第5 期。

④ 桑本谦：《法律简史》，生活·读书·新知三联书店 2022 年版，第 11—14 页。

⑤ 桑本谦：《诉讼的前夜：人类如何解决纠纷》，载《地方立法研究》2021 年第 6 期。

⑥ 杨波：《由“真实”到“程序内的共识”——刑事诉讼事实认定标准理论的新展开》，载《法制与社会发展》2010 年第 4 期。

辜者被强迫认罪的风险[①]，因此学界便很快投入了对刑事诉讼独立价值的研究。随着“保障人权”价值先后于2004年和2012年被写入我国宪法和刑事诉讼法，这一价值取向便成为我国刑事诉讼领域新的法律政策。通过对比发生在1994年的佘祥林案以及发生在2015年的陈辉案，可以直观地感受到不同法律政策对证明标准带来的影响。在两起杀人案件中，案件均存在疑点，但两位犯罪嫌疑人却处境迥然：佘祥林含冤入狱十余载，直至张在玉“亡者归来”；胡祖英虽尸体身份确凿，但陈辉却得以无罪释放。

总结而言，立法者视角下的证明标准具有工具价值。首先，在个案中证明标准为事实的建构提出了规范性要求，构成了事实裁决的阈值，只有法官的心证达到了法定的程度，才可以认定事实是存在的。其次，从司法制度之整体的角度看，证明标准还平衡了事实中不同当事人的负担，从而实现司法上公平与效率的协调。最后，从法律运行的社会效果的角度看，证明标准还是实现不同法律政策的手段；根据一定区域及时代的司法理念的不同，证明标准会呈现不同的样貌，也会导向不同的裁判结果。

二、刑事证明标准的思想属性：立法者视角疏漏分析

通过立法者视角解读刑事证明标准确有其合理性，但并不充分，也存在牵强之处。陈瑞华教授总结了刑事审判程序的五项工具价值。[②] 基于前文对立法者视角下刑事证明标准样貌的阐明，可以认为该制度是满足这五项价值的：刑事证明标准体现了一种价值指引，引导法官在客观真实缺位的状态下，以法定的阈值作为标准作出司法裁判，并进而赋予该裁判以正当性。可是，仅仅将刑事证明标准视作一种工具无法展现该制度的全貌，甚至可以说，这种做法忽略了刑事证明标准更为基本的方面，存在将复杂问题简单化的嫌疑。

（一）立法者视角下的刑事证明标准具有程序特征

采取立法者视角的分析者之所以强调刑事证明标准的工具价值，就是因为他们将刑事证明标准视作一种程序法律规范，并追求其程序上的可操作性。例

---

① 刘静坤：《如何防止无辜者被强迫认罪——兼论不被强迫认罪权的程序要素》，载《政法论坛》2021年第3期。

② 即（1）使裁判结果具备合法性和权威性；（2）确保法院的裁判结果合乎理性的要求；（3）确保实体法规范从抽象走向现实，使实体法所包含的各项价值目标得到具体的实现；（4）确保法官在各种冲突的实体目标间作出适当的选择；（5）提高程序产生公正裁判结果的能力。参见陈瑞华：《程序正义理论》（第二版），商务印书馆2022年版，第156—163页。

如，德国学者汉斯·普维庭就认为，证明尺度（证明标准）毫无疑问地应归入程序法领域，立法者应当依据证明结果的刻度盘，规定证明尺度（证明标准）规范，并由这些规范来命令法官。① 我国也有类似的学说。有学者提出，刑事诉讼法上的证据确实、充分均是程序要件，是外在、客观的②，应当采取明确的表述方式，以增强其可操作性和司法裁断的可预测性③。

当持立法者视角者认为刑事证明标准应当为事实认定提供清晰明确的指引时，他们就会抱着这样的期待在法律条文上寻找依据；而当他们发现任何法律规范都无法提供我们所预期的明确指引时，就会尝试去解释法律甚至是推动司法解释乃至立法来满足我们这样的期待。例如，“印证证明模式”④“新法定证据主义”⑤“‘阶层式’刑事证明标准”⑥ 等理论正是不同学者为了增强刑事证明标准的可操作性，而对我国法定的证明标准作出的解释。这些理论的相同点在于，它们虽然意识到了刑事证明标准运作的主观方面，但依然更加侧重“外部性”而非“内省性”⑦，本质上均属于客观化的证明模式。另外，持立法者视角的学者们还尝试为事实认定找到一个清晰明确的终点，这表现在关于“排除合理怀疑”和“证据确实、充分”究竟何者指向一个更高证明标准的争论上。例如，有观点指出，“排除合理怀疑”的引入并不是修改了我国刑事诉讼的证明标准，更不意味着证明标准的降低，二者在证明标准的程度上相当。⑧ 有学者进而指出，“证据确实、充分”无助于刑事证明标准的可操作性，

---

① ［德］汉斯·普维庭：《现代证明责任问题》，吴越译，法律出版社2006年版，第97、104页。

② 王星译：《刑事证明标准的规范功能与实践归宿》，载《环球法律评论》2021年第3期。

③ 参见杜邈：《“排除合理怀疑”标准的司法适用》，载《法律适用》2019年第7期。

④ 参见龙宗智：《印证与自由心证——我国刑事诉讼证明模式》，载《法学研究》2004年第2期。

⑤ 参见陈瑞华：《以限制证据证明力为核心的新法定证据主义》，在《法学研究》2012年第6期。

⑥ 参见杜邈：《“排除合理怀疑”标准的司法适用》，载《法律适用》2019年第7期。

⑦ 龙宗智：《印证与自由心证——我国刑事诉讼证明模式》，载《法学研究》2004年第2期。

⑧ 参见全国人大常委会法制工作委员会刑法室：《关于修改〈中华人民共和国刑事诉讼〉的决定：条文说明、立法理由及相关规定》，北京大学出版社2012年版，第53页；参见卞建林、张璐：《“排除合理怀疑”之理解与适用》，载《国家检察官学院学报》2015年第1期。

纳入“排除合理怀疑”这一主观要素，正是一种基于现实的考量。[①] 也有学者持相反意见，认为“证据确实、充分”是指应当排除一切怀疑，因此其在标准上要高于“排除合理怀疑”。[②]

（二）对刑事证明标准制度性质与定位的分析探讨

上述诸项观点均富有说服力，且构成了我国目前有关刑事证明标准的主流理论体系，甚至对立法产生了深刻影响。例如，最高人民法院《关于适用〈中华人民共和国刑事诉讼法〉的解释》（以下简称《刑诉法解释》）第140条便是一条高度程序化的事实认定规范，其指引法官如何在直接证据缺省的情况下，依据间接证据严谨且周密地完成事实认定。[③] 但是，这些观点依旧是片面的。因为这些观点仅仅看到了刑事证明标准在事实认定问题上的指向性作用，却没有对这一作用的运行逻辑，以及刑事证明标准的性质属性予以充分的分析。本文认为，刑事证明标准规范是一种以事实认定为目标的“认识论领域”的实体证据规范，其运作依托于法官的个人思维，属于思想范畴，这一性质使得刑事证明标准无法承担过多的程序功能。若仅将刑事证明标准视作一项程序规则，将产生诸多疑点。

首先，刑事证明标准规范在性质上属于以事实认定为目标的“认识论领域”的证据法规范。亚历克斯·斯坦教授根据目标的不同将证据法规范区分为“以事实认定为目标”的证据法规范以及“旨在促进外在于事实认定的目标”的证据法规范，并进而提出，狭义的证据法仅由前一种证据法规范组成。[④] 在这一狭义的范畴内，根据认定依据的不同，还可以将证据法规范细分

① 参见魏晓娜：《“排除合理怀疑”是一个更低的标准吗?》，载《中国刑事法杂志》2013年第9期。

② 参见陈瑞华：《刑事证明标准中主客观要素的关系》，载《中国法学》2014年第3期。

③《刑诉法解释》第140条规定，没有直接证据，但间接证据同时符合下列条件的，可以认定被告人有罪：（1）证据已经查证属实；（2）证据之间相互印证，不存在无法排除的矛盾和无法解释的疑问；（3）全案证据形成完整的证据链；（4）根据证据认定案件事实足以排除合理怀疑，结论具有唯一性；（5）运用证据进行的推理符合逻辑和经验。

④“只有那些促进内部事实认定目标的规则才真正属于证据法；促进其他目标和价值的规则虽然关涉证据，但不属于证据法领域”。参见［美］亚历克斯·斯坦：《证据法的根基》，樊传明、郑飞等译，中国人民大学出版社2018年版，第1页。

为“认识论领域”的规范和“政治道德（political morality）领域”[①] 的规范。前者建立在现有证据足以准确认定事实的基础上，赋予审判人员自由裁量权，允许他们利用诸如逻辑、推理和常识等认识工具作出事实认定，此时法官是错判风险的承担者；后者则发生在现有证据不充足、事实真伪不明的情况下，由于法官一方面不能拒绝裁判，另一方面也不能从无知中推导出有知，因此只能由法律作出判断并承担错判的风险，即此时应当由法律对如何处置事实认定问题作出明确规定。[②] 观察刑事证明标准的运作机理，虽然法律对心证提出了要求，但在具体案件中通常缺乏准确的手段，在模棱两可的情形中起决定作用的还是理智裁判者基于主观估量的确信形成。[③] 质言之，刑事证明标准的运行以法官的自由裁量权为依托：事实认定的过程本质上是法官个人的思维活动。

其次，刑事证明标准是一种实体性法律规范。证据法具有双重性：一方面，证据法是权利和义务实现的基础，致力于解决事实认定的问题，因此其具有实体法特征；另一方面，证据法也须遵循现代法治国家的正当程序原则，并解决证明途径和方法的问题，因此具有程序法特征。[④] 之所以称证据法在解决事实认定的问题上具有实体法特征，是因为刑事实体法不仅涉及罪与非罪、此罪与彼罪的区分，也涉及对案件真实情况的认定。借用罗森贝克的理念，“犯罪”这一概念并非物质世界的组成部分，不能作为感性认知的对象，是非现实的、想象的，是精神的，是将事实纳入法律规范之下推断出来的。犯罪本身不能成为证明的对象，我们只能通过证明事实间接地完成证明。[⑤] 质言之，事实认定并非辅佐实体法律规范生效的手段，而是其题中应有之义，应当被纳入实体法规范的规制范畴之中。刑事证明标准与事实认定直接相关，指向法官认定事实时所需达到的心证程度，并且该程度的高低决定了事实认定的难易，影

① 此处所采用的“道德”并非道义论意义上的道德，而是以经济理由即功利主义理由，对错案风险进行系统性分配时，立法者所承担的道德责任。但需要注明，在本文中，除非特别标准为“政治道德”，否则采用“道德”这一术语的，皆为道义论意义上的道德。

② 参见［美］亚历克斯·斯坦：《证据法的根基》，樊传明、郑飞等译，中国人民大学出版社 2018 年版，第 13—20、137—138 页。

③ 虽然这一论断是罗森贝克针对民事诉讼法作出的，但由于证明标准在民事诉讼和刑事诉讼中并无本质差别，因此在此处仍有说服力。参见［德］罗森贝克、施瓦布、戈特瓦尔德：《德国民事诉讼法》（下册），李大雪译，中国法制出版社 2007 年版，第 838 页。

④ 张保生主编：《证据法学》（第二版），中国政法大学出版社 2014 年版，第 141 页。

⑤ 参见［德］罗森贝克：《证明责任论》，庄敬华译，中国法制出版社 2018 年版，第 135—137 页；同时参见［美］罗纳德·J. 艾伦：《证据法的理论基础和意义》，张保生、张月波译，载《证据科学》2010 年第 4 期。

响着当事人被判有罪的可能性大小，也关乎某一刑事实体法律规范的可适用性。综合这些特征，刑事证明标准应属实体性法律规范。

最后，作为一种“认识论领域”内的实体性证据法律规范，学界不应对其提出过高的程序性要求。需要注意的是，这一论断并非主张实体法与程序法之间应当泾渭分明地区分，因为这种区分是不可能的，二者间并无明确的界限；我们之所以会作出这种区分，仅仅是因为有用。① 实体法也可以具有程序性，在一些情况下，程序法甚至可以是“通过在实体（刑法）中嵌入程序规范从而实现的法之自我约束”。② 但是如果对一项实体法规范提出其所不能承受的程序性要求，那么反而会影响该规范的适用，尤其是当这项实体法规范同时属于“认识论领域”时。其中的原因在于，这类规范不能被程序化地看待。哈特指出，“除了引导人类行为和对行为提供批判的标准之外，进一步为法律探求任何更特定的目的，都是无用的尝试。”③ 这就是说，法律是一种行为规范，其所调整的对象是人的行为，而非人的思想。之所以如此，并不是因为思想不值得调控，在社会中宣传良善的思想也是法律所追求的目标，而是因为在一个自由民主的社会中，用强制手段去控制思想是根本不可能的。证据法在发展上经历了从“法定证据制度”到“自由证明制度”的转变，后者所遵循的理念正是赋予事实认定者以自由判断证据的权力，并“根据一个自由人固有的不偏不倚的和适宜的正义感”作出裁判。④ 这一理念不论是在英美法系国家还是大陆法系国家均得到承认。⑤ 可以说，在现代证明制度中，事实认定是一个纯粹的思想范畴。在这方面，我们不可能制定出真正确定的规则。⑥

---

① 参见［美］罗纳德·J. 艾伦：《证据法、诉讼法和实体法的关系?》，张保生等译，载《证据科学》2010 年第 6 期。

② ［德］乌尔弗里德·诺依曼主编：《当代法哲学和法律理论导论》（第九版），郑永流译，商务印书馆 2021 年版，第 635 页。

③ ［英］哈特：《法律的概念》（第二版），许家馨、李冠宜译，法律出版社 2011 年版，第 230 页。

④ 参见张保生主编：《证据法学》（第二版），中国政法大学出版社 2014 年版，第 57 页。

⑤ 参见［美］达马斯卡：《漂移的证据法》，李学军等译，中国政法大学出版社 2003 年版，第 23—33 页。

⑥ 例如，边沁曾说：“从事务本质上来说，为证据寻找一种确保公正的规则是完全不可能的。人类的心智太过敏感以至于无法建立规则。”［英］特文宁：《反思证据：开拓性论著》，吴洪淇等译，中国人民大学出版社 2015 年版，第 46 页。

（三）作为程序性规范的刑事证明标准的不足之处

进一步地，以刑事证明标准“认识论领域”的实体法规范的本质为基点，反思立法者视角下的刑事证明标准，可以发现诸多疏漏之处。

第一，刑事证明标准实际上无法提供清晰明确的指引。前文提到，刑事证明标准对事实认定提出了一定规范性要求，并通过法定的阈值约束法官的心证。必须承认这种指引作用的客观存在，因为其指出了不同诉讼对事实认定应当提出不同的要求，但也有必要对这种指引作用的运作机理质疑。持立法者视角者之所以强调刑事证明标准的工具价值，就是寄希望于该制度可以为事实认定提供一个明确的指引。有学者提出，证明责任和证明标准是证明过程的两级，一次完整的证明过程开始于法定的证明责任分配，终于法定标准的成就。[①] 这样的理解似乎预示着，证明标准是一个清晰且可被触及的目标，只要诉讼证据的证明达到这一标准，就可以作为定案的根据。因此才有前述诸位学者讨论“证据确实、充分”与“排除合理怀疑”究竟孰高孰低的争论。不仅如此，为了增强这一标准的清晰性，还有学者提出可以量化的概率数值对作为裁决阈值的刑事证明标准进行预设。[②]

可问题在于，由于现实世界的复杂性以及过去发生的事实与当前事实认定行为之间难以跨越的鸿沟，形式化的法律无法对所有可能的案涉情形进行完全的归纳，更无法对案件本身的状况作出预设。[③] 事实认定这一行为的性质本身决定了证明标准是不可量化、捉摸不透的。在美国，一些州为了防止审判出现系统性的错误，甚至阻止法官向陪审团作出指示；著名证据法学者威格摩尔也

---

① 参见张保生主编：《证据法学》（第二版），中国政法大学出版社 2014 年版，第 143 页。

② 参见陈瑞华：《刑事证据法》（第四版），北京大学出版社 2021 年版，第 484 页。用量化的概率数值进行的预设的做法在大陆法系和英美法系均存在。如前文所述，在美国，存在从 100% 的绝对真实状态直至 0 的无信息状态的数量化概括。参见施鹏鹏：《证据法》，中国政法大学出版社 2020 年版，第 281 页。在德国，汉斯·普维庭将法官的证明结果分为四个级别：1%—24% = 非常不可能；26%—49% = 不太可能；51%—74% = 大致可能；75%—99% = 非常可能。0 = 绝对不可能；50% = 完全不清楚；100% = 绝对肯定。参见［德］汉斯·普维庭：《现代证明责任问题》，吴越译，法律出版社 2006 年版，第 104 页。

③ 参见徐阳：《我国刑事证明标准适用观念之思考——从增强可操作性到增强操作过程的规范性》，载《法商研究》2017 年第 2 期。

提出，要对（排除合理怀疑）作出更详细的解释，是不明智之举。[①] 刑事证明标准不可捉摸的性质可以通过坐出租车的场景予以形象地说明。当坐出租车时，我可以对司机说，“请开得快一点”。这是可以定量的。司机可以确定我的意思是要求他开到一定的速度，或在一定时间内将我送达目的地。但是如果我对司机说，“请谨慎驾驶”。此处的“谨慎”就是一个无法被量化的概念，只代表了我的一种取向偏好。事实上，如果司机对我说，“我会拿出 95% 的谨慎”，那么我一定会觉得这是司机对我的反讽。刑事证明标准类似于后者，如果它可以被量化，那么确定一个预先的阈值并没有问题。但问题在于证明标准是不可量化的，没有任何单位可以被用来计量事实认定。有学者意识到此处的数字仅能作为一种修辞手段并警示：“我们万万不能把这些百分数看作数学意义上的精确数字，它们只是一种替代文字语言的表达。”[②]

第二，立法者视角下，刑事证明标准程序上的可操作性被过分强调，但起主导作用的思维过程却被忽略。将刑事证明标准视为实现准确事实认定的手段，就意味着强调该制度在程序上的可操作性。长久以来，我国刑事诉讼法存在证明标准制度客观化的现象。例如，有学者将刑事证明标准“虚拟性”较强而实效性不足作为一种亟待解决的问题，认为我国证明标准应当以客观性为基点，在证明方法上须遵循客观的路径，强调证据间的客观印证，而不是求诸内心的主观思维方法。[③] 也有学者提出，根据当代中国的司法制度和社会环境情况，司法证明应当采取以规范证明为主、自由证明为辅的证明模式，即应该走向法定证明。[④] 上述观点均将刑事证明标准视为一种程序法律规范，认为只要经过具有可操作性的程序，就可以获得有效的事实认定，并进而获得具有正当性的司法判决。但是，将刑事证明标准归为程序的一部分会掩盖其认识论上的视域[⑤]，这些观点都忽略了，真正使刑事证明标准发挥作用的不是程序，而

---

① J. Wigmore, A Treatise on the System of Evidence in Trials at Common Law, 3ed. (repr. HolmesBeach: Gaunt, 2003), 4: 3542. 转引自张斌：《论英美刑事证明标准的神学渊源及启示——以“怀疑”的道德蕴涵为中心》，载《清华法学》2009 年第 5 期。

② 李玉华等：《诉讼证明标准研究》，中国政法大学出版社 2010 年版，第 20 页。

③ 参见龙宗智：《中国法语境中的“排除合理怀疑”》，载《中外法学》2012 年第 6 期。

④ 参见何家弘：《司法证明模式的学理重述——兼评“印证证明模式”》，载《清华法学》2021 年第 5 期；参见何家弘：《从司法证明模式的历史沿革看中国证据制度改革的方向》，载《法学家》2005 年第 4 期。

⑤ 参见［美］罗纳德·J. 艾伦：《证据法、诉讼法和实体法的关系?》，张保生等译，载《证据科学》2010 年第 6 期。

是法官的思维。徐阳教授指出，“虚拟性”较强并非证明标准的缺陷，而是证明标准的本质特征。[①] 正如法律无法规制人的思想，法律也无法通过程序具体化刑事证明标准。从实践看，我国刑事证明标准在法律制度上的“高标准”并未导向“严要求”，相反，过分强调客观化的证明路径反而适得其反地导致证明标准的降格适用。[②]

艾伦教授认为，司法证明的核心问题是复杂性，一个法律制度所要处理的关键问题就在于如何驾驭和驯化复杂性。[③] 将证明标准程序化确实是驾驭复杂性的一种选择，但其本质在于用立法者的理性去替代事实认定者的理性，而这在事实认定上并不可取。施鹏鹏教授指出，我们会采取一种客观化的证明路径，原因之一就是裁决者与公众对法官的不信任，担心其滥用自由裁量权。[④] 但是客观化的路径同样无法回答，为何我们宁愿相信由立法者基于归纳而事先总结出的事实认定规则，而不相信法官根据个案情况的灵活判断。应当意识到，司法证明的本质是事实认定者结合呈现在法庭之上的证据而在思维中进行的认识过程，属于认识论领域的问题。纯粹的、客观的证据本身并无意义，只有经过智慧的事实认定者运用其关于这个世界的经验和知识对其进行评价后，这些证据才产生意义。[⑤] 因此，用立法者理性去替代事实认定者的理性并非正确的做法，坚持让事实认定者承担起其应尽的责任才是。事实认定者所要识别的是发生于日常生活领域的事实，这类事实的复杂性远非数条具体化的刑事证明标准规则可以驾驭。将刑事证明标准视作一种程序规范，恰恰掩盖了事实认定的复杂性，也忽略了真正需要被讨论的问题，即事实认定者的思维在事实认定的过程中应当起到何种作用，以及如何起到这样的作用。

第三，立法者视角下的证明标准无法为司法判决提供充分的可接受性基础，甚至存在道德风险。整体来看，刑事司法判决的可接受性由两部分构成：作为大前提的法律规范和作为小前提的事实认定；刑事证明标准与后者有关，

---

① 参见徐阳：《我国刑事证明标准适用观念之思考——从增强可操作性到增强操作过程的规范性》，载《法商研究》2017 年第 2 期。

② 陈虎：《制度角色与制度能力：论刑事证明标准的降格适用》，载《中国法学》2018 年第 4 期。

③ 参见［美］罗纳德·J. 艾伦：《证据与推论——兼论概率与似真性》，张月波译，载《证据科学》2011 年第 1 期。

④ 参见施鹏鹏：《刑事裁判中的自由心证——论中国刑事证明体系的变革》，载《政法论坛》2018 年第 4 期。

⑤ 参见［美］罗纳德·J. 艾伦：《证据与推论——兼论概率与似真性》，张月波译，载《证据科学》2011 年第 1 期。

处理事实依据与裁判正当性之间的关系。在立法者视角下，刑事证明标准是事实认定的终点，具有程序性，法官的心证只要达到法律规定的事实裁定阈值，就可以宣告事实得到了认定，并进而作为裁判的基础。但这种做法人为地造成了刑事证明标准与事实认定之间的隔阂。作为程序的刑事证明标准或许可以起到“吸收不满”[①] 的效果，但其归根结底是与结果无涉的——因为不论导出何种结果，只要遵循了法定的程序，我们就可以说这是符合程序正义的。而构建事实认定领域的程序性规范是不可能的，若我们仅将刑事证明标准视作事实认定的工具手段，那么将极易导致道德上的可责难性。

以最为典型的司法错案为例。虽然基于人类朴素的价值观，错案是不正义的，但错案在所难免。这意味着我们必须尽最大努力阻止错案的形成，而在我们力所不能及之处，也至少要使错案具有一定程度的可接受性。持立法者视角者认为，成本—收益分析的逻辑支配着事实认定的精确度，使得刑事证明标准成为了追求社会利益最大化的手段：为了实现特定的法律政策，法律制度必须容忍一定的错误。[②] 基于这一理念，举凡错案，皆属必要的牺牲，因为这是支配法律的经济学逻辑的理性要求。[③] 但使无辜者沦为理性的牺牲品，这样的理由未免太过牵强。法律制度的运转并非无情的游戏，若纯粹遵循成本—收益分析的逻辑，则任何一次审判制度之超然观察者眼中的“社会进步”，都有可能是压垮一个人乃至一个家庭的“大山”。例如，清朝乾隆年间，赵广怀醉酒之后欲强奸李景的妻子阎氏，后因阎氏叫骂未遂。三年后的一天，阎氏死于赵广怀家门前。因为阎氏素无仇人，被杀之日身上也未带钱财，众人便想到三年前赵广怀强奸未遂一事，便认为是阎氏系被赵广怀奸杀。赵广怀喊冤。在初次审理中，法官认为并无证据证明阎氏为赵广怀所杀，故认定赵广怀并非本案真凶。在后续的审理中，法官认为，虽然阎氏被杀一案事实尚未查清，也无确实证据，但“恐贞妇含冤，淫凶漏网”，最终决定将被告人赵广怀处以斩刑。[④] 可见，在该法官看来，相比于漏判导致真凶漏网，错判的成本是更加可以接受的，这样的选择对社会最有裨益。

这样的看法再有说服力，该判决也不具有正当性。因为这一判决并非基于法官真实的信念。法官既然已经承认本案处在事实不清、证据不足的境地，就

---

① 参见张卫平：《证明标准建构的乌托邦》，载《法学研究》2003 年第 4 期。

② 参见桑本谦：《法理学主题的经济学重述》，载《法商研究》2011 年第 2 期。

③ 参见桑本谦：《理论法学的迷雾》（增订版），法律出版社 2015 年版，第 5 页。

④ 详细案例参见马允、赵青媛：《“疑罪从无”的本土化困境——从宋朝“女奴失踪案”谈起》，载微信公众号“最高人民法院司法案例研究院”2017 年 5 月 29 日。

应当遵循初审的判决，宣判赵广怀无罪。但该法官却为了所谓伸冤、震慑罪犯等社会利益而选择判处赵广怀死刑。从这种意义上看，刑事证明标准也确实沦为了一种工具，一种满足司法判案人员个人正义感的工具。这种情形不止发生在古代，近几十年来发生在中国的数起轰动性案例，也正是因为司法判案人员未对刑事证明标准予以足够的重视，轻易地宣称案件已经达到了“事实清楚，证据确实、充分”的标准，从而导致了冤案的发生。[①] 之所以称将刑事证明标准视作事实认定的手段会产生道德风险也正是源于此。若不从事实认定者的内部思想范畴对事实认定予以规制，个人利益很容易受到以公共利益为名的侵害，“正义”将成为“功利”祭坛前的牺牲品。[②] 但即便是功利主义的创始人边沁也认为，共同体是个虚构体，由构成其成员的个人组成，若不理解什么是个人利益，谈论共同体利益便毫无意义。[③] 事实上，如果上述的诸位司法办案人员可以设身处地地站在被裁判者的地位上，想象若是自己受到法律程序的如此责难，人身利益被如何轻易地剥夺，他们的选择或许会有所不同。

总结而言，立法者视角具有超然性，通常以成本的投入及利益的得失作为衡量一项证据规则的标准；在这一视角下，证据规则主要呈现工具价值，是一种认识装置。[④] 但这一分析立场忽略了事实认定的主体之维。事实上，虽然我国通说认为司法事实认定追求的是法律事实而非客观真实，但立法者视角下的刑事证明标准下的事实认定活动，与追求客观真实的事实认定活动并无实质区别。后者将识别客观真实视为刑事诉讼活动的最终目标，认为作为裁判依据的事实必须完全与过去发生的事态相符合。这一认定模式预设了一个“独立于人（心灵）的客观事实的存在”，同时预设事实认定者拥有发现这一事实的能

---

① 具体可见汪建成教授的分析。参见汪建成：《论证据裁判主义与错案预防——基于16起刑事错案的分析》，载《中外法学》2015年第3期。

② ［新加坡］何福来：《证据法哲学——在探究真相的过程中实现正义》，樊传明等译，中国人民大学出版社2021年版，第254页。

③ ［英］边沁：《道德与立法原理导论》，时殷弘译，商务印书馆2000年版，第59页。

④ 亚历克斯·斯坦教授便对证据和程序的独立价值持怀疑的态度。他从成本—收益分析出发，提出这样的见解：“不可能存在独立的程序性权利，因为程序性权利不可能独立于成本。”他认为，根据道义论理由而拒绝计算诉讼成本与收益是不能成立的，因为司法资源总是有限。当事人被听审的权利，甚至是全部的审判参与权，最终来源于认识的不可靠性，而非道德公正性。参见［美］亚历克斯·斯坦：《证据法的根基》，樊传明、郑飞等译，中国人民大学出版社2018年版，第36—39页。

力，并且认为事实认定的过程是一个排除了价值干扰的过程。[①] 虽然将证明标准从“客观真实”降格至“法律真实”的确在事实认定的问题上向前迈进了一大步，但其仍未摆脱将刑事证明标准视为一种工具的思维桎梏。具体地，立法者视角下的刑事证明责任只不过是用一种“打了折扣”的事实替代了客观真实，而没有动摇客观真实论下事实认定的本质——预设某种目标，并将证明标准视为达到这种目标的手段。[②]

进一步而言，在立法者视角下，即便刑事证明标准完成了从“客观真实”到“法律真实”的转变，并且这种转变被认为是综合考量了各种刑事诉讼价值的结果[③]，但事实认定行为本身依然是价值无涉的。原因在于，这种标准的转变以及价值的考量仅发生在立法层面，而作为事实认定的主体，法官们的价值判断依然被排除在外——诉讼具有“不掺杂个人情感的超然性”[④]，事实认定者只是价值判断的执行者，而非判断者。可以说，立法者视角下的刑事证明标准存在一种“制度决定论”的色彩，仿佛只要有良好的制度设置，就必然会导出好的事实认定结果。但是，正如有学者提出，这种做法遗忘了事实认定的主体。[⑤]

三、排除合理怀疑：刑事证明标准的事实认定者视角转向

（一）深入思维过程的事实认定者视角分析框架

事实认定者视角是与立法者视角相对的证据法分析立场。不同于立法者视角试图构建的以外部程序为主轴且价值无涉的事实认定图景，事实认定者视角

---

① 杨波：《法律事实建构论的主体之维——以刑事诉讼为对象的分析》，载《政法论坛》2011 年第 1 期。

② 也有学者指出，“客观真实论”与“法律真实论”其实具有同一性。虽然学界存在“客观真实论”与“法律真实论”的不同阵营，但“客观真实论”与“法律真实论”之间的分歧仅仅在于双方在不同的含义上使用了“客观真实”这一术语：“客观真实论”将“客观真实”理解为一种包含了部分绝对真理的阶段性认识，而“法律真实论”则认为所谓“客观真实”就是一种绝对的真理。参见钟新文、杨波：《在客观真实与法律真实之间——对刑事判决证明标准的再思考》，载《吉林大学社会科学学报》2004 年第 6 期。

③ 参见樊崇义：《客观真实管见——兼论刑事证明标准》，载《中国法学》2000 年第 1 期。

④ 参见［美］达马斯卡：《比较法视野中的证据制度》，吴宏耀、魏晓娜等译，中国人民公安大学出版社 2006 年版，第 217 页。

⑤ 参见李昌盛：《证明标准的德性之维》，载《暨南学报（哲学社会科学版）》2016 年第 5 期。

恰恰强调事实认定者的价值判断在事实认定中的重要作用，并进而以事实认定者的思维活动为基点构建了一套以道德为核心的证据法分析框架，填补了立法者视角在事实认定主体思维方面的观念空缺。

前文已经阐明了通过立法者视角分析刑事证明标准制度的不充分之处，即因为事实认定行为所内含的思维属性，使得单纯将刑事证明标准制度视作一种具有外在属性的程序性工具将产生难以疏解的适用难题。这一现象在证据法领域并非个例，仅以立法者视角作为分析立场在证据法的许多研究课题上均会产生相同的难题。其根本原因在于认识论哲学在证据法中所发挥的决定性作用。若论及证据法的理论基础，不同学者莫衷一是，有说价值论的，也有说概率论的，但不论何种学说，均无法绕开认识论哲学。[①] 甚至有学者认为，一种对证据法更好的定义应当是“法庭认识论”。[②] 承认认识论哲学作为证据法的理论基础就意味着，我们必须通过证据法回答“人类如何才能正确认识世界”这个迷思。基于近代哲学的见解，客观世界属于人的认识对象，而人对客观世界的认识，则属于“意识”的范畴。要回答人类如何认识世界，就必须先对人的认识进行反思。[③] 这就决定了，事实认定者的认识活动是证据法研究不可绕开的话题。遗忘了事实认定主体的立法者视角注定无法对证据制度提供充分的解释，我们还需要从事实认定者的角度对证据法规则进行另外的解读，以弥补其中的空缺。这一解读视角就是证据法的事实认定者视角。

法庭上的事实认定本身蕴含着道德风险，事实认定者必须对自己作出的事实认定寻求正当理由。事实认定是司法裁判的必要条件，司法裁判的可接受性依托于事实认定的可接受性。尤其是在攸关被告人财产、自由乃至生命权益的刑事诉讼中，对无辜者定罪和施加惩罚具有内在的不正义性。英国学者特纳指出：“定罪的后果是非常可怕的，一个无辜的人被定罪，这无论如何是一场巨大的灾难。”[④] 毕竟，有罪判决“远远不只是施加惩罚之前的规范性步骤，其本身也是一种社会耻辱的记录”；其不仅以刑罚的形式向被告人施加“基本伤

---

① 参见张保生主编：《证据法学》（第二版），中国政法大学出版社 2014 年版，第三章；参见施鹏鹏：《证据法》，中国政法大学出版社 2020 年版，第三章；参见易延友：《证据法学：原则 规则 案例》，法律出版社 2017 年版，第三章。

② ［美］戴维·伯格兰：《证据法的价值分析》，张保生、郑林涛译，载《证据学论坛》2007 年第 2 期。

③ 参见易延友：《证据法学：原则 规则 案例》，法律出版社 2017 年版，第 83 页。

④ ［英］特纳：《肯尼刑法原理》，王国庆等译，华夏出版社 1989 年版，第 484 页。

害”，同时还传达了对被告人的道德谴责。[①] 德沃金称这种道德谴责为惩罚中的“非正义因素”或“道德伤害”。这是一个客观的概念，它的产生纯粹源于错误的事实认定或定罪，而无关被误判的被告人是否知情或在意。不论被误判的被告人主观如何，带有此种道德伤害的司法判决都是不正义的。事实认定者需要意识到，有罪判决是与被告人尊严息息相关之事，必须足够认真地对待事实认定这项工作，并为其事实裁决提供正当理由。

正当理由存在两个侧面，其一是程序正义，其二是道德正当性。前者主要是立法者视角所侧重的，他们认为，抽象的立法可以背负起事实认定过程中所存在的道德责任，法律程序本身赋予了事实认定的结果以正当性，只要事实认定者听取了法律规范的指导，即使犯下一个错误，仍然是无可指责的。但正如前文所分析的，在思维领域，法律无力插手。事实认定者对人性的思考、权衡、把握过程对于案件裁判结论的形成起着至关重要的作用[②]，任何一种法律程序都无法精准控制这些变量。仅通过外在法律规范限制事实认定行为无法为事实裁决的正当性提供充分的保证，即便事实认定确实是依循特定的程序作出的，误判所产生的道德伤害依旧存在。事实认定者视角则认为，真正能够背负这一道德责任的并非立法者，而是深入参与案件审判的事实认定者。基于这一视角，正义和真相这两种价值均被包含在正当理由的问题中，一项事实认定必须在认识论上和道德上是可辩护的。事实认定者必须对自己作出的事实认定有充足的认识论正当理由，这一方面要求事实认定者在客观上收集到了足够多的证据，另一方面也要求事实认定者必须足够相信这一事实认定。

而事实认定者在何种程度上可以宣称自己是“足够相信”的，则是一个与道德相关的问题，他们必须论证其中的道德正当性。不同于立法者视角所提倡的用法律规范去限制事实认定者的自由裁量权[③]，事实认定者视角下，事实认定者所负担的道德责任本身构成了对事实认定者的约束。与立法者视角相比，在约束事实认定者自由裁量权的问题上，事实认定者视角实现了从外部规制到内部干预的转向，即证据规则应当深入事实认定者的思维过程。事实认定者视角意识到了事实认定难以被程序所规制的特征，进而从具有同样复杂性的

---

① 参见［新加坡］何福来：《证据法哲学——在探究真相的过程中实现正义》，樊传明等译，中国人民大学出版社 2021 年版，第 254—255 页。

② 左卫民：《AI 法官的时代会到来吗——基于中外司法人工智能的对比与展望》，载《政法论坛》2021 年第 5 期。

③ 参见陈瑞华：《以限制证据证明力为核心的新法定证据主义》，载《法学研究》2012 年第 6 期。

事实认定者本身出发，尝试在探究真相的思维进程中寻求驾驭事实认定的复杂性的法门。

首先，事实认定者是足够自由的。法律赋予了事实认定者足够的自由裁量权，以使其能够在复杂的证据以及多样的叙事可能中游刃有余地作出裁决。正如法国刑事诉讼法典所指出的，“法律并不考虑法官通过何种途径达成内心确信”，法律只提出一个问题，那就是法官对他们的判断是否形成了真诚的内心确信。

其次，在法律的语境下，自由从来不等同于无拘无束。在日常生活中，我们也会需要作出一些事实认定，即决定自己应当相信什么或不相信什么。但我们通常并不会严格地规划自己的认识活动，可以说，很多信念都只是我们的顿悟所得，而非经过严格的自我意识判断。但是在审判的语境中，裁决不能直接产生于事实认定者未经反思的直觉。① 如果事实认定者基于直觉而作出一可能影响被告人终生命运的裁定，即便他是真诚相信的，这样的判决也不具有道德正当性。为了使事实认定获得道德正当性，事实认定者必须经过评议而达成自己关于案件事实的信念。

评议是一个推理的过程，事实认定者需要检验支持自己相信争议性主张的正当理由。它包含证据分析，以及对支持和反对该信念之论证的自觉和苛刻的评价。只有扫除了事实认定者所持有的所有先入为主之间所带来的影响，并且只有经过了足够理性的评议活动，事实认定者仍然能说服自己相信某一事实叙述的，事实认定者才能进而宣判该项事实裁决。对于被告人而言，因为他是遭受有罪判决伤害的直接利害关系人，因此他也有权反过来对事实认定者的评议的合理性和道德性提出要求和疑问。可以说，在事实认定者视角下，事实认定者自由的边界与道德相关：若一项事实裁定不具有道德正当性，就算事实认定的结果与客观真理相符合，该裁决也是不正义的。

（二）事实认定者视角对立法者视角的道德填充

罗尔斯将刑事审判视为“不完善的程序正义”的范例，即对于想要什么样的结果存在独立的判断标准，但是没有确保该结果实现的途径：即便法律被谨慎地遵守，但还是有可能因为一些偶然的原因，挫败了法律的目的，导致不正义的产生。② 这种不正义是我们不得不面对的事实，但这并不意味着我们应

---

① ［新加坡］何福来：《证据法哲学——在探究真相的过程中实现正义》，樊传明等译，中国人民大学出版社 2021 年版，第 102 页。

② ［美］罗尔斯：《正义论》，何怀宏等译，中国社会科学出版社 2009 年版，第 67 页。

当作出全面的妥协，正是因为结果可能产生不正义，所以我们才更应该关注过程的正义性。与“不完善的程序正义”产生对比的是“纯粹程序正义”。这种正义不存在判定正当结果的独立标准，而是存在一种正确的或公平的程序。这种程序若被人们恰当地遵守，其结果也会是正确的或公平的，而无论它们可能会是一些什么样的结果。[①] 尽管罗尔斯认为刑事审判是第一种正义的典范，但这并不意味着这种正义是审判的全部追求。“任何一个合法的事实认定制度，其结构中必定都包含‘不完善的程序正义’和‘纯粹的程序正义’要素。”[②] 关键是要看如何平衡这两种要素在该种事实认定制度中的呈现。立法者视角下的刑事证明标准之所以会产生诸多疏漏，就是因为其工具价值的一面被过分强调——似乎一套纯粹的法律程序就可以证成事实认定的正当性。但如前所述，事实认定者的认识活动是证据法规范不能绕开的课题。在程序规则力所不能及之处，作为道德主体的法官应该接手。我们不仅希望事实认定者的事实认定是真实的，我们还要求，这些事实认定具有道德上正当的理由。就此意义而言，基于事实认定者视角对刑事证明标准的分析可以为其打上道德的补丁。

基于事实认定者视角的分析框架，刑事证明标准本质上是一种对认识论原则的表达，它对事实认定者提出了这样一项道德要求，即他们作出的事实认定必须根植在对被告人的移情式关怀以及尊重之上。[③] 于事实认定者而言，他们的职责不仅在于机械地作出一项事实认定，他们还必须真诚地相信这项裁决，并且在充分意识到错判之非正义性的前提下，真诚地认为被告人就是有罪之人，其受到来自刑法的道德谴责具有该当性。对于此处的“真诚”，可以从两方面予以诠释。

其一，事实认定者必须尽到应有的谨慎义务而问心无愧。事实认定行为不是“射幸行为”，正当的裁决不可能建立在偶然性上。有学者指出，一些案件之所以成为冤假错案，就是因为事实认定者没有依据心证作出正确的裁决。[④] 可以想象这样一种情况，事实认定者在并未进行充分的证据调查的前提下，草率地作出了有罪判决。虽然最终证明该被告人确实有罪，但这一看似“正确”的判决却存在相当大的道德风险。这不仅是因为依据草率的信念作出判决会产

① ［美］罗尔斯：《正义论》，何怀宏等译，中国社会科学出版社 2009 年版，第 67 页。

② 转引自［新加坡］何福来：《证据法哲学——在探究真相的过程中实现正义》，樊传明等译，中国人民大学出版社 2021 年版，第 110 页。

③ 参见［新加坡］何福来：《证据法哲学——在探究真相的过程中实现正义》，樊传明等译，中国人民大学出版社 2021 年版，第 254 页。

④ 参见徐阳：《我国刑事证明标准适用观念之思考——从增强可操作性到增强操作过程的规范性》，载《法商研究》2017 年第 2 期。

生更大出错的可能，而且也因为这样的判决是不诚实的。人无法从无知中获取知识，结果的正确性不是判决正当性的充分理由，未经审慎调查而作出的事实认定只是一种自欺。事实认定必须足够谨慎，“心证不是随意的意见或者相信，而是伴随着思想、自然和经验规则的对事实真相的内部决定”。[①] 何福来教授将证明标准诠释为“谨慎标准”。这是一种关于评议态度的指示：在事实认定者作出事实裁决的同时，他也作出了一个断言；而他之所以会作出这个断言，则是因为他以适当的谨慎态度对所有相关的证据进行了评议，并在得出结论之前，确保自己已经对这个事实产生了强烈且充分的信念。[②]

其二，事实认定者必须富有同情心，对被告人抱有移情式的关怀。“谨慎”一词虽然已经与道德产生了联系，但因为这个词汇具有宽泛的解释空间，故并不充分。我们还需要继续在刑事司法领域为“谨慎”寻找一个内在的锚点，从事实认定者视角回答何为“谨慎”。从道德的角度看，事实认定者的利益与被告人的利益是相互捆绑的。事实认定者的有罪判决对被告人提出了道德谴责，但如果事实认定者作出了错误的有罪判决，这种道德谴责就会转变为道德伤害。这一伤害不仅指向被告人，也指向事实认定者；因为那些基于草率的信念向他人施加道德伤害的人，其本身也是道德可诛的。因此，事实认定者所需抱有的谨慎程度与被告人的情感相挂钩。为了确保自己是具有德性的，事实认定者需要对被告人抱有移情式关怀。何福来教授认为，移情式关怀是一种具有情感特征的且关于正义的理论：正义就是从他人的立场出发关怀他。[③] 正所谓“己所不欲，勿施于人”，事实认定者不仅要意识到错误的裁决将给无辜的被告人带来道德伤害这一事实，还要有能够站在被告人的视角去看待问题的能力。因为我们每一个人都被“共同的人性”（common humanity）[④] 所联系，因此这种移情式关怀是可行的。只要事实认定者可以想象出无端的道德伤害带给无辜被告人的屈辱感，并且像关心自己的利益那样去关心被告人的利益，像关心自己的事务那样去关心被告人的事务，那么他就会自觉地承担起这样的道德义务：确保他所产生信念与被告人所将面对的道德谴责强度相符，并使其证明

---

① 转引自［德］汉斯·普维庭：《现代证明责任问题》，吴越译，法律出版社2006年版，第107—108页。

② 参见［新加坡］何福来：《证据法哲学——在探究真相的过程中实现正义》，樊传明等译，中国人民大学出版社2021年版，第254—255页。

③ 参见［新加坡］何福来：《证据法哲学——在探究真相的过程中实现正义》，樊传明等译，中国人民大学出版社2021年版，第289页。

④ 参见［新加坡］何福来：《证据法哲学——在探究真相的过程中实现正义》，樊传明等译，中国人民大学出版社2021年版，第264页。

结果达到“一个理性人在日常生活中面临重要的事务时不会犹豫并进而据此采取行动的程度”。[①]

当我们把视角更多地聚焦在事实认定者身上，关注他的认识活动如何进行时，刑事证明标准就会展现出有别于立法者视角下的刑事证明标准的特征，而这些特征正弥补了立法者视角下刑事证明标准的道德缺位。

首先，证明标准并非固定的，而是一种可变标准，具有语境依赖性（the context - dependency）。[②] 有学者认为，我国刑事诉讼法上的证据确实、充分要求“显然高于‘排除合理怀疑’标准”，因为其是“唯一性”标准，指的是“没有其他可能性”。[③] 但这种说法令人怀疑，难道在除了证据确实、充分以外的其他更低的证明标准中，就允许其他可能性的存在吗？事实上，“唯一性”应当是所有证明标准所一致遵守的要求；任何一种审判中的事实认定都不可能是在多种均有可能的事实叙述中选择那个最有可能的版本。不同证明标准的区别之处主要在于对“唯一性”的要求不一样。在任何案件中，事实认定者都必须保持谨慎，但谨慎的标准是可以变动的：依据所处语境的不同，事实认定者需要采取不同的谨慎程度。这一特征使得刑事证明标准不再是那些由法律所事先确定的事实裁量阈值，而是恰恰相反，刑事证明标准应当足够灵活，并可以引导事实认定者去关注那些“决定证明标准之间差异性的实质理由”[④]，即一场审判所关涉的被告人利益的大小。关涉利益越大的，有罪判决对被告人的道德谴责就越强，事实认定者的被说服阻力就越高。对抗阻力的唯一方式就是事实认定者审慎的判断。阻力越大，事实认定者的审慎程度就应当越高，而究竟应当达到何种程度，法律并没有预先的规定。判断关涉利益的大小是事实认定者在每一次审判中均需要面临的课题，这也是审判对他们提出的道德挑战，事实认定者唯有设身处地地去考量，才能作出正确的选择。因此可以说，在事实认定者视角下，刑事证明标准在每一次审判中均是既不同又相同的。不同之处在于，在每一场审判中，事实认定者所持的谨慎程度都是不同的；相同之处在于，在任何一场审判中，刑事证明标准都对事实认定者提出相同的要求，即足够谨慎且足够尊重。

---

① 张继成：《诉讼证明标准的科学重构》，载《中国社会科学》2005 年第 5 期。

② 参见［新加坡］何福来：《证据法哲学——在探究真相的过程中实现正义》，樊传明等译，中国人民大学出版社 2021 年版，第 256 页。

③ 陈光中：《刑事证据制度改革若干理论与实践问题之探讨》，载《中国法学》2010 年第 6 期。

④ 参见徐阳：《我国刑事证明标准适用观念之思考——从增强可操作性到增强操作过程的规范性》，载《法商研究》2017 年第 2 期。

其次，刑事证明标准须聚焦于个案正义。持立法者视角者以社会整体利益为追求，将刑事证明标准视作达成某种法律政策的手段，并将必要的错案视为必要的牺牲。如有学者提出，我们甚至应当基于法秩序恢复和安定的目的，在证据不充分、不完整甚至某些事实缺乏实质证据的情况下，进行重罪的司法裁判。[①] 不应否认，成本—收益是必要的考量因素，毕竟寻求正义也需在司法制度能力范围内，太昂贵的正义我们支付不起；同时由于人类认知能力之有限，错案是在所难免的。但“正义”不应成为“功利”祭坛前的牺牲品，错案不可避免仅仅意味着，当一个裁判被证明是错误的时候，法院不必然受到谴责，并不意味着任何的错误都是可以被接受的。将错案视为必要的牺牲潜台词却恰恰是，为了追求法秩序的安定，我们允许事实认定者故意作出错误的判决，这在道义上是无论如何无法被证成的。审判不是一个纯粹程序正义的制度，裁决的正义性必须在一定程度上依据独立于程序的标准来判断。这些标准一方面是事实认定的结果与真相的符合性，另一方面则是事实认定者本身的态度。现代司法裁判的一个典型特征就在于，它建立在规则和事实的基础上，审判具有求真的功能，发现真相构成了事实认定者最重要的职责。但是，鉴于发生于过去的客观事实与现时事实认定行为的分离，“查清真相”这项要求又是不可触及的。诉讼中的事实本质上是基于各种证据而被想象性地重构出来的“制度性事实”[②]，这就迫使我们将客观的真实性要求转换为对事实认定者主观态度的要求。事实认定者视角下的刑事证明标准要求事实认定者在道德上足够尊重受审之人，如前所述，他应当足够谨慎，并对被告人具有移情式的关怀。这就要求事实认定者对每一件个案都投入高度的关注。事实认定者不应当将自己视为实现某种社会利益的手段——实现社会利益最大化应当是立法者需要考虑的，而是应当意识到自己所作裁决对他人命运的重要影响性，并试图去实现受审之人的利益最大化。需要明确的是，对受审之人持有这种尊重并不妨碍我们依据刑法处罚他，这只是在说，任何一个人都不应被当作客体看待。

最后，事实认定者需要对被告人抱有保护性的态度。传统上，人们会将中国的刑事诉讼归结为“职权主义”或“超职权主义”的程序构造。[③] 在这样

① 左卫民：《反思过度客观化的重罪案件证据裁判》，载《法律科学（西北政法大学学报）》2019 年第 1 期。

② 裁判事实属于制度性事实之范畴，它是一种“取向于法律规范陈述形态”并得到证据证明的事实。江国华：《论中国实践主义司法哲学》，载《法律科学（西北政法大学学报）》2023 年第 1 期。

③ 参见陈瑞华：《刑事程序的法理》（上卷），商务印书馆 2021 年版，第 317 页。

的程序构造下，法官作为事实认定者对证据调查程序具有主导和控制的地位。随着近年来刑事诉讼法的修改实施，中国的审判程序从英美吸收了一些对抗式程序的因素，法官的主导地位有所削弱，控辩双方的对抗性有所增强。[①] 需要注意的是，这些论述均是从外在程序构造的角度，就法官的职责展开的论述：法官或为中立消极的裁判者（在对抗制诉讼中），或为主动的调查者（在职权式诉讼中）。但是这些论述却没有考虑到法官的内在立场问题。刑事诉讼是一种认识活动，但不仅是一种认识活动，其还包含着一种程序道德价值目标的选择和实现过程。[②] 法官作为中国刑事诉讼法语境下的事实认定者，是法庭上道德判断的直接决策者，他们的道德决策对事实认定的结果乃至司法判决的最终走向均有重要的影响。对于一些案件而言，有罪确信与疑罪之间并没有绝对稳定、明确的界线，[③] 就算是完全相同的证据，在不同的事实认定者手中，也会导向不同的结果。[④] 在有些情况下，无论是作有罪判决还是无罪判决，裁判者都可以"言之成理"，有罪判决与其说是一种确信，不如说是一种决断。[⑤] 若一个事实认定者偏向于打击犯罪，那么在发生疑案时，受审的被告人就更有可能被定罪。进而，其遭受错案所带来的道德攻击的可能性也就越大。对此，事实认定者视角下的刑事证明标准向事实认定者提出了一项并不中立的要求，即事实认定者必须对受审之人采取保护性态度，在存在疑问时事实认定者应当作出偏向于原告的选择。[⑥]

四、结论

立法者视角具有超然性，通常以成本的投入及利益的得失作为衡量一项证据规则的标准。在这一视角下，证据规则主要呈现工具价值，是一种认识装

---

① 参见陈瑞华：《刑事程序的法理》（上卷），商务印书馆 2021 年版，第 302 页。

② 参见陈瑞华：《程序正义理论》（第二版），商务印书馆 2022 年版，第 131—133 页。

③ 左卫民、周洪波：《证明标准与刑事政策》，载《比较法研究》2006 年第 2 期。

④ 例如，陈瑞华教授指出，"这种过于强调司法证明的客观目标的立法表述方式，容易造成法官对'事实清楚'的含义作出任意解读，以至于享有太大的自由裁量权。事实上，在近年来得到披露的冤假错案中，法院的有罪判决几乎都曾作出'事实清楚，证据确实、充分'的表述。而在这些错案得到纠正之后，同样的法院根据同样的证据往往又得出'事实不清，证据不足'的裁判结论"。参见陈瑞华：《刑事证据法学》，北京大学出版社 2012 年版，第 315 页。

⑤ 左卫民、周洪波：《证明标准与刑事政策》，载《比较法研究》2006 年第 2 期。

⑥ ［新加坡］何福来：《证据法哲学——在探究真相的过程中实现正义》，樊传明等译，中国人民大学出版社 2021 年版，第 311 页。

置。但事实认定具有思维属性，其无法被特定的程序所限制——就算我们设置了一种旨在规划事实认定的程序，在实际运行中，事实认定者的思维也必然会超出该程序框架之外。以立法者视角为分析立场，刑事证明标准虽然确实可以起到平衡诉讼负担，实现社会法律政策的目的，但是却易忽略个案中事实认定对受审之人的道德伤害，从而造就了许多轰动全国的冤案。诚然，经济学的成本—收益分析是每一个司法制度所不能绕开的话题，但这一分析主要限制的是构建制度的立法者，而非深入参与案件的事实认定者。对于后者而言，他们应当意识到任何一件刑事案件于当事人都具有巨大的影响，这不仅关乎财产、自由与生命，还关乎个人的尊严。“正义”不能成为“功利”祭坛前的牺牲品。刑事证明标准作为个案中事实裁决的指示器，其不只是整体法律机器中的一个环节，具有宏观的指导作用，而且还具有内在的伦理追求，要求事实认定者严肃地对待每一个经手的刑事案件，具有微观的指导作用。在这样的理念指导下，对刑事证明标准的分析需完成从立法者视角分析到事实认定者视角分析的转向。与立法者视角不同，事实认定者视角是一种以事实认定者的思维活动为基点且以道义论上的道德为核心的证据法分析框架。该视角认识到了事实认定的复杂性，并提倡以事实认定者自身思维的复杂性驾驭之。在此转型下，刑事证明标准本质上是一种对认识论原则的表达，它对事实认定者提出了这样一项道德要求，即他们作出的事实认定必须根植在对被告人的移情式关怀以及尊重之上。事实认定者需要对受审之人抱有同理心，正所谓“己所不欲，勿施于人”，基于共同人性的支配，事实认定者有能力体会到错误的事实裁决给被告人带来的道德伤害；出于对被告人的尊重，事实认定者应当仔细地检视自己的推理过程，力求排除其中可能的道德风险。此时，刑事证明标准不再是一种固定的事实裁定阈值，而是一种可变的“谨慎标准”。事实认定者的谨慎程度与案涉事件的利害关系大小相对应，裁判结果对被告人影响越大的，事实认定者就应当越谨慎。只有达到了“一个理性人在日常生活中面临重要的事务时不会犹豫并进而据此采取行动的程度”①，事实认定者才能够作出事实裁决。最后，事实认定者视角还重塑了事实认定者的主观立场。从刑事司法的构造来看，事实认定者应当处在中立的地位。但是在事实认定者视角的分析框架下，出于对无罪推定原则的深入贯彻，事实认定者必须对受审之人采取保护性态度，在存在疑问时事实认定者应当作出偏向于原告的选择。

---

① 张继成：《诉讼证明标准的科学重构》，载《中国社会科学》2005年第5期。

如何理解“排除合理怀疑”

——以证据链构建为视角

宋 戈*

一、研究缘起

根据《刑事诉讼法》第55条的规定，“综合全案证据，对所认定事实已排除合理怀疑”构成“证据确实、充分”的其中一个必要条件。该规定旨在促进“证明标准主客观相统一”[①]，却也引发了学界关于证明标准的争论：有学者认为，“证据确实、充分”较之“排除合理怀疑”而言是一种更严格的证明标准[②]，这是基于法律条文作出的文义解释。有学者指出“证据确实、充分”与“排除合理怀疑”具有不同意义，应当让其在诉讼制度降低风险和合理分配剩余风险任务中各自发挥作用。[③] 另有学者认为，“排除合理怀疑是一个独立存在的证明标准，而不是证据确实充分的组成部分”。[④]

上述观点在关于证明标准的具体阐释上各有侧重，但都表明一点：“排除合理怀疑”并不仅仅是证据确实、充分的主观性解释，其存在具有独特价值。依据上述第55条的规定，“排除合理怀疑”构成“证据确实、充分”的其中一个必要条件，这与事实认定主体基于证据进行事实判断的过程存在明显矛盾：事实认定主体应当是基于确实、充分的证据进行事实判定后，才得出所认

---

* 宋戈，西南政法大学行政法学院法律逻辑学专业2020级硕士研究生。

① 参见王爱立、雷建斌主编：《〈中华人民共和国刑事诉讼法〉释解与适用》，人民法院出版社2018年版，第101—102页。

② 参见龙宗智：《中国法语境中的“排除合理怀疑”》，载《中外法学》2012年第6期。

③ 参见李昌盛：《证据确实充分等于排除合理怀疑吗?》，载《国家检察官学院学报》2020年第2期。

④ 杨宇冠：《论中国刑事诉讼定罪证明标准——以排除合理怀疑为视角》，载《浙江工商大学学报》2017年第5期。

定事实已足够排除合理怀疑的结论。另外，证明标准应当是指“法律规定的证明责任主体运用证据对待证事实加以证明所要达到的要求或程度”[①]。对于证据是否确实、充分的判断，程序上优先于判断证明达到的程度。因而，“‘证据确实充分’并非客观的证明标准，实为客观的‘证明程序’”[②]。

审判活动终究是人类活动的一部分，强调法庭审判“客观化”“科学化”的同时，不应忽视人类主观能动性的作用，无法回避证明标准的主观性问题。此处笔者无意将“证据确实、充分”取而代之为“排除合理怀疑”，仅强调“排除合理怀疑”作为一种独立的证明标准，应当受到重视并接受多维度的解释。为避免证明标准的主观性可能带来的自由心证滥用之殇，本文试从证据理论出发，以证据链构建为视角，以贝克斯、雷歇尔、沃尔顿等人的理论为基础，描绘相对完整的证据链图式，揭示证据推演的各环节，为准确理解“排除合理怀疑”提供新思路。

二、证据链的链状构建

（一）证据链的组成要素

关于证据链的概念及构成要素，国内的研究尽管开始较早，但未形成系统化、理论化的表述。其中陈为钢认为，“证据链是指由两个或两个以上不同的证据链节（或证据）所组成的、通过链头的相互联结形成的联结点以及链头与链体的客观联系，内容能得到相互印证并体现或提高证据的证明力，用以证明案件事实的证据集合体”。[③] 据此，他将证据链描述为三个层次的构成：证据链节和证据联结点、证据链体和证据链头、证据链集。[④] 与之类似的是，冯爱冰、谢萍认为，证据链主要由链节和联结点组成，其中链节代表法定的证据形式，联结点代表证据间相互印证的部分。另外分链条、支链条等要素同样是证据链的组成部分。[⑤] 上述概念及要素界定并未涉及一些基本的证据理论问题，即究竟什么是证据、证据与事实是否成立直接对应的关系。

荷兰学者贝克斯重新界定了证据具有的两层含义：第一层含义是指证据材

① 陈光中：《证据法学》，法律出版社 2011 年版，第 352 页。

② 王星译：《刑事证明标准的规范功能与实践归宿》，载《环球法律评论》2021 年第 3 期。

③ 陈为钢：《刑事证据链研究》，载《国家检察官学院学报》2007 年第 4 期。

④ 参见陈为钢：《刑事证据链研究》，载《国家检察官学院学报》2007 年第 4 期。

⑤ 参见冯爱冰、谢萍：《证据链：认证案件事实的另一视角》，载《法律适用》2011 年第 7 期。

料，也就是证据的原始来源，如证人证言。第二层含义是指根据证据材料推论出来的命题，该命题与案件中的待证事实存在直接关系。[①] 证据材料与根据证据材料推论出来的命题借助概称陈述（generalization）结合在一起，“概称陈述是关于我们认为周围世界如何运作、关于人类行为及意图、关于环境以及关于人类与其环境互动的概括化的陈述”[②]。概称陈述有时也被称为常识、常理、经验法则，是某种归纳推理的产物。由于归纳推理不具有逻辑学意义上的有效性（前提为真，那么结论也为真），概称陈述并非完全是可靠的，需要依据其可靠性进行分类，如何分类以及分类对证据链构建的影响将在下文予以详述。据此，证据链由三个基本要素组成：证据材料、由证据材料得出的命题、概称陈述。三个基本要素的关系如图 1 所示。

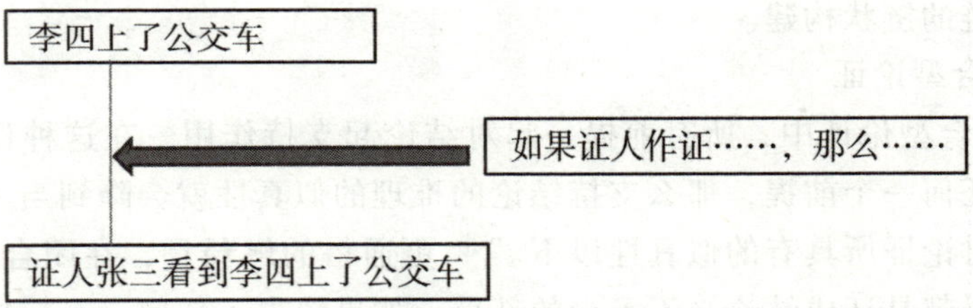

图 1 证据链中各要素的关系

其中，“证人张三看到李四上了公交车”属于证据材料（证人证言），“李四上了公交车”则是根据证据材料推论出的与案件事实有直接关系的命题，“如果证人作证……，那么……”则是联结二者的概称陈述。三个要素构成了一个简要的证据链条，指向“李四上了公交车”这一待证事实。图 1 清晰呈现证据链中各要素所处的位置，同时表明证据材料不应与根据证据材料推论出的事实混为一谈，否则证据材料的价值无从在更复杂的证据链中体现出来。更为重要的是，证据材料需要借助概称陈述才能推论出对应的事实，那么推论的可靠性将很大程度上取决于概称陈述的可靠性。考察概称陈述的可靠性，将是评价待证事实（推论）是否得到证成的重要方式。证据链“三要素”的确立，是证据链链状构建的基础环节。

---

① 参见［荷］弗洛里斯·贝克斯：《论证、故事与刑事证据——一种形式混合理论》，杜文静、兰磊等译，中国政法大学出版社 2020 年版，第 15—16 页。

② 转引自［荷］弗洛里斯·贝克斯：《论证、故事与刑事证据——一种形式混合理论》，杜文静、兰磊等译，中国政法大学出版社 2020 年版，第 21 页。

（二）证据链的图式构建：闭合型论证和收敛型论证

国内学界对证据链的性质进行过一些有益的讨论，其中冯爱冰、谢萍认为，证据链必须严密、完整，各个链节所证明的内容应当具有唯一性，链节之间依据因果关系而形成链条。[①] 栗峥持不同意见，他认为链节之间不一定体现因果关系。上述讨论尽管在理论上有所深化，但未涉及理论的核心部分。尽管有将证据链进行图式构建的努力，也始终缺乏理论支撑，不足以成为有效的证据分析方法。非形式逻辑领域的研究者温德（Windes）和黑斯廷斯（Hastings）运用论证图解技术，提出了两种核心的论证图式：闭合型论证（linked arguments）和收敛型论证（convergent arguments）。[②] 这两种论证图式最主要的区别在于前提与结论之间的关系不同，可以用划分证据链的基本类型，进一步完成证据链的链状构建。

1. 闭合型论证

“在闭合型论证中，所有前提一起对结论起支持作用。在这种论证中，如果你取消任何一个前提，那么支持结论的推理的似真性就会降到当所有前提都完好无损时论证所具有的似真性以下。”[③] 更通俗的解释是，在闭合型论证中，所有的前提都是证成结论必不可少的部分。如果缺失了任何一个前提，结论将无法得到证明，并且其可靠性将大大降低。闭合型论证中前提与结论的关系如图 2 所示。

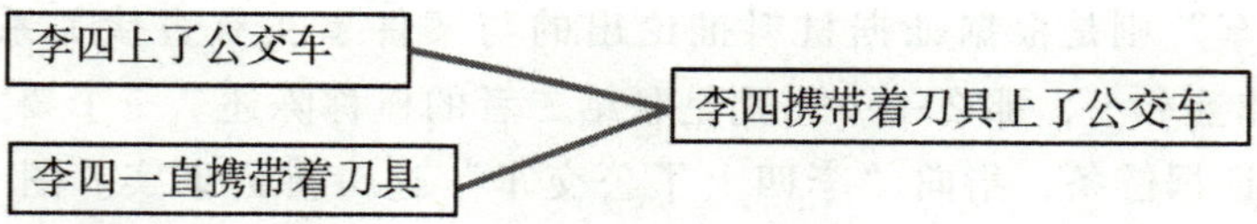

图 2 闭合型论证图式

其中，“李四上了公交车”和“李四一直携带着刀具”构成前提，“李四携带着刀具上了公交车”构成结论。显而易见的是，两个前提缺一不可。如果缺失了其中一个前提，该论证图式就被“击败”了。

---

① 参见冯爱冰、谢萍：《证据链：认证案件事实的另一视角》，载《法律适用》2011 年第 7 期。

② See Russel R. Windes and Arthur Hastings, Argumentation & Advocacy, New York, Random House, 1965.

③ ［加拿大］道格拉斯·沃尔顿：《法律论证与证据》，梁庆寅、熊明辉等译，中国政法大学出版社 2010 年版，第 114 页。

2. 收敛型论证

“在收敛型论证中，如果你取消任何一个前提，剩下的前提仍然会支持着结论，并且似真性也没有任何大幅度的下降。”① 质言之，在收敛型论证中，每一个前提单独地证成结论，即便前提有所缺失，其他前提本身的证明价值不会受到减损，结论的可靠性也不会有明显降低。收敛型论证中前提与结论的关系如图3所示。

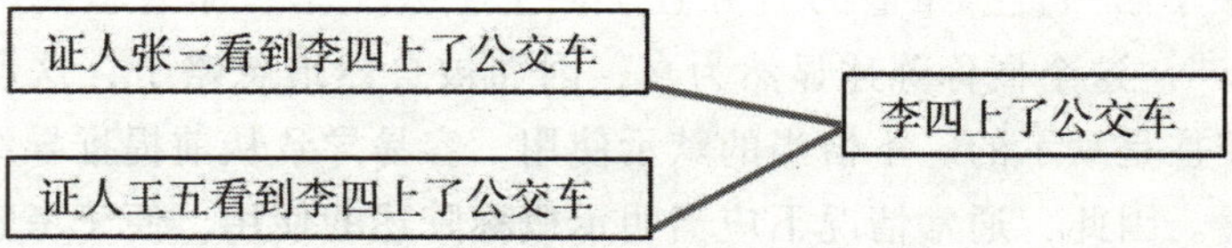

图3 收敛型论证图式

其中，“证人张三看到李四上了公交车”“证人王五看到李四上了公交车”构成前提，“李四上了公交车”构成结论。两个前提能够独立地证明“李四上了公交车”这一结论，在逻辑推理上不存在相互依附的关系。即便其中一个前提被取消，“李四上了公交车”这一结论仍然能够得到证明，并且可靠性没有明显地降低。除非所有的前提都被取消，否则结论不会被“击败”。从证据链基本要素的角度来看，此处的两项前提属于证据材料，结论则属于根据证据材料得出的推论（为方便说明省去了概称陈述）。

图2与图3可以构成一个复合论证图式，如图4所示。

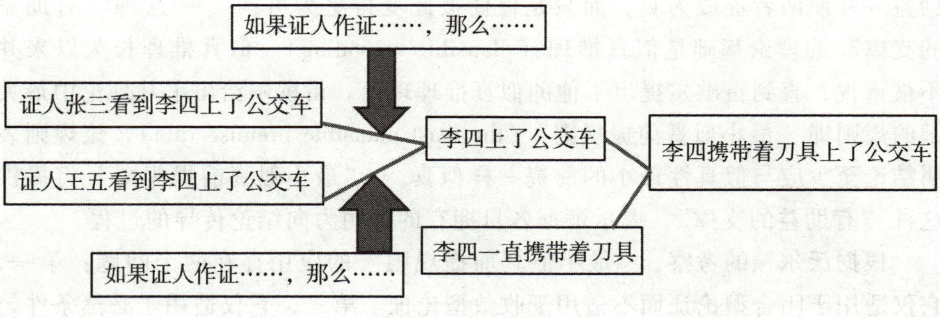

图4 复合论证图式

① [加拿大] 道格拉斯·沃尔顿：《法律论证与证据》，梁庆寅、熊明辉等译，中国政法大学出版社2010年版，第114页。

在这个复合论证图式中，可分为两个部分：第一部分是收敛型论证，其中，“证人张三看到李四上了公交车”“证人王五看到李四上了公交车”属于证据材料，“李四上了公交车”属于根据证据材料得出的推论，“如果证人作证……，那么……”属于概称陈述。第二部分是闭合型论证，“李四一直携带着刀具”这一命题和“李四上了公交车”这一命题共同服务于“李四携带着刀具上了公交车”这一结论的证明。需要明确的是，此处省略了一个概称陈述即“如果李四一直携带着刀具并且李四上了公交车，那么李四携带着刀具上了公交车”。这个概称陈述显然为真，因而被自然地忽略了，这说明概称陈述的使用往往是默示的。不恰当的默示使用，容易导致从前提推导结论的过程缺乏可靠性。因此，通常情况下应当明示概称陈述的使用，便于考察结论的可靠程度。在这个复合论证图式中，证据链的三个基本要素得以呈现，闭合型论证和收敛型论证也得到了有效嵌合，证据链的基本链状结构也就确定了。

三、规则引入：“最小似真前提规则”

证据链链状结构的确定，有助于明确证据链各组成要素所处的位置，进而分析推论的可靠性、论证的可靠性等问题，但这还不足够。证据之间如何产生关系或者说证据各自拥有的证明力如何向结论传导是需要进一步研讨的课题。有学者对证据链中证据之间的“相互支撑”关系作出了解释，“证据链的实质蕴涵不能表现为有效演绎，而只能表现为‘有助益的支撑’（contributive support）。‘有助益的支撑’是指提升可信性的概率值。一个证据对另一个证据的助益并非使两者证成为真，而只是促使彼此变得更为可信”。[①] 这种“有助益的支撑”的理论基础是似真推理（plausible reasoning）。似真推理长久以来并不被重视，直到雷歇尔提出了他的似真推理理论。雷歇尔给出了其理论中最关键的规则即“最小似真前提规则”（the least plausible premise rule），该规则表明结论至少应与似真性最小的前提一样似真。[②] “最小似真前提规则”将提供这种“有助益的支撑”，揭示证据各自拥有的证明力向结论传导的过程。

根据沃尔顿的考察，“最小似真前提规则”的应用存在两个问题：第一，它仅适用于闭合型论证而不适用于收敛型论证。第二，它仅适用于必然条件句

① 栗峥：《证据链与结构主义》，载《中国法学》2017 年第 2 期。

② Nicholas Rescher, Plausible Reasoning: An Introduction to the Theory and Practice of Plausibilistic Inference, Netherlands: Assen: Van Gorcum, 1976, p. 15.

(must－conditionals)，而不适用于可能条件句(might－conditionals)。[1] 其实“最小似真前提规则”既可以适用于闭合型论证也可以适用于收敛型论证，只不过表现形式有所差别。另外，这里的条件句实际上相当于概称陈述，“必然条件”与“可能条件”是对概称陈述可靠性的描述。据此，可以将概称陈述区分为必然概称陈述以及可能概称陈述。下文将讨论两种论证图式中“最小似真前提规则”的具体应用，并将概称陈述的可靠性差异考虑在内。

(一)闭合型论证中的“最小似真前提规则”

在闭合型论证中，所有前提都是证明结论的必要部分，此时“最小似真前提规则”意味着结论的似真性与前提中似真性最弱的部分保持一致。[2] 如果概称陈述具有必然性，那么前提与结论的关系如图5(a)所示。

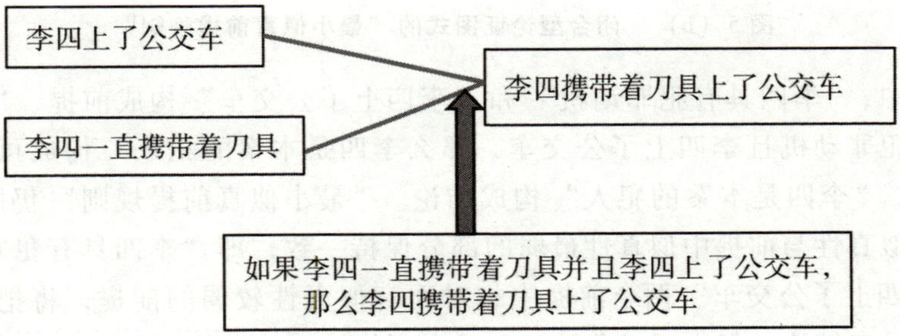

图5(a) 闭合型论证图式的“最小似真前提规则”

其中，“李四一直携带着刀具”和“李四上了公交车”构成前提，“如果李四一直携带着刀具并且李四上了公交车，那么李四携带着刀具上了公交车”构成必然性概称陈述，“李四携带着刀具上了公交车”构成结论。“最小似真前提规则”表明，结论的似真性与前提中似真性最弱的部分保持一致，即“李四一直携带着刀具”和“李四上了公交车”两个前提中相对而言似真性较弱的前提，将把它的似真性传导向结论。由于概称陈述具有必然性，前提的似真性将毫无减损地传递向结论。此处的必然性概称陈述是一个简单的逻辑合取规则，逻辑规则、自然规律或定律都属于必然性概称陈述，无须提出证据进行

---

① See Douglas N. Walton, Rules for Plausible Reasoning, Informal Logic 14.1, 1992, p. 39.

② 似真性即“命题可能为真”的特性，区别于传统的盖然性：盖然性根据内部数据来指派值，是绝对的；似真性根据外部支持来指派值，是相对的。此处为说明“最小似真前提规则”的应用，使用“似真性”这一概念，后文为揭示证据的证明含量向结论传导的过程，使用“证明力”这一概念。

证明。[①] 此时如果需要击败该论证（表明结论不可靠），只需攻击似真性最弱的前提即可。

如果概称陈述具有可能性，那么前提与结论的关系如图5（b）所示。

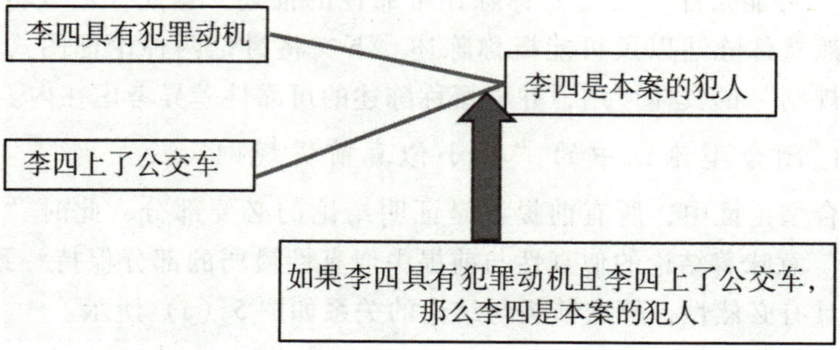

图5（b） 闭合型论证图式的“最小似真前提规则”

其中，“李四具有犯罪动机”和“李四上了公交车”构成前提，“如果李四具有犯罪动机且李四上了公交车，那么李四是本案的犯人”构成可能性概称陈述，“李四是本案的犯人”构成结论。“最小似真前提规则”仍旧表明，结论的似真性与前提中似真性最弱的部分保持一致，即“李四具有犯罪动机”和“李四上了公交车”两个前提中相对而言似真性较弱的前提，将把它的似真性传导向结论。但由于概称陈述仅具有可能性，前提的似真性在向结论传导的过程中将受到减损，此时应当启用规约法则（reduction rule）：将概称陈述当作普通前提，再次运用“最小似真前提规则”。[②] 规约法则的运用包括两种情形：第一，当概称陈述的似真性大于所有前提中最弱的那个前提时，前提的似真性没有受到减损（保持不变）。第二，当概称陈述的似真性低于所有前提中最弱的那个前提时，前提的似真性会受到较大程度的减损（降至与概称陈述一致）。

（二）收敛型论证中的“最小似真前提规则”

在收敛型论证中，每个前提可以单独地证明结论，此时“最小似真前提规则”意味着结论的似真性不仅大于前提中最弱的部分，而且至少与前提中最强的部分保持一致。[③] 前提与结论的关系如图6所示。

---

① 《人民检察院刑事诉讼规则》第401条第6款。

② See Intelliware, Experteach (Software and Manual), Intelligence Ware, Inc., Los Angels, 1986.

③ Douglas N. Walton, Rules for Plausible Reasoning, Informal Logic 14.1, 1992, p.42.

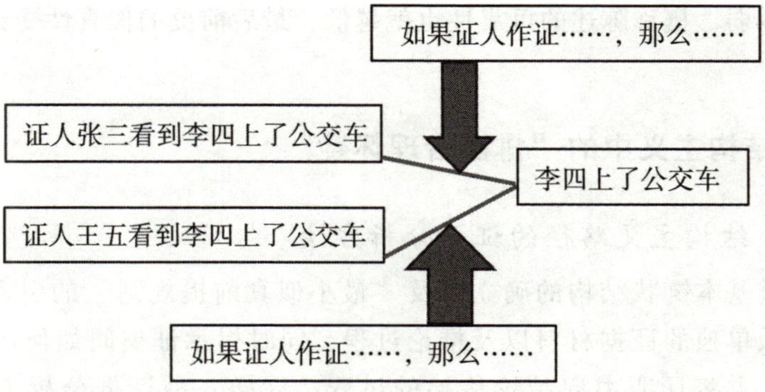

图6 收敛型论证中的“最小似真前提规则”

其中“证人张三看到李四上了公交车”“证人王五看到李四上了公交车”构成前提（证据材料），“如果证人作证……，那么……”构成概称陈述，“李四上了公交车”构成结论（根据证据材料得出的推论）。在收敛型论证中，概称陈述通常仅具有可能性，此时同样需要启用“规约法则”：将概称陈述视作普通前提，与上述两个前提中似真性更强的部分进行比较，选取似真性更弱的部分进行似真性传递。质言之，相当于先启用“最大似真前提规则”（the strongest plausible premise rule）选取似真性更强的部分，再启用“最小似真前提规则”选取似真性更弱的部分。规约法则的运用包括两种情形：第一，当概称陈述的似真性大于所有前提中最强的那个前提时，前提的似真性没有受到减损（保持不变）。第二，当概称陈述的似真性小于所有前提中最强的那个前提时，前提的似真性会受到减损（降至与概称陈述一致）。由此可见，概称陈述的可靠性程度，决定了前提的似真性的减损程度。

概称陈述的可靠性程度又取决于前提的数量以及前提的似真性强度。前提的数量越多，说明某一事实得到了多项证据材料的佐证，概称陈述的可靠性也就越发增强，因为与这些证据材料对应的概称陈述能被总括为一个概称陈述即“如果……都成立，那么（结论）就成立”。另外前提的似真性强度也直接影响着概称陈述的可靠性。因为如果前提的似真性都较弱，那么与之对应的概称陈述的可靠性程度也较低。图6中，“证人张三看到李四上了公交车”和“证人王五看到李四上了公交车”这两个前提指向了同一个结论，彼此之间也就形成了相互印证，两个前提的似真性都因彼此的存在而得到了增强。如果前提的数量越多，那么这种增强效果体现得越明显。因此，当前提的数量越多时，前提间的补强效果越明显，概称陈述的可靠性也就越高，最后前提的似真性受到的减损也就越低，甚至几乎可以忽略不计；当前提的数量越少时，前提间的补强效果越弱，概称陈述的可靠性也就越低，最后前提的似真性受到的减损也就越大。

四、结构主义中的“排除合理怀疑”

（一）结构主义路径的证据分析方法

证据链基本链状结构的确立以及“最小似真前提规则”的引入，有助于分析每一项单独的证据材料以及推论过程，同时揭示证据间如何产生“有助益的支撑”并将证明力向结论传导的过程。这样一种证据分析方法被称为“结构主义路径”（structuralism）。结构主义的基本观点是：“每一个证据的价值都完全取决于它与其他证据的关联，如果某一证据足够独立且不与外界联系，那么它的证明信息就没有传导性，也就没有将证明含量转化、推进到最终事实认定的可能性管道。”①

结构主义路径是对原子主义路径（atomism）的超越。原子主义认为，“事实认定的智力过程可以分解为相互独立的各个部分。证明力取决于个别存在的单个证据、离散式的系列推论”。② 原子主义路径的优势在于证据链中的各要素均处于明确的位置且被单独地列明，由此可以详细分析每一项证据材料以及证据材料与推论的关系。但原子主义路径并未说明证据间的关系，即未说明“有助益的支撑”是如何产生的。结构主义路径从结构层面看待证据，运用论证图解方法将证据链中的各要素都置于清晰的位置，不仅说明了论证是如何成立的，而且间接表明论证是如何被击败的。更关键的是，结构主义路径不再拘泥于单个证据材料的证明力，而是重点关注证据材料间可能产生的“证明力合力”，并以规则为指导揭示“证明力合力”的传导过程，由此实现了对原子主义路径的超越。

（二）复合论证图式中的“排除合理怀疑”

“排除合理怀疑”是植根于英美法系证据理论中的刑事证明标准。然而，英美法系的审判实践中并未明确“排除合理怀疑”的含义、具体的操作方式、

① 栗峥：《证据链与结构主义》，载《中国法学》2017年第2期。

② ［美］米尔吉安·R. 达马斯卡：《证据评价的原子模式与整体模式：比较法的考察》，载《比较视野中的证据制度》，吴宏耀等译，中国人民公安大学出版社2006年版，第68—69页。

对证据材料的数量以及证明力等问题。[①] 将"排除合理怀疑"本土化的过程中，需要避免异化理解，同时需要运用证据分析方法避免主观认定的随意性，因为"在诉讼实践中，'排除合理怀疑'的证明过程仍然是一个疑点形成、排除的心理过程，而如何达到疑点排除的'合理程度'，无法完全摆脱裁判者的内心确信"[②]。图 7 的复合论证图式中包含证据链的各个基本要素，并体现了闭合型论证图式和收敛型论证图式的有效嵌合，试以此图为例（增加省略的概称陈述），说明如何准确理解"排除合理怀疑"。

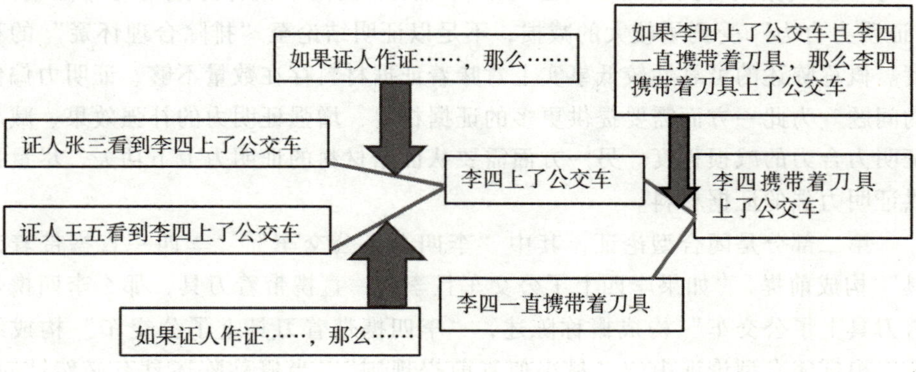

图 7 复合论证图式

在这个复合论证图式中，可分为两个部分：

第一部分是收敛型论证，其中"证人张三看到李四上了公交车""证人王五看到李四上了公交车"属于证据材料，"李四上了公交车"属于根据证据材料得出的推论，"如果证人作证……，那么……"属于概称陈述。根据收敛型论证中的"最小似真前提规则"，证据材料间的"证明力合力"向结论传导过程中的减损程度取决于概称陈述的可靠性。假设证人张三是个视力较好、神智清醒的成年人，证人王五是个患有眼疾的老年人，那么证据材料"证人张三看到李四上了公交车"的证明力要大于"证人王五看到李四上了公交车"。此时结论"李四上了公交车"的证明力则至少与"证人张三看到李四上了公交车"一致，并且"证人王五看到李四上了公交车"这一证据材料能够提供证明力增强的效果。这里的两项证据材料都属于证人证言，可根据证人的诚实

① 参见陈永生：《排除合理怀疑及其在西方面临的挑战》，载《中国法学》2003 年第 2 期。

② 王彬：《后果论视角下的刑事证明标准——以"排除合理怀疑"为中心的分析》，载《法商研究》2021 年第 6 期。

性、客观性、观察敏感性判断证明力的强弱。另外，法定证据的不同类型也是判断证明力强弱的重要标准。如果有更多的证据材料能够证明“李四上了公交车”，那么证明力增强的效果就越明显，在没有相反证据材料的情况下，“李四上了公交车”这一结论就达到了“排除合理怀疑”的证明标准。当概称陈述的可靠性较低时，证据材料所产生的“证明力合力”受到的减损较大。假设证据材料“证人张三看到李四上了公交车”的证明力要大于证据材料“证人王五看到李四上了公交车”，那么结论“李四上了公交车”的证明力至少与“证人张三看到李四上了公交车”一致。但由于概称陈述的可靠性较低，“证明力合力”受到了较大的减损，不足以证明结论至“排除合理怀疑”的程度。概称陈述的可靠性较低事实上意味着证据材料存在数量不够、证明力偏低的问题。为此一方面需要提供更多的证据材料，增强证明力的补强效果、减少证明力合力的减损程度。另一方面需要从证据材料的证明力上下功夫，尽量提供证明力强的证据材料。

第二部分是闭合型论证，其中“李四上了公交车”“李四一直携带着刀具”构成前提，“如果李四上了公交车且李四一直携带着刀具，那么李四携带着刀具上了公交车”构成概称陈述，“李四携带着刀具上了公交车”构成结论。根据闭合型论证中的“最小似真前提规则”，当概称陈述具有必然性时，结论的证明力与前提中证明力最弱的部分保持一致。假设两个前提中证明力更弱的部分是“李四上了公交车”，那么结论的证明力与“李四上了公交车”的证明力保持一致。本图式中的概称陈述是一个简单的逻辑合取规则，具有必然性，因此前提的证明力在向结论传递时不会受到减损。这就意味着，要将结论证明至“排除合理怀疑”的程度，前提也需要证明至“排除合理怀疑”的程度。而“李四上了公交车”这一前提又属于收敛型论证图式中的证明目标（事实上，“李四一直携带着刀具”也由某个收敛型论证图式予以证明），前面已经详述了该证明目标的推导过程，此处不再赘述。当概称陈述仅具有可能性时，前提中证明力最弱的部分在向结论传递其证明力时将可能受到减损。这就意味着，要将结论证明至“排除合理怀疑”的程度，首先需要提高概称陈述的可靠性。由于这是闭合型论证，所有前提都是结论必不可少的部分，因此提高概称陈述可靠性的关键在于找全所有的必要前提。缺失了任何一个必要前提，结论将无法得到证明。具备所有的必要前提时，概称陈述的可靠性也就提高了（接近于必然性）。另外，还需要将前提中证明力最弱的部分证明至起码“排除合理怀疑”的程度，保证即便受到证明力减损的效果，也能使结论足以“排除合理怀疑”。

上述分析从证据材料（证据链的起点）出发讨论了复合论证图式中如何

达到“排除合理怀疑”的证明标准，其实亦可以从证明目标（证据链的终点）出发归纳“排除合理怀疑”标准应当符合的条件。在闭合型论证图式中，两个前提都是结论必不可少的部分，二者当中证明力更弱的前提需要达到“排除合理怀疑”的标准。为避免证明力减损，概称陈述需要具有必然性，因而需要找到证成结论的所有必要前提。据此，闭合型论证中结论达到“排除合理怀疑”标准应当具备两个条件：第一，前提尽量齐全完备。第二，前提中证明力最弱的部分应当达到“排除合理怀疑”的证明标准。“李四上了公交车”“李四一直携带着刀具”既是收敛型论证图式中的证明目标，又构成闭合型论证中的前提。在收敛型论证中，这两项证明目标需要达到“排除合理怀疑”的程度，需要获得数量足够多或证明力足够强的证据材料的支撑。在此基础上，可以进一步扩展“排除合理怀疑”标准应当具备的条件：第一，前提尽量齐全完备。第二，前提中证明力最弱的部分应当达到“排除合理怀疑”的证明标准。第三，前提中证明力最弱的部分需要获得数量足够多或证明力足够强的证据材料的支撑。

明确“排除合理怀疑”的标准后，也进而能够掌握提出“合理怀疑”的方式：第一，对前提的完整性提出怀疑。如果前提存在明显缺失，那么结论也就不攻自破了。第二，攻击前提中证明力最弱的部分。如果前提中证明力最弱的部分未达到“排除合理怀疑”的证明标准，说明结论也未达到“排除合理怀疑”的标准。第三，攻击前提中证明力最弱的部分依据的证据材料。既可以攻击证据材料的数量，如证据材料仅有一个，可运用“孤证不能定案”法则质疑。也可以攻击证据材料的证明力，依据收敛型论证中的规则，最有效的方式是攻击证明力最强的证据材料。另外，攻击其他证据材料也能起到削弱补强效果的作用。

刑事司法审判实践中，基于不同理由，可以建立不同性质的证据链，但技术上都可以重构为闭合型论证与收敛型论证嵌合的图式。这种结构主义路径的证据分析方法，通过基本要素的确定、论证图解技术的运用、关键规则的引入，为准确理解“排除合理怀疑”的证明标准提供了科学有效的途径。如何根据证明目标确立标准化的证据链链状结构、如何判断证据材料的证明力强弱、如何容纳现有的证据规则等是值得进一步研究的证据理论问题。

论“排除合理怀疑”原则在刑事诉讼中的理解与运用

王 盛 赵 靖*

《刑事诉讼法》第55条第2款对“证据确实、充分”进行了规定，明确“证据确实、充分”必须满足“定罪量刑的事实都有证据证明”“据以定案的证据均经法定程序查证属实”“综合全案证据，对所认定事实已排除合理怀疑”三个条件。在新时代新征程背景下，要实现政法工作现代化，在刑事诉讼活动中必须坚持习近平新时代中国特色社会主义思想为指导，以习近平法治思想为指引，精准适用“排除合理怀疑”原则，保障刑事司法活动中当事人的合法权益，防止冤假错案发生，切实维护刑事诉讼法律权威性。在未来的刑事诉讼过程中，如何精准适用“排除合理怀疑”将是研究的重要课题，明确该原则的价值定位，对提高司法工作人员执法司法规范化水平有着深刻意义。

一、“排除合理怀疑”原则在刑事诉讼中的运用现状

（一）C市B区司法领域适用“排除合理怀疑”原则概况

C市B区人民检察院2020年受理批捕案件179件253人，其中因“排除合理怀疑”存疑不批捕案件13件25人，件数占比7.26%，人数占比9.88%；2021年受理批捕案件194件286人，其中因“排除合理怀疑”存疑不批捕案件15件21人，件数占比7.73%，人数占比7.34%；2022年受理批捕案件211件328人，其中因“排除合理怀疑”存疑不批捕案件16件18人，件数占比7.58%，人数占比5.49%。①

C市B区人民法院在2020年受理刑事案件879件973人，其中因“排除

---

* 王盛，重庆市北碚区委政法委执法督查科干部，重庆市检察理论研究人才；赵靖，重庆市北碚区人民检察院检察委员会委员、四级高级检察官，全国检察理论研究人才，重庆市检察业务专家、重庆市社科普及专家。

① 数据来自C市B区人民检察院2020年、2021年、2022年工作报告。

合理怀疑”改判、准许撤回起诉案件13件14人，件数占比1.48%，人数占比1.44%；2021年受理刑事案件883件1032人，其中因“排除合理怀疑”改判、准许撤回起诉案件19件19人，件数占比2.15%，人数占比1.84%；2022年受理刑事案件903件1143人，其中因“排除合理怀疑”导致改判、准许撤回起诉案件15件17人，件数占比1.66%，人数占比1.49%。①

（二）“排除合理怀疑”原则在刑事诉讼中的特征

通过分析C市B区人民检察院、人民法院近3年办理刑事案件数据可知：检察机关在审查侦查机关移送的批捕案件时、审判机关在审查检察机关移送的起诉案件时，对于“排除合理怀疑”原则的理解适用有一定趋势性规律。即检察机关因无法排除合理怀疑，作出存疑不批准逮捕决定案件的比例，件数占比在7.26%—7.73%波动，人数占比在5.49%—9.88%波动；审判机关因无法排除合理怀疑，作出改判决定、准许检察机关撤回起诉案件的比例，件数占比在1.48%—2.15%波动，人数占比在1.44%—1.84%波动。

由此可见，我国刑事诉讼案件从侦查机关到检察机关，再到审判机关的办理流程，不管在人数占比，还是件数占比上，前一阶段的比例均高于后一阶段的比例，刑事诉讼过程就是“由粗到细”“由松到紧”“由证据模糊到证据清晰”的过程。

（三）适用“排除合理怀疑”原则存在的局限性

同时，我们也应当清醒地看到，在司法实践中，由于处于刑事诉讼前阶段的部分侦查人员执法司法规范化水平不够高，导致处于刑事诉讼后阶段的检察官、法官根据现有证据无法排除内心合理怀疑，从而作出有利于犯罪嫌疑人或被告人的决定。

例如，在C市B区办理的毒品犯罪案件中，因现有收集的证据无法形成证据锁链，同时又无新的证据予以证实，导致在认定行为人之间给付的金钱属于毒资、行为人给付毒品行为属于贩卖行为、查获的毒品属于犯罪嫌疑人或被告人本人所有方面，检察官或法官内心不能排除合理怀疑，最终出现上述刑事案件无法被批准逮捕或者案件被改判、被撤回起诉。现阶段，我国部分司法工作人员执法司法规范化水平还无法与新时代新要求相匹配，相应的执法司法能力还有待进一步提升。

① 数据来自C市B区人民法院2020年、2021年、2022年工作报告。

二、“排除合理怀疑”原则在司法实践中的价值定位

(一)“排除合理怀疑”原则在我国刑事诉讼法中的定位

“排除合理怀疑”原则是从英美法系引入的概念，对于该原则的定位，我国学术界早已经开始思考探讨，目前大体上形成了三种观点。第一种是“取代说”。该类学说观点持将“排除合理怀疑”原则取代我国现有的“证据确实、充分”的证明标准，要求作为裁判者的法官更加遵从内心确信，不受到外界干扰。① 第二种是“补充说”。该类学说坚持将“排除合理怀疑”原则与“证据确实、充分”并列适用于司法活动，共同作为一种新的证明标准的表述方式，在客观上要保证对证据确实、充分的审查，在主观上要排除合理怀疑。② 第三种是“解释说”。该类学说主张在我国现有的“证据确实、充分”的证明标准基础上，引入“排除合理怀疑”作为构成要件，要求在实践中理解和把握“证据确实、充分”时，必须达到“排除合理怀疑”的程度。③

从我国刑事诉讼法的规定来看，法律采纳了解释说的观点，坚持了“证据确实、充分”的证明标准，只是在进一步阐述“证据确实、充分”的条件时，必须将“排除合理怀疑”原则作为“证据确实、充分”的构成条件之一。即“排除合理怀疑”原则是在“定罪量刑的事实都有证据证明”“据以定案的证据均经法定程序查证属实”两个条件的基础上，综合全案证据排除合理怀疑得出唯一结论。这样就可以充分保证司法工作人员在审核证据的事实性、程序性问题基础上，还要附加审核证据之间所产生的证据锁链，是否能够彻底把合理性怀疑排除，实现从事实认定、程序适用、排除合理怀疑三方面发力，切实保障案件办理的客观真实。

(二)“排除合理怀疑”原则的构成要素

在“排除合理怀疑”原则被引入我国刑事诉讼法后，我国学者、实务派专家对该原则的大体构成要素形成了较为统一的认识。

首先，“排除合理怀疑”原则的基础是“合理怀疑”。这里所指的“合理

① 参见樊崇义:《客观真实管见——兼论刑事诉讼证明标准》，载《中国法学》2000年第1期。

② 参见余剑:《“排除合理怀疑”证明标准在我国刑事审判中的运用》，载《东方法学》2008年第5期。

③ 参见邓发强、宋飞:《“排除合理怀疑”的理解与适用》，载《中国检察官》2019年第3期。

怀疑”，应当是建立在一定证据基础上，符合推理逻辑的怀疑，而不是当事人、司法工作人员凭借主观猜测、不符合经验常识、带有随意偏见性的怀疑，这要求裁判者站在保持司法公正独立性去判断。同时，“合理怀疑”应当有所依据、有所理由，而非无故质疑，对于案件的事实和证据，不能出现妄想、臆测等主观幻想式的怀疑。所有的“合理怀疑”都应当建立在以法庭出示的证据为依据，否则不能称之为“合理怀疑”。

其次，“排除合理怀疑”原则的价值是以保护被告人合法权益为追求。在刑事诉讼法中加入“排除合理怀疑”原则，一方面在于倒逼司法工作人员竭尽全力查明案件事实，防止冤假错案发生，维护司法的公平正义；另一方面在于防止追诉权的滥用，保障被告人合法权益。在司法实践中，虽然任何刑事司法都会面临着错判无辜与错放有罪之人的风险，但刑事诉讼法就是“被告人的权利大宪章”，将“排除合理怀疑”原则引入刑事诉讼法的根本目的就是在完成打击犯罪的同时，更要注重保障被告人、犯罪嫌疑人的合法权益，避免无辜者被判刑。①

最后，“排除合理怀疑”原则的实现要求裁判者必须具备法律理性与良知。“排除合理怀疑”原则可以被理解为“在日常生活中足以使人在决定重要事务时产生犹豫的不确定性”“一种对被告人有罪的内心的坚定相信”等表述，在一定程度上可以说具备法律理智与良知是正确运用好“排除合理怀疑”原则的核心。在司法实践中，法官会根据控辩双方举证、质证、辩论等，形成对案件的主观认知和内心确信，最终作出有罪或无罪的判决，这就要求法官具有法律理性和良知，不偏袒地、不带感情色彩地理解、评价事实与证据。

（三）“排除合理怀疑”原则的立法价值理解

在审查证据方面，引入“排除合理怀疑”原则，在表面看似简单，但深层次研究却是一个相对复杂、相对抽象、相对微观的概念。② 笔者对“排除合理怀疑”原则有一个初步认识，是指“对于事实的认定，已没有符合常理的、有根据的怀疑，实际上达到确信的程度”。从逻辑学的角度来讲，“事实清楚，证据确实、充分”要求法官在审查证据过程中，必须保证侦查机关、公诉机关提供的证据证明案件事实的“唯一性”“排他性”。“排除合理怀疑”原则作为“证据确实、充分”组成部分，其立法实质精神也是要求法官作为裁判

---

① 参见杨宇冠、孙军：《“排除合理怀疑”与我国刑事诉讼证明标准的完善》，载《证据科学》2011 年第 6 期。

② 参见卞建林、张璐：《“排除合理怀疑”之理解与适用》，载《国家检察官学院学报》2015 年第 1 期。

者，确信侦查机关的侦查不存在瑕疵，公诉机关所指控的犯罪事实存在且为行为人所实施，对案件事实的存在达到了没有合理怀疑的程度，依据案件证据材料得不出其他结论，因此可以形成确信。

从立法价值上来讲，"排除合理怀疑"原则与无罪推定原则是紧密联系的，要求在整个审判过程中，针对行为人的有罪证明责任始终由公诉机关承担，而不得转移给被告方，只有让法官确信案件排除了一切合理怀疑后，法官对全案证据进行综合判断之后，内心确定被告人犯罪事实不再存在任何有证据支持的、符合经验与逻辑法则的疑问，才能让法官作出有罪判决；反之，在公诉机关未能说服法官使其对被告人有罪的问题再无任何合理之怀疑的情况下，就应当遵从"疑罪从无"原则，判定被告人无罪。

三、"排除合理怀疑"原则对我国刑事诉讼的影响

（一）一起适用"排除合理怀疑"原则的真实案例

2009年底，被告人邓某某在重庆市永川区某广场跳舞时认识被害人杨某某（女，殁年48岁），并长期与其保持不正当男女关系。2012年2月13日8时许，杨某某来到重庆市永川区某巷邓某某家中后死亡。后邓某某将杨某某的尸体拖至其家中卫生间内，使用斧头、菜刀等工具对杨某某尸体进行肢解以便抛尸。当晚，邓某某将杨某某的部分尸块抛至永川区某街高压电缆分支箱北侧的光缆排水井内。次日上午，邓某某又将剩余尸块携带至永川区某镇抛至附近长江中。2012年3月30日，群众在重庆市江津区五举沱长江水域发现杨某某的尸块后报警。2012年7月2日，公安人员通过侦查，将邓某某抓获归案。重庆市人民检察院第五分院指控认为，被告人邓某某仅因纠纷，竟故意杀死一人，其行为已构成故意杀人罪，应当以故意杀人罪追究其刑事责任。

重庆市第五中级人民法院经审理认为：一是公诉机关指控被告人邓某某在其家主卧室内因琐事与被害人杨某某发生纠纷而将杨某某用斧头砸死的直接证据只有邓某某在侦查阶段的有罪供述，而邓某某同样在侦查阶段作过且当庭作出杨某某系自然死亡、其没有理由也没有杀害杨某某的无罪辩解。二是虽然公诉机关提供证据证明了邓某某家中主卧室内有杨某某血迹，与邓某某的有罪供述能够印证，但由于该血迹的形态及形成原因不明确，同样与邓某某无罪辩解中提到的该血迹系杨某某猝死后其把装有杨某某尸块的旅行箱放在床上后所形成的辩解不矛盾，不能得出该血迹系邓某某杀害杨某某时所形成的唯一的、排他性结论。三是公诉机关没有提供充分的证据证明邓某某具有杀人的动机，也没有提供证据证明杨某某的死因，邓某某的无罪辩解不能得到合理排除。

据此，审判机关认为公诉机关指控邓某某故意杀害杨某某的证据不能形成完整的证据锁链，尚不能达到确实、充分，排除一切合理怀疑的刑事诉讼证明标准，故公诉机关指控邓某某犯故意杀人罪的证据不足，指控罪名不能成立。但邓某某故意将他人的尸体分割并抛弃，严重损害了死者尊严，极大伤害了死者家属的感情，其行为已构成侮辱尸体罪，依法应予严惩。对于邓某某提出其没有故意杀害他人以及辩护人提出现有证据不能证明邓某某犯故意杀人罪、邓某某的行为只构成侮辱尸体罪的辩解、辩护意见予以采纳。重庆市第五中级人民法院经审理，以侮辱尸体罪判处被告人邓某某有期徒刑3年。

一审宣判后，原公诉机关重庆市人民检察院第五分院向重庆市高级人民法院提出抗诉。在二审审理过程中，重庆市人民检察院认为抗诉不当，向重庆市高级人民法院申请撤回抗诉。重庆市高级人民法院裁定准许撤回抗诉。[①]

（二）对该案例“排除合理怀疑”原则的评析

通过对案件办理进行复盘，开展如下评析：案件是否已排除合理怀疑，首先看指控犯罪的构成要件是否都有确定、合法的证据予以证实；其次要看证据之间是否存在相互对抗的情况以及是否能将对抗解除；再次，还要看案件证据是否符合证明责任分配、口供补强及当面质证等证据规则要求。[②] 本案是一起因证据材料达不到形成排除合理怀疑心证程度而改变公诉机关指控定性的案件，根据《刑事诉讼法》第55条的规定，综合全案证据，对所认定事实已经排除合理怀疑是刑事诉讼达到证据确实、充分和必要条件之一。

在本案中，出现了被告人当庭供述与审前供述对抗、被告人有罪供述来源存疑、印证有罪供述的证人证言系警方线人、客观证据无法完全印证指控犯罪行为及动机等多个可能影响排除合理怀疑的证据问题，基本涵盖了排除合理怀疑掌握标准的疑难情况，公诉机关举示且被法庭采纳的指控证据并未达到印证犯罪构成要件成立的证明标准。因此，通过本案探讨刑事审判中排除合理怀疑的证据判断标准具有较好的参考意义。

第一，被告人审前供述与当庭供述直接相悖，可以印证犯罪客观要件的关键证据缺乏稳定性。侦查阶段，被告人邓某某就先后作出两种截然不同的供述，其一是供述自己在案发当晚用斧头将被害人杀害后分尸；其二是供述被害人系与自己发生性关系后死亡，因害怕不正当男女关系暴露才实施了分尸抛尸的行为。在庭审中，邓某某坚持作出被害人系发生性关系后自然猝死、自己仅

① 参见（2013）渝五中法刑初字第00069号判决书，（2014）渝高法刑终字第00175号判决书。

② 参见吴仕春：《排除合理怀疑的证据标准》，载《人民司法》2016年第2期。

仅实施了分尸抛尸行为的供述，并且辩称其在侦查阶段的有罪供述系侦查机关将其提出看守所审讯受到威胁、强制后所作。

第二，本案中仅有的证人是警方安置在看守所的隐蔽线人。2006 年 11 月，公安部出台《公安监管部门深挖犯罪工作规范》，以规范性文件形式固化了在司法实践中各地提炼的经验和有效做法，进一步在全国推进监禁场所犯罪线索发掘工作模式。侦查机关在监管场所布置线人，虽然属于可以有效收集犯罪线索或有罪陈述的侦查策略，但往往存在欺骗性、诱导性，也容易触犯程序法治底线。在审判阶段，法官在面对线人提供的言词证据，尤其是不利于被告人的言词证据时，必须采取高度审慎、综合判断的态度。本案中，仅有的两名证人均属警方安置在监管场所的线人，且邓某某向线人叙述自己砍杀被害人的犯罪时间，恰好处于其被侦查人员带至看守所以外场合审讯归来后的时间节点，正好印证了邓某某在庭审过程中有关“知道二人与警察关系好、害怕不对其说自己杀人又会被警察提外讯”的辩解，因此线人的证言本身的客观性存在疑点。

第三，依本案的鉴定、勘验等客观证据无法得出被害人死因及现场物质遗留样态的排他性结论。科学证据一般属于间接证据，但多个科学类证据联结起来就会形成带有直接证据效力的证据群。比如案发现场提取的血液、指纹经过鉴定比对，将其锁定的犯罪嫌疑人生理信息与尸检报告等结论相印证，就能产生直接证实特定主体及其行为、动机，以及被害人死伤原因等证明效果，但科学类证据的最终效果取决于现场物质遗留情况。由于本案侦破时间距案发时间近半年，加之现场勘验检查笔录和法医学尸体检验鉴定书的物质对象仅是尸体躯干上部，且尸块本身已经高度腐烂，仅能得出尸块系死后分尸所致的结论，无法证实被害人死因。

综上所述，通过评析该案件，可以看出在刑事审判过程中，要顺利完成法官对被告人有罪的内心确信，并排除合理怀疑，就必须对指控罪名的每一个具体构成要素对应的证据予以证实。如果提交的证据不能做到“排除合理怀疑”的地步，法官就不应当进行采纳。

（三）“排除合理怀疑”原则引入我国产生的诉讼影响

通过上文评析的案件可知，“排除合理怀疑”原则引入我国刑事诉讼法后，我国刑事诉讼的证明标准、证明过程、办案思维方式均产生了深刻变化。

首先，刑事证明标准从抽象、模糊转变为具体、明确。证据要达到确实、充分，一直是我国刑事诉讼所坚持的证明标准，每一次刑事诉讼法修改都会扩充“证据确实、充分”内涵。司法实践中，一些冤假错案或者撤诉案件的出现，其背后反映的是司法工作人员在理解和适用“证据确实、充分”刑事证明标准上存在一定偏差，对“证据确实、充分”的理解和把握没有统一标准。[①] 因此，在实务界，司法工作者不断总结和提炼“证据确实、充分”的证明标准的内涵。2018 年《刑事诉讼法》第 55 条第 2 款规定对“证据确实、充分”进行了规定，明确“证据确实、充分”必须包含“定罪量刑的事实都有证据证明”“据以定案的证据均经法定程序查证属实”“综合全案证据，对所认定事实已排除合理怀疑”三个条件，这一规定对我国司法实务有着重要的指导意义，使我国刑事证明标准从抽象、模糊走向了具体、明确。

其次，刑事证明过程从客观证明转变为主客观相统一。我国“证据确实、充分”的证明标准，其中“定罪量刑的事实都有证据证明”“据以定案的证据均经法定程序查证属实”主要在于对定罪量刑的实体、程序进行客观强调，即对证据本身质与量的规定，对于司法人员如何判断达到证明标准却没有明确规定，这属于两项客观证明的标准。司法实践中，法官根据双方举证、质证、辩论等，最终形成对案件的主观认知和内心确信从而作出判决。法官对有罪达到内心确信的过程，实际上就是通过证据不断排除内心怀疑的过程。然而，排除怀疑应达到何种程度却没有形成统一认识。从英美法系国家对“合理怀疑”的理解来看，主要有“道德上的确信”“难以决定”以及“坚定地相信”等表述，基本上是一种主观上的认识和判断，属于一种主观证明标准。[②] 因此，2018 年刑事诉讼法修订时，明确了“证据确实、充分”在综合“定罪量刑的事实都有证据证明”“据以定案的证据均经法定程序查证属实”的两项客观标准的基础上，再增加了“综合全案证据，对所认定事实已排除合理怀疑”主观标准的判断，可以说我国刑事证明标准实现了从单纯客观证明标准，到主观证明标准和客观证明标准相结合、相统一。

最后，办案思维方式从正向演绎法转变为双向推理法。司法实践中，司法人员总是根据一般事物的客观规律和经验规则，对已查明的事实和证据进行推理、判断，从而得出被告人罪与非罪的结论。这种从一般到个别的思维方法，称之为演绎法。演绎法是一种正向思维，体现在刑事司法中就是通过收集犯罪分子或被告人有罪的证据，从而达到指控犯罪的目的。然而，基于这种正向思维导向，侦查员、检察官、法官往往容易忽视对犯罪嫌疑人、被告人无罪或者罪轻方面的证据收集及核查，从而忽略一些事实和证据存在疑点和漏洞。而引

① 参见龙宗智：《中国法语境中的“排除合理怀疑”》，载《中外法学》2012 年第 6 期。

② 参见陈瑞华：《刑事证明标准中主客观要素的关系》，载《中国法学》2014 年第 3 期。

入我国刑事诉讼法的“排除合理怀疑”原则却是一种逆向思维的排除法，即在已经形成证据链条的基础上，寻找破绽，进一步排除案件事实和证据中可能存在影响定罪量刑的疑点和漏洞，从而得出唯一的结论。“证据确实、充分”证明标准的三个条件中，“定罪量刑的事实都有证据证明”和“据以定案的证据均经法定程序查证属实”属于正向推理思维导向的体现，而“综合全案证据，对所认定事实已排除合理怀疑”却是逆向思维导向的体现，这也就要求司法工作人员在司法实践中要充分运用正向演绎和逆向排除两种思维方式的双向推理法。

四、“排除合理怀疑”在刑事诉讼运用的司法建议

美国著名法学家罗斯科·庞德在《社会学法学的范围和目的》中指出，“法律的生命在于其实施，因而迫切需要对怎样使大量立法和司法解释有效而进行认真的科学研究”。如何贯彻执行刑事诉讼法中的“证据确实、充分”的证明标准，特别是实现运用正向演绎和逆向排除两种思维方式的双向推理法，把事实的证据、程序、排除合理怀疑均予以证实是对司法工作人员的考验。除了提升司法工作人员的法律素养和职业道德等因素外，还应当积极探索“排除合理怀疑”原则的制度保障和适应新型证据标准证明模式。

（一）为“排除合理怀疑”原则提供配套制度保障

要在刑事诉讼中落实好“排除合理怀疑”原则的运用，就必须配套相应司法制度作为支撑，即严格执行非法证据排除规则、贯彻落实证人出庭作证制度、充分保障辩护方的辩护权利。如果这些配套制度无法实现很好实施，“排除合理怀疑”原则也就成了空中楼阁，失去了应有的法律价值及作用。

一是严格执行非法证据排除规则。刑事诉讼法规定严禁刑讯逼供和以威胁、引诱、欺骗以及其他非法方法收集证据，也规定了采用刑讯逼供等非法方法收集的犯罪嫌疑人、被告人供述和采用暴力、威胁等非法方法收集的证人证言、被害人陈述，应当予以排除。这就表明“排除合理怀疑”原则必然会要求排除刑事诉讼活动中的非法证据，也就是说收集的所有证据要求具有合法性，才能真正地排除合理怀疑。虽然我国的非法证据排除规则尚不完善，但如果能将现有规定落实到实处，已经能够为“排除合理怀疑”原则的适用提供强有力的保障。

二是要求贯彻落实证人出庭作证制度。当刑事诉讼过程中遇到重大争议的证据问题，如果证人不能出庭作证，案件的一些疑点也很难消除，“排除合理怀疑”也就很难实现，同时证人出庭主要是基于证人证言、鉴定意见，或多

或少附带了一些主观色彩，通过在法庭上进行正面对质，有利于发现与排除证言中可能存在的疑点。刑事诉讼法对证人出庭制度作了明确规定，并对证人保护的范围、负有保护义务的机关、保护措施和证人出庭作证的补贴等问题也作了具体规定，从一定程度上提高了证人出庭的积极性，有利于“排除合理怀疑”原则实施。

三是要求充分保障辩护方的辩护权利。刑事诉讼过程中，案件事实越辩越明，要做到排除一切合理怀疑，就应充分保障辩护方的辩护权利。其一，保障辩护人的会见权、阅卷权。虽然法律已经明文规定，但在实际执行中仍然还存在很多问题，特别是侦查机关、公诉机关担心串供、翻供以及增加了工作量，辩护律师会见权、阅卷权并不能得到很好保障，客观上不利于对犯罪事实疑点和漏洞的排除。其二，充分听取辩护人的意见。由于辩护人与指控方出于不同的立场和角度，对案件的事实和证据的认识和看法可能存在差异，充分听取辩护人的意见有利于查清案件事实，排除案件中存在的疑点和漏洞，最终达到“证据确实、充分”的要求。

（二）要按照证明标准递进式“排除合理怀疑”

探讨“排除合理怀疑”的最终落脚点，还是在于如何运用好刑事诉讼法中“证据确实、充分”证明标准，这就要做到打击犯罪与保障人权并重，既不放纵犯罪又不冤枉好人。排除合理怀疑不只是审判环节的工作，应从侦查环节、审查起诉环节到审判环节递进式地排除合理怀疑，从而形成法治思维。[①]从现行刑事诉讼法的刑事证明标准来看，需要做到以下几点：

一是收集、审查证据要客观全面。“证据确实、充分”的第一个条件是定罪量刑的事实都有证据证明，这是证据确实、充分的前提条件。如果证据收集不全面不客观，就会导致证据链条不完整，证据矛盾不能协调，指控犯罪的目的很难实现。这要求收集证据要客观全面，侦查环节既要注重收集各种证明犯罪嫌疑人、被告人有罪、罪重的证据，又要注重收集各种证明犯罪嫌疑人、被告人无罪、罪轻的证据；既要注重收集各种法定量刑情节，又要注重查明各种酌定量刑情节。同时也要求审查证据客观全面，在审查起诉环节，既要注重审查定罪证据，也要注重审查量刑证据；既要注重审查法定量刑情节，也要注重审查酌定量刑情节；既要注重审查从重量刑情节，也要注重审查从宽处罚量刑情节。[②] 如果这两项基础工作做不好，都无法做到“排除合理怀疑”，更无法

---

① 参见陈金钊：《据法阐述与辩思解释的融贯》，载《现代法学》2022 年第 5 期。

② 参见杨宇冠、郭旭：《“排除合理怀疑”在中国适用问题探究》，载《西北政法大学学报》2015 年第 1 期。

达到“证据确实、充分的”的证明标准。

二是所有证据具有合法性且经过法庭质证。“证据确实、充分”的第二个条件是据以定案的证据均经法定程序查证属实，这是证据确实、充分的必要条件。侦查机关、公诉机关、审判机关都有排除非法证据的义务，所有证据必须经过法庭质证，未经质证的证据不能作为认定案件事实的依据；对于采用刑讯逼供等非法方法收集的犯罪嫌疑人、被告人供述和采用暴力、威胁等非法方法收集的证人证言、被害人陈述，应当予以排除。收集物证、书证不符合法定程序，可能严重影响司法公正的，应当予以补正或者作出合理解释；不能补正或者作出合理解释的，对该证据应当予以排除。在侦查环节、审查起诉环节发现应当排除的非法证据，不能等到审判环节再来排除。

三是运用逆向推导法，得出唯一结论。“证据确实、充分”的第三个条件是综合全案证据，对所认定事实已排除合理怀疑，这是证据确实、充分的检验条件。司法实践中，司法人员总是根据一般事物的客观规律和经验规则，对已查明的事实和证据进行推理、判断，这种演绎推理法属于正向思维。从控辩对立的诉讼架构上来看，控方负有证明被告人有罪的责任，其有责任收集被告人有罪的证据，否则犯罪指控将无法实现；辩护方为了维护其合法权利，有权利对控方指控的犯罪和提供的证据质疑。这样一来，控方也会从逆向角度思考，积极寻求排除一切合理怀疑，构筑起更加坚固的证据体系。“排除合理怀疑”是一种逆向思维排除法，即在已经形成证据链条的基础上，寻找疑点和漏洞，排除一切可能的合理怀疑，从而得出唯一的结论。

（三）“排除合理怀疑”原则在不同诉讼阶段适用标准应当有所区别

在我国，从立案侦查到作出裁判均涉及事实的认定和证明标准适用的问题。从我国刑事诉讼法的规定可知，公安机关移交审查起诉、检察院提起公诉和法院作出有罪判决的证明标准在法律规定上都是相同的，即要求“证据确实、充分”。在这里我们不禁会产生困惑和疑问，是否在不同的诉讼阶段适用相同的证明标准？如果在不同的诉讼阶段适用了相同的证明标准，怎么能体现检察机关法律监督的作用和审判机关作为最后一道防线的作用？

“对事物的认识”是一个由浅及深的过程，证明标准也应该体现出层次感。由于证明标准在立法表述上相同，可能会引起对证据标准一致性的争议，进而对具体的司法操作造成干扰，带来诸如无罪判决率低、公诉机关职能缺位等问题，对客观事实的认识应当符合认识的一般规律，由表及里，由浅到深，这是不言而喻的。因此，证明标准在不同的诉讼阶段应当体现出层次性，侦查机关、检察机关、审判机关在我国刑事诉讼活动中的地位和作用是有区别的，这就说明如果对不同诉讼阶段适用相同的证明标准，将有失恰当。

具体来讲，首先，公安机关承担着侦破案件、打击犯罪的天职，过高的证明标准会造成资源浪费和遗漏犯罪，而过低的证明标准又会出现大量的冤假错案，因此建议对于公安机关侦查的证明标准应当略低于“排除合理怀疑”原则。其次，检察机关作为提起公诉的机关，宪法上明确其为法律监督机关的法律地位，有责任对公安机关的侦查活动进行监督和制约，对于侦查机关收集到的非法证据应该及时予以排除，对侦查活动违法行为应当及时进行纠正，为“排除合理怀疑”原则适用提供承上启下作用。最后，审判机关作为维护正义的最后一道防线，最后的把关作用至关重要，审判机关的有罪判决的证明标准应该属于最高层级，必须要达到“排除合理怀疑”的标准。通过对侦查机关、检察机关、审判机关“排除合理怀疑”原则的适用定位讨论，既可以实现打击犯罪，也可以实现保障人权目的，减少冤假错案发生。

（四）“排除合理怀疑”原则平等适用于所有刑事案件

冤假错案从本质上讲，都是没有把“排除合理怀疑”原则运用到精准程度的案件。冤假错案或撤诉案件不仅关切着案件当事人及其家属的利益，还挑动着社会大众对于法律信仰的神经，一起错案或者撤诉案件都将让民众对法律的获得感、敬畏感呈现断崖式下跌。冤假错案或撤诉案件的发生，不仅会造成无辜的人因此丧失自由，甚至丧失生命，对被冤枉之人的家属也会造成无法估量的伤害，同时可能还会让真凶逍遥法外，使社会大众对司法公信力、司法权威产生动摇。

冤假错案导致他人自由权或生命权被剥夺，后果严重，因此关于死刑案件证明标准问题一直是法学界争论的焦点。死刑案件的证明标准是不是应该提高以防止造成冤假错案？一种观点认为须提高死刑案件的证明标准：对于一般案件适用“排除合理怀疑”原则，而对于死刑案件则适用“排除一切怀疑”原则。[①] 另一种观点则认为“排除合理怀疑”是证据证明的最高标准，因死刑案件的特殊性而产生一种新的、更高的标准在今后刑事诉讼中可能会得不偿失，让人们产生不同案件不同标准的错觉。[②]

无论是死刑案件等重大刑事案件还是一般的普通刑事案件，都是对公民自由权和生命权的限制和剥夺。我们对死刑等重大刑事案件适用一套标准，而对

---

① 参见杨宇冠：《死刑案件证明标准与程序要求》，载《人民检察》2008 年第 8 期。

② 参见周苇、张斌：《论绝对确定性和死刑》，载《证据科学》2011 年第 6 期。

一般的普通的刑事案件适用另一套证明标准，极易使公众产生这样的解读：有可能被判死刑等重刑的被告人有很大的可能不会被判重刑，因为证明标准比较严格；而一般的刑事案件适用了较低的证明标准更容易获罪。显然这是不符合现代法治理念的，我们不能根据不同类型的案件，而区别适用不同证明标准，实际上应当将“排除合理怀疑”原则适用于所有案件。

（五）“排除合理怀疑”原则适用要贯彻“无罪推定”原则

我国刑事诉讼法明文规定：未经人民法院依法判决，对任何人都不得确定有罪。但会产生这样的问题，如果“无罪推定”原则无法较好贯彻，那就可能会让司法工作人员产生先入为主的错觉，提前对犯罪嫌疑人或被告人定了罪、量好刑、判了刑，之后再通过程序性讨论案件是否存在“合理怀疑”就失去了本身的意义。

贯彻无罪推定原则，就是“尊重和保障人权”的重要体现，也是贯彻落实“排除合理怀疑”原则的前提条件。根据“排除合理怀疑”原则所制定的标准来判定，在刑事诉讼活动中，指控方要承担证明被告人有罪的责任，以消除裁判者对指控事实的“合理怀疑”；辩护方有权反驳指控，对指控的内容进行辩解或辩护，以此来增加裁判方对指控事实的“合理怀疑”。这就意味着，在庭审对抗中，指控方只有努力通过一系列证据的组合，实现排除案件中的所有合理怀疑，被告人才得被认定有罪；当通过证据的组合也无法排除案件中所存在的所有合理怀疑时，作为裁判者的法官就应认定被告人无罪。

由此可见，无罪推定原则实际上为“排除合理怀疑”提供了思想和灵魂，“排除合理怀疑”体现了无罪推定原则的内容和形式。也就是说，如果对定罪存在合理怀疑，就自然导致无罪的结果，而要想让被告人获罪，检察机关就必须让法官达到“排除合理怀疑”的程度，这两者是相互联系的。然而，在司法实践中，尤其是死刑案件，不管是出于维稳还是打击犯罪的考虑，法院在对案件的证明程度没有达到法定的证明标准的情况下很少会作出无罪判决，而是在证据不足的情况下作出了“留有余地”的判决，在罪名或是量刑上下功夫。[①] 这种做法和贯彻“无罪推定”原则背道而驰，变成了“有罪推定”做法，因此侦查机关、检察机关、审判机关要切实树立起“疑罪从无”的理念，这样才会让“排除合理怀疑”原则适用更加切实有效。

① 参见张明楷：《重构法治——法秩序之局限》，载《中国法学》2019 年第 7 期。

五、小结

“排除合理怀疑”原则是我国传统“证据确实、充分”证据标准在主观方面的解释与要求，有助于让司法工作人员克服证明标准抽象化与客观化造成的证明难题，也有助于促进“无罪推定”原则的确立与人权保障观念的更新。同时，“排除合理怀疑”原则的理解与运用，本身是一个比较复杂而微妙的概念，本文通过对“排除合理怀疑”原则的构成要素分析，引入一起检察机关抗诉后又撤诉的案件进行评析，提出在刑事诉讼过程中如何更好理解与运用“排除合理怀疑”原则，以求加深社会大众对“排除合理怀疑”原则的内涵的正确理解与把握，并在实践中结合相关规定进行准确适用。

要想真正让“排除合理怀疑”原则落实到每一个具体的刑事司法案件中，除了贯彻好“排除合理怀疑”原则，更多的则是侦查机关、检察机关、审判机关的司法工作人员要认真贯彻落实习近平新时代中国特色社会主义思想，全面贯彻习近平法治思想，严格遵守法律程序，树立正确的“办案观”，把好“证据关”“程序关”“事实关”，坚守司法底线，落实“无罪推定”原则，切实保障犯罪嫌疑人或被告人的合法权益，不作“留有余地”的裁决。唯有如此，才能从真正意义上阻断冤假错案的发生，“排除合理怀疑”原则在我国刑事诉讼司法活动中的适用也才会更加有质效。

多元视角下“排除合理怀疑”的解构

——从刑事诉讼构造切入

王心悦*

刑事诉讼构造的演进使控辩双方对审判程序与实体方面的实际影响程度得到加强，也使“排除合理怀疑”证明标准的适用与控辩立场、审判者的裁量视角形成紧密关联。秉持追求实质真实的公正立场，我国立法对法定证明标准的设立并未给控辩协商留有余地。发挥多主体参与过程中法定证明标准的实质效果，形成以“排除合理怀疑”为基础的控辩对抗格局具有重要意义，要求诉讼主体共同作用，促进“控辩对抗，审判中立”的实质化构建。从控、辩、审三方视角出发解构“排除合理怀疑”：一方面，承担举证责任的控方证明被告人有罪应当达到“排除合理怀疑”的程度；另一方面，还需要探析控辩双方制衡下的辩方证明空间。而在以控辩对抗为基础的审判中立视角，为防止“排除合理怀疑”成为一种形式化标准，审判阶段对证明标准的适用应受到更为严格的限制。基于此，本文拟以我国刑事诉讼构造为框架对“排除合理怀疑”证明标准下的控辩关系进行探寻，明晰我国证明标准立法形式下的控辩对抗格局，并回归审判者视角，建立“排除合理怀疑”证明标准与疑罪从无的联系，构建判断“疑点”合理性以及能否予以排除的双重审查模式，正确发挥该证明标准认定被告人有罪的功能。

一、从孤立到开放：“排除合理怀疑”的理性发展

排除合理怀疑的证明标准，自诞生之初的目的便是最大限度减少无辜者被定罪的可能。耶鲁法学院教授詹姆士·Q. 惠特曼曾表明：排除合理怀疑标准的初衷是使定罪更为容易，原因是陪审员担心将一名无辜者定罪会在来世遭受严厉的惩罚。在西方国家，“排除合理怀疑”的历史渊源是一种神学教义和宗教驯化手段——只要陪审员对有罪的怀疑达不到“合理”的程度，就不用冒

---

* 王心悦，西南政法大学法学院刑事诉讼法专业2022级硕士研究生。

着需要救赎自己的风险对被告人定罪。在刑事裁判中，这种证明标准发挥着宗教意义上的道德慰藉功能，只是为了促使基督徒接受裁判和缓解审判者作出有罪判决的道德压力的手段，并无实质意义上的认定案件事实的作用。① 随着诉讼制度的进步与文明发展，非理性的神示证据规则逐渐演变为法定证据制度，被英国议院正式确立于1935年伍尔明顿案件②，现已为英美法系绝大多数国家认可。根据美国现行的刑事司法制度，对案件事实的认定、被告人有罪或无罪的判决均由陪审团决定，而“排除合理怀疑”便是陪审团制度运行应遵循的标准与核心。无论是出于道德上的审视还是法律上的强制规定，“排除合理怀疑”证明标准已然从道德慰藉手段发展成为一种法定证据标准，在审判者以现有事实和证据确定被告人有罪的过程中发挥着“门槛”作用。

随之演进的是多主体参与的刑事诉讼构造，即“排除合理怀疑”的适用从依赖审判者心证的孤立视角，逐步融入以庭审为载体的由控、辩、审三方参与的刑事诉讼过程。随后，具有混合式色彩的刑事诉讼制度在各国的普遍确立，现代证明制度逐步走向理性。由控、辩、审共同形成对诉讼的控制，控辩双方对审判程序与实体的实际影响程度逐渐得到加强，至此刑事证明思维从孤立到开放状态衍化。这些主体拥有独立诉讼地位，对刑事诉讼开启、发展与结果产生决定性的影响。

2012年《刑事诉讼法》第53条第2款第3项规定了我国以“排除合理怀疑”为内容的刑事证明标准，而对具有中国特色的“排除合理怀疑”的探寻必然以我国刑事诉讼构造展开。新中国成立以来，具有强职权主义色彩的诉讼构造经过1996年刑事审判方式改革，吸收当事人主义的一些因素，发生了重大变革，控辩双方的对抗性得到加强。基于此，在司法证明思维从孤立走向开放的现实背景下，本文拟对当前“控辩对抗，审判中立”刑事诉讼构造下“排除合理怀疑”证明标准的规范化适用展开探讨。

二、控辩视角：“排除合理怀疑”证明标准下的对抗格局

（一）围绕“排除合理怀疑”的控辩关系阐释

基于现代刑事诉讼法对司法效率价值的追求，我国司法机关积极推动值班

---

① 参见［美］詹姆士·Q. 惠特曼：《合理怀疑的起源——刑事审判的神学根基》，侣化强、李伟译，中国政法大学出版社2012年版，第35页。

② 参见陈永生：《排除合理怀疑及其在西方面临的挑战》，载《中国法学》2003年第2期。

律师制度的改良、相对体系化的认罪认罚从宽制度确立以及三机关职能调整。[①] 在我国刑事诉讼制度体系下，《关于适用认罪认罚从宽制度的指导意见》第3条明确表达了关于认罪认罚案件不得限缩证明标准的立法者意志："坚持法定证明标准，侦查终结、提起公诉、作出有罪裁判应当做到犯罪事实清楚，证据确实、充分，防止因犯罪嫌疑人、被告人认罪而降低证据要求和证明标准。"可见，我国"排除合理怀疑"并无给予控辩协商空间，在所有案件中，法定证明标准形成的对抗性是基础。基于此，法定证明标准的设立在控辩关系领域中可以作如下注解：一方面，以"排除合理怀疑"为根底提供控辩对抗的基础。另一方面，在审判中立、控辩平等前提下形成控辩双方的相互制衡，即使犯罪嫌疑人认罪认罚，其犯罪行为仍然需要用证据证明达到"排除合理怀疑"的程度。

因此，推本溯源，形成"控辩对抗"格局是法定证明标准设立与运用的基本要求，也是审判者能否准确适用"排除合理怀疑"证明标准确认被告人有罪的直接影响因素。传统上英美法系国家的审判被称为对抗式审判，控辩双方为说服陪审团接受己方观点会积极主动地提出证据，并对对方证人进行交叉询问。[②] 而这种具有当事人主义色彩的诉讼模式逐步融入我国刑事庭审当中，随着2012年庭前实质审查制度的废止，我国现行刑事诉讼结构日趋向审判中心主义转型。为突出庭审活动的决定性作用建立控辩平等对抗局面，可使法官依据庭审内容查明案件事实[③]，最终达到"排除合理怀疑"的心证要求。此外，还应注意到，根据最高人民法院《关于适用〈中华人民共和国刑事诉讼法〉的解释》（以下简称《高法解释》）第271条与第283条规定，对适用普通程序审理的被告人认罪的一审案件，在确认被告人了解起诉书指控的事实和罪名，自愿认罪且知悉认罪的法律后果后，法庭调查和法庭辩论阶段主要围绕量刑和其他有争议的问题展开，此时可以预见的是法官主动发现疑点的积极性可能会降低，在这类案件中，若忽视控辩双方的对抗性，或将影响"排除合理怀疑"证明标准作用发挥。综上所述，围绕"排除合理怀疑"证明标准建立实质上的控辩对抗格局具有重要意义。

---

① 冀祥德：《从控辩关系看我国刑事诉讼制度的演进发展》，载《中国刑事法杂志》2022年第1期。

② 陈瑞华：《刑事诉讼法》，北京大学出版社2021年版，第70页。

③ 参见田圣庭：《以审判为中心视野下的控辩对抗》，载《学习与实践》2018年第2期。

（二）“排除合理怀疑”下的控方证明义务

从法律规范来看，2018 年《刑事诉讼法》第 55 条、《人民检察院刑事诉讼规则》（以下简称《高检规则》）第 63 条、《公安机关办理刑事案件程序规定》第 70 条都分别对证据确实、充分作出了须达到“综合全案证据，对所认定的事实已排除合理怀疑”的要求。笔者认为，对控方“排除合理怀疑”证明标准的明确是对公诉意见书应当保障叙事优度的强调。这有利于立足于横向刑事诉讼构造，只有满足“排除合理怀疑”程度的证据才能形成基础的控辩对抗格局，以最终实现庭审实质化的目标。

一方面，审判者认定事实依赖检察院构建一份有关证据的叙述性摘要为前提，形式上表现为要求控方提交一份证明被告人有罪达到“排除合理怀疑”证明标准的起诉书叙事，在案卷移送主义模式下这或将影响法官自由心证的形成。证据法学与社会心理学交叉学科证实了这种风险的可能性①：控方提出的故事模型既是行为者所经历的有时间顺序的、融贯的一连串事件，也是裁判事实构建过程中最为关键的认知过程。② 同时，证据提交的顺序对判决结果具有重大影响，研究数据表明，即使证据原本在控辩双方的局势下完全相同，但按照故事顺序提交证据的一方持有的主张更容易被法庭接受。③ 在我国，检察机关要提起公诉，则需将起诉书、量刑建议书连同本案全部案卷移送法院，在审理之前审判者对案卷的研读使其形成的初步心证，或将对整个案件走向造成影响。另一方面，以证据为支撑的起诉书叙事是辩方的举证基础。在典型的对抗制审判体系下，控方的工作是利用证据构建一个认定被告人有罪的叙事，而辩方任务在于要么指出控方故事具有缺陷、不符合实际，要么重新构造出另一个故事版本。④ 故而，控辩双方平等对抗格局的形成要求控方明示其证据清单能够合乎逻辑地支撑起诉书故事，即为辩方发表意见提供完整的辩护空间。

综上所述，人民检察院提起公诉的案件应当达到“排除合理怀疑”的证

---

① 以彭宁顿、黑斯蒂等为代表的学者开展的证据法学与社会心理学的交叉探索，形成了颇具影响力的社会心理学派，他们认为：陪审团是通过对故事的构建和比较，而不是通过运用证据进行论辩来评判事实真伪的。参见栗峥：《审判者的内心世界：事实认定的故事模型理论》，载《中国刑事法杂志》2010 年第 3 期。

② 参见于辉：《裁判事实构建中的叙事及其评估》，载《法学论坛》2016 年第 6 期。

③ 参见［荷］威廉·瓦格纳、彼特·范柯本汉斯·克劳姆巴格：《锚定叙事理论——刑事证据心理学》，卢俐利译，中国政法大学出版社 2019 年版，第 46 页。

④ 栗峥：《审判者的内心世界：事实认定的故事模型理论》，载《中国刑事法杂志》2010 年第 3 期。

明标准，这对控方履行审查证据、还原事实、提起公诉职责作出严格要求。在严格证明标准下，控方通过引导侦查，确保案件证据收集的全面性，进一步借助举证与证据分析支撑起诉书中有关被告人有罪的认定。据此，需要明晰控方的叙事义务，该义务要求控方依靠现有证据，举证阐述被告人有罪达到“排除合理怀疑”的证明标准，这也是控方承担证明责任的应有之义。

（三）“排除合理怀疑”下的辩护空间

控辩对抗关系的形成使辩方逐步挣脱“诉讼客体”地位，无罪推定原则下对控方“排除合理怀疑”证明责任的确立是辩方开展证明活动的基点。然而，有一部分学者认为应当由被告方举证证明无罪达到“合理怀疑”的证明标准，尤其是在涉及积极抗辩事由的案件当中，这种证明责任分配观点要求辩方证明成立正当防卫达到“形成争点”的程度。[①] 诚然，这种立场提出了期待轻缓化被告一方证明责任的诉求，但立法与司法都不得将与定罪相关的证明责任分配给辩方，辩方证明责任的存在只是诉讼发展到一定阶段的必然路径。换言之，某案件中存在“合理怀疑”是辩方可以挽救被告人面临指控局面的落脚点，而“疑点利益归于被告”的前提是对审判者提出的、针对疑点的“合理性”履行积极审查义务的要求。给辩方设立法定证明标准意味着客观上给被告人附加了证明其无罪的义务，这种为辩护权保障设立风险的行为无法被现代法治观念接受。

因此，站在辩方立场定义控辩制衡下形成的证明空间，应视为辩方可以对控方主张的达到“排除合理怀疑”证明标准的起诉意见质疑的辩护选择，而不在于举证义务的承担。1984 年美国联邦最高法院在斯特里克兰诉华盛顿州案件中提出：“判断任何有效性主张的基点必须是，辩护的行为是否损害了对抗式诉讼的基本功能，以至于难以依赖审判得到一个公正的结果。”[②] 因此，辩护权的加入有利于防止公权力的自溢，能够激活疑点，形成对控方力量的制衡，代表了某行为构成犯罪时的另一种声音。

以控辩对抗局面形成为目的，在我国“排除合理怀疑”语境下的辩护空间在于使审判者相信以现有证据确定被告人有罪尚未达到法定证明标准。一般落脚点在：第一，对案件证据本身质疑，围绕证据三性展开。具体表现为关注证据收集是否符合立法规定程序，或依赖常识规则使我们相信该证据的证明力

---

① 参见李荣、宋家骏：《论正当防卫证明标准的确立——以阶层犯罪论为视角》，载《湘潭大学学报》2020 年第 6 期。

② 参见［美］戴尔卡门：《美国刑事诉讼——法律和实践》，张鸿巍等译，武汉大学出版社 2006 年版，第 516 页。

不足以达到支撑控方叙事的程度。第二，提出案件证据之间存在矛盾，使法官相信控方叙事不可能为真。第三，利用现有证据形成另一完整叙事，即依靠现有证据可以支撑与控方起诉书故事完全相反的另一种情况存在。

三、视野回归：审判者对“排除合理怀疑”的双重审查

2014 年开启的“以审判为中心”的司法体制改革进一步强调了要确保庭审在发挥认定证据、查明事实、发挥诉权、公正裁判方面的实际效用。庭审中心主义已然成为我国现行刑事诉讼构造改革的基调。在所有案件中，都应当坚持“以审判为中心”的司法体制改革的宏观性，确保侦查、审查起诉的案件事实证据经得起法律检验。① 因此，在以控辩对抗格局为基础的审判中立视角下，怎样使所有案件适用统一证明标准，恪守客观公正底线，发挥证明标准的终局性作用，是探究如何适用“排除合理怀疑”无法回避的问题。

在审判者视角，“排除合理怀疑”的适用集中表现为一种司法证明活动——充分考虑了案件中所有证据、相关情况和司法政策等许多因素后进行的判断活动，是一个主观见之于客观的过程。故而，“排除合理怀疑”可被视为一种对法官提出的基于客观真实的证据达到的主观信念要求。然而，司法中的事实探知有时无法完全还原真相，“排除合理怀疑”要求事实认定者作出符合常理的理性判断，以期当在案证据处于模糊状态时可以依据控辩视角和公共尺度等综合性审视作出判决。这赋予了法官自由评价的权力，也同时对法官的裁判过程形成了束缚。因此，在控辩对抗基础上，要求审判者把过程整体涌现原理作为思维系统来认定证据与事实，以辩证方法实现案件叙事从静态到动态的转向。基于此，需要裁判者注意到刑事诉讼过程中所有规则的联动反应，搭建一条认定案件事实的逻辑思维链条。

（一）适用“排除合理怀疑”作出判决的逻辑链条搭建

《刑事诉讼法》第 12 条确立了未经法院审判任何人不得确定有罪原则，该原则明确只有人民法院享有定罪权且内含了法院行使定罪权应当遵循疑罪从无。要分析确定“排除合理怀疑”证明标准之于“疑罪从无”的影响，首先要建立两者之间的联系。全国人大法制工作委员会刑法室对证据确实、充分的立法背景和理由进行说明时指出：“排除合理怀疑”指对于认定的事实，已没

① 参见汪海燕：《认罪认罚从宽制度视野下的“以审判为中心”》，载《中国法学》2023 年第 9 期。

有符合常理的、有根据的怀疑，实际上达到确信的程度。① 而“疑罪”指全案证据尚未达到确实、充分的程度，尚不能确认被告人就是真正的罪犯。疑罪从无原则的初衷是“有利于被告人原则”，带有浓厚的被告人人权保障色彩。简言之，前者属于证明标准范畴，后者属于未达前者所设证明标准所指向的法律后果。按照经济学角度进行理解，冤案与纵案的错判损失应同时作为后果考察的变量。美国法学家波斯纳认为，相较民事审判，刑事案件中积极错误（即错误的有罪判决）比消极错误（即错误的无罪判决）所产生的成本更高，因此，必须通过将主要的说服责任分配给控方，使积极错误显得更为重大。② 基于此种“纵案带来的损失远小于冤案的损失”的观点，且本着我国刑事诉讼法保障人权的立法目的和司法倾向，在综合全案证据，无法排除合理怀疑时，“疑罪从无”确立的法律后果是对无法排除合理怀疑情形之下的，对案件进行理性处理的最小成本。故而，在两者的双重作用之下，当综合全案，案件仍然处于事实不清、证据不足的状态，即“合理怀疑”无法因现有的案件事实与证据被依法排除，进而对被告人进行定罪时，需要遵循“疑罪从无”的特殊处理形式，作出对被告人有利的判决。

然而在司法实践当中，“疑罪”的内涵应如何解释，在何种情形之下，对于事实不清、证据不足的疑案，可进行“从无”的处理？何种情形下，可对疑问进行排除，形成内心确信并称之为合理？我国立法并未对“合理怀疑”的认定给出具体操作标准。

为使“疑罪从无”真正发挥保障人权的功能，从认定某案件事实到法官判决“疑罪从无”之间要经历“排除合理怀疑”证明标准的适用过程。而对该证明标准的适用就起到了控制“疑罪从无”运用的门槛作用。在“合理怀疑”到“疑罪从无”的逻辑链条上，从疑点的生成，到确定某案为疑罪至少需要经过双重审查：第一，该“疑点”是否具有合理性。第二，具有合理性的疑点能否排除，得出具有唯一性、排他性的结论。

（二）“排除合理怀疑”的第一重审查：消除“合理怀疑”无限扩大的负面影响

案例1： 在湖北省十堰市房县，时年58岁的刘某炎在屋后的大山里准备清理父母坟前的杂草，随后失联。之后其堂兄刘某强上山查看母亲坟墓，发现

---

① 参见全国人大法制工作委员会刑法室：《关于修改中华人民共和国刑事诉讼法的决定：条文说明、立法理由及相关规定》，北京大学出版社2012年版，第53页。

② 参见［美］理查德·A. 波斯纳：《证据法的经济分析》，徐昕、徐昀译，中国法制出版社2004年版，第87页。

刘某炎遇害。案发地地广人稀，杀人地点在深山坟场，人迹罕至，从刘家步行需半小时。警方发现案发现场有两截杉树干靠在路旁树上，和村民岁某明家中的杉树干粗细程度相近，很快锁定嫌犯同村人岁某明。一审法院经审理并认定了以下事实：第一，岁某明从村口开始，对上山的路线、作案的过程和细节均进行了详细和准确的指认，且其交代的内容能够与数位证人的证言高度一致。第二，经专家鉴定，岁某明家中的3截杉树干和案发现场的两截系来自同一棵树。第三，在案发现场没有提取到岁某明的指纹、毛发、足迹、血迹、DNA等生物痕迹。第四，开庭时岁某明将在审判前作出的10次有罪供述全部推翻，否认自己的犯罪事实。综合上述事实，法院作出了无罪判决。4年后，在再审审判中，涉案嫌疑人从“疑罪从无”的无罪判决改判为无期徒刑。①

第一，确定本案的疑点：在案发现场没有岁某明的生物痕迹。这是辩护人针对在案证据提出的理由，也是岁某明在开庭时翻供的主要原因。

第二，在已知疑点的基础之上，对疑点进行“合理性”判断。认定案件事实，要结合客观证据和主观验证。根据经验，湖北省的2月份天气偏寒，人们出行需包裹严实，且据当地人的描述此时所有人都戴有手套，且也会存在衣物已被清洗的情形，故现场没有岁某明的生物痕迹在情理之中，并无明显异常。同时，本案已收集到详尽的嫌犯大量杀人细节的供述，并具有间接证据加以佐证，从法官的专业性视角与司法经验进行合理推断，根据《高法解释》第96条，在排除存在刑讯逼供情形之下可以依法采纳岁某明的庭前供述。故而可以认定本案并不存在辩方指出的合理疑点。

通过上述分析，该案件中的“疑点”并未达到作为“合理性”标准，进而可推之其不具有合理性而无法认定为合理怀疑，即被第一重审查标准所阻却。一审法院针对案件中无法查明的事实作出无罪判决显然是将案件中“合理怀疑”的外延无限放大，这种混淆导致了“排除合理怀疑”的误用，使本案被归为疑罪。“排除合理怀疑”证明标准的设立不是在追求判决结果的零瑕疵，无限放大怀疑，这将导致疑罪从无原则丧失其对被告人人权保障功能的初始设定，沦为一种将明显的不合理解释变为合理的手段。因此，当案件存在疑点到最终基于其无法排除而认定被告人无罪的过程中，应当包含一个确定“疑点”是否被“合理怀疑”外延所覆盖的判断。

在一定情形下，当疑点对事实认定产生影响时，审判者利用证据分析或逻辑推理、经验法则认定疑点满足合理怀疑标准，才能适用疑罪从无。例如，在

---

① 苏定伟：《湖北房县“坟场凶案”4年后宣判：疑罪从无的真凶从“无罪”到“无期”》，载封面新闻2022年2月5日，https：//www.thecover.cn/news/oLiwQ%2BCNHp0=。

王某金故意杀人、强奸罪一案中，虽然有现场勘验、检验笔录、尸体鉴定意见书、证人证言和王某金的供述及辨认现场等证据，但经王某金指认挖掘出的尸骨未检测出 DNA 序列，因而缺乏认定尸骨身份的客观证据。依据最高人民法院印发的《关于建立健全防范刑事冤假错案工作机制的意见》第 9 条第 2 款"对于命案，应当审查是否通过被害人近亲属辨认、指纹鉴定、DNA 鉴定等方式确定被害人身份"，及相关司法指导性规则与对个案情况的合理推断，当无法确认被害人身份时，不能认定被告人故意杀人事实的存在，因此，在依据现有证据产生的"合理怀疑"无法排除情况下，应当适用"疑罪从无"。

（三）"排除合理怀疑"的第二层审查："合理怀疑"排除方式探究

当符合标准的合理性怀疑产生之后，便处于已经通过第一重审查，进而需要考量该"合理怀疑"是否能够排除的阶段。

案例 2：北京市丰台区人民检察院指控称：2013 年 5 月 15 日，被告人任某军在北京市丰台区酒后滋事，任意损害被害人尹某、井某、靳某、李某的轿车，经鉴定车辆损失共计人民币 19000 余元。同年 5 月 17 日，被告人任某军在北京市丰台区某路某宾馆门前，酒后持碎啤酒瓶将被害人石某打伤，致其右手第五掌粉碎性骨折，法医鉴定为轻伤。任某军辩称自己对起诉书指控的酒后打伤被害人石某的犯罪事实无异议，但对起诉书指控的损害车辆的犯罪事实提出异议称自己当日醉酒后仅持钥匙划了门和前机器盖部分，并未损坏反光镜和车后备箱。在案证据可以证明的是：第一，任某军承认自己当晚酒后回家的途中顺手用钥匙划了几辆车的车门和车前盖部位；第二，几名被害人陈述在案发后发现自己的汽车被损坏，具体有车身多处划痕、反光镜及车标被弄坏等；第三，涉案财产价格鉴定结论书证明各车辆的损失情况，但这些鉴定均非实物鉴定；第四，监控录像能够证明案发当日任某军在小区车位处走动且停留较长时间，且案发前后有另一名男子出现在小区车位附近。①

第一，产生本案的"疑点"。被告人任某军与几名被害人之陈述存在矛盾之处，任某军称醉酒当日仅持钥匙划了车门和前机器盖部分，而并未如几名被害人所说损害了车辆的反光镜和后备箱。在此基础上，监控显示有另一名男子在案发前后出现在小区附近。

第二，判断该疑点是否为合理怀疑。在案发现场存在第三人的情况下，公安机关并未对该人进行取证或核实相关情况，虽然公安机关最终只指控了其中

① 任某军寻衅滋事案，北京市丰台区人民法院（2014）丰刑初字第 894 号刑事判决书。

5 辆汽车是因本案受损，但无法核实这些受损汽车是否在案发前已经受损。故存在损害是第三人造成的可能性，可认定该“疑点”为合理怀疑。

第三，探究该“合理怀疑”能否通过正面或反面两种方式予以排除。若以正面角度排除，则检察机关需要以证据证明被告人实施了损害车辆反光镜和后备箱的行为；若以反面角度排除，那么检察机关需要以证据证明案发现场存在的第三人没有事实损害汽车的行为，排除存在第三人造成损害的可能性，此时损害均由被告人造成的事实便具有唯一性。而本案中检察机关所提供的证明任某军酒后任意损毁财产的证据从正反两面均无法将“合理怀疑”予以排除。

第四，因该“疑点”通过第二重审查无法予以排除，便可适用“疑罪从无”的规则，对检察机关所指控的第一起犯罪事实不予认定。

当审判者确认“疑点”存在的合理性时，即已默认其所指向的将是“疑罪”的判决结果，故而运用证据证明所认定事实的唯一性、排他性是必然途径，此时必须严格遵循证据裁判原则对案件进行审视，防止法官因擅断导致对已被确认存在“合理怀疑”的无辜者受到不应有的处罚。

综上所述，应当强调排除合理怀疑的“合理性”，而不是“一切可能性”，它是“最高标准与最低标准之间的最优值”[①]。“排除合理怀疑”的正确适用为无罪推定原则功能的发挥设立了门槛，防止个案中对其简单化、机械化的理解，进而节制了“疑罪从无”的滥用与泛用。审判人员形成过程性、整体性思维，严格遵循规则适用的具体步骤，有利于个案在统一的刑事诉讼规则中实现正义的最大化。

四、正确适用“排除合理怀疑”证明标准下的刑事诉讼结构完善方案

随着我国刑事诉讼法的修改，具有对抗特征的诉讼结构逐步形成，同时 2021 年《高法解释》以专章将证据制度予以细化，为审判人员审查证据的重点与方式提供了规范指引。然而，我国“控辩对抗，审判中立”的诉讼格局仍然需要向实质化方向改进，在推进“以审判为中心”的诉讼制度改革时，应当关注到刑事诉讼结构构建对法定证明标准适用的影响，确保“排除合理怀疑”能够与由控、辩、审三方参与的刑事诉讼过程形成有效互动。

---

① 参见王彬：《后果论视角下的刑事证明标准——以“排除合理怀疑”为中心的分析》，载《法商研究》2021 年第 6 期。

（一）确保控辩双方力量平衡，防止控辩制衡格局形式化

1. 明确无罪推定原则下控方调查取证与证据开示义务

为保障控辩对抗关系的稳定性，需要公安司法人员主动承担调查取证义务和证据开示义务的法定职责，充分收集不利于及有利于犯罪嫌疑人、被告人的证据。此外，保障辩护人会见权、阅卷权以及申请关键证人、鉴定人出庭的权利是确保刑事庭审控辩双方信息流通的关键，这主要依靠控方发挥在调查取证与证据开示上的重要作用，确保审判者充分吸收控辩双方建议的前提之下，以独立公正的角度对全案进行审视。

此外，进行制度建设与改革方面的有益尝试能够对公平正义进行最大化补差，减少诉讼中的不当风险。虽然我国《刑事诉讼法》第 43 条赋予辩护人一定调查取证权，然而现实中辩方履行调查取证权无可避免存在限制，对此，《关于适用认罪认罚从宽制度的指导意见》中指出：人民检察院可以针对案件具体情况，探索证据开示制度，保障犯罪嫌疑人的知情权和认罪认罚的真实性及自愿性。一些地方检察机关结合认罪认罚案件对证据开示制度构建展开探索，也积累了一些经验，取得了良好成效。① 这有利于促进双方实质平等对抗，进一步平衡办案过程中的公正与效率关系。

2. 充分发挥辩方疑点激活与证据补充功能

就辩方而言，“排除合理怀疑”证明标准为辩方展开辩护工作提供了落脚点，此时，由于被告人处在案件真相的第一视角，在疑点激活与补充证据方面，辩方可以弥补控方对案件证据审查的疏漏部分。

基于被告人对“疑点利益分配”原则认识的欠缺，为发挥辩方制衡的实质作用，辩护人应当充分履行职责，形成疑点激活的辩护关系合力，2017 年《律师办理刑事案件规范》第 5 条就刑事辩护律师的基本职责作出明确规定：根据事实与法律，提出犯罪嫌疑人、被告人无罪、罪轻或者减轻、免除其刑事责任的材料和意见，维护犯罪嫌疑人、被告人的诉讼权利和其他合法权益。同时，该条款指出，为发挥辩护权在庭审中的作用空间，不仅要求辩护人充分履行职责，还应当激活被告人在刑事辩护中的主体意识，在法律和事实的基础上充分尊重当事人意见。

（二）强调法官心证要求，综合全案证据进行事实认定

《刑事诉讼法》第 55 条要求“综合全案证据，对所认定事实已排除合理

---

① 参见韩东成：《准确把握三对关系积极推动证据开示》，载《检察日报》2022 年 11 月 4 日，第 3 版。

怀疑”，对该条法律规定的理解应当是：对所认定事实进行排除合理怀疑的前提是以客观公正的态度对全案证据进行了审查。“合理怀疑”不是单一证据、部分证据引发的，且不是盲目的猜测和假设，而是建立在对全案证据进行认定之后。

一方面，综合认定应当包含客观性要素与主观性要素，在认定事实时对证据的审查分析是关键。客观证据和客观事实验证是主观认定事实的基础和前提，但不能过分依赖客观证据，而忽视经验法则对于定罪量刑的影响。诚然在司法实务中，对定罪来说，科学技术产生的证据认定案件事实，更为精确，但凭借对经验的归纳所获得的有关事物性质、状态及事物间联系的知识形成的经验法则所形成内心确信同样重要。“排除合理怀疑”的规定提示法官从主观上基于公共尺度对案件的处理进行审视，使刑事诉讼摆脱局囿于客观真实论的观念。另一方面，需要注意审判人员客观中立的立场。“排除合理怀疑”是“证据确实、充分”的第三层要求，此时证据充分的“数量”到证据确实的“质量”已经过法定程序满足相应标准，而后审判者才可经过审慎思考，排除合理怀疑以形成心证。“合理”本身是一个主观色彩浓厚的词语，不同案件的法官对于案件的理解也会存有偏差，故为排除法官由于个体、群体主观因素的影响，运用证据分析认定事实是作出合理判决的应有之义，也是证据裁判原则的要求。

最后，应当完善判决对“排除合理怀疑”的分析说理。任何成功理论的研究最终都需要落实于个案之中，故每一案件判决文书都赋予了审判者独有的对案件事实认定过程作出符合逻辑与情理表达的使命，尤其要求审判者在文书中针对案件中争议事实进行完整的解释性论证。在个案当中，当控辩双方就“排除合理怀疑”存在争议，尤其是在辩方提出控方叙事存在合理怀疑时，法官应当注意下列事项的说明：第一，“怀疑”产生的源头及其内容是否符合情理；第二，“排除合理怀疑”过程是否属于合理的逻辑推断；第三，“排除合理怀疑”有无相应的证据支撑。以说理明确表达案件已达到法定证明标准，禁止敷衍搪塞、潦草塞责，不仅提高裁判文书质量以提升司法的公信力，同时为便于程序复核、错案追究提供了书面依据。

实证考察

排除合理怀疑规则引入的影响与困境*

吴洪淇**

本文拟从相对宏观的角度介绍排除合理怀疑规则引入的影响与困境。具体讨论两个主题：一是从客观方面描述排除合理怀疑规则对中国产生的影响；二是讨论排除合理怀疑规则引入后在我国的刑事司法环境中可能会面临的挑战和困境。

第一，排除合理怀疑规则引入的影响。排除合理怀疑规则第一次被明确提出是在2010年的《关于办理死刑案件审查判断证据若干问题的规定》中，该规定第33条使用了“足以排除一切合理怀疑”的表述。然后在2012年的刑事诉讼法中，排除合理怀疑成为了解释“证据确实、充分”的三个条件之一。从排除合理怀疑引入中国的背景来说，当时整个时代的氛围就是要防范冤案错案的发生。从时间的顺序来看，刑事证明的标准转化的过程，几乎每一步都有冤假错案的推动。比如2010年的《关于办理死刑案件审查判断证据若干问题的规定》和《关于办理刑事案件排除非法证据若干问题的规定》背后有赵作海案件的推动，2013年《关于建立健全防范刑事冤假错案工作机制的意见》的出台，有张氏叔侄案、福清纪委爆炸案、萧山五青年案的推动，该意见明确提出“禁止疑罪从轻”。

非法证据排除规则的引入给法官以及司法实践带来的一个直观的影响就是案件处理方式的变化。无论是在杜培武案、佘祥林案，还是在赵作海案，抑或是在张氏叔侄案最初的案件审理中，都出现了一定程度上的疑罪从轻。这种疑罪从轻的做法过去我们一直在批判，但是，其实很多时候法官是知道这个案件存在问题的。“存在问题”其实就是指存在疑点，在存在疑点的情况下依然要判他有罪，但是采取了量刑从轻的方式。我也赞同卢君院长的观点，实际上法官并非不知道这个案件的证据有问题，只是以疑罪从轻的方式来处理疑罪

---

* 本文系吴洪淇研究员在第二届“证据法学论坛”研讨会上所作的主题报告，整理刊发以飨大家。

** 吴洪淇，北京大学法学院研究员、博士生导师。

问题。

而排除合理怀疑引入之后，在当时的社会氛围中，法官处理疑点的方式发生了重要的变化。从 2015 年到 2016 年，在全国范围内出现了一批疑罪从无的典型案件。特别是在没有真凶的情况下，比如遵义湄潭有一个陶某杀人案，这个案件没有真凶出现，仅仅因为法官认为案件确实存在疑点——杀人的那把刀上没有被告人的指纹，最后一审判决无罪。再如广东的陈某某案件，陈某某涉嫌杀害其前女友的案件同样没有真凶出现或者亡者归来。还有云南巧家县的幼儿投毒案，这个案件在没有真凶出现的情况下于 2015 年平反。在这些案件当中，法官处理疑案的思维方式在发生变化。比如在陈某某案中，公安机关在侦查的时候存在一系列问题：搜查证据的时候没有搜查证；审讯的时间也存在瑕疵；同步录音录像也存在瑕疵。这个案件经过一审、二审，发回重审之后又一次回到了广东高院，广东高院最后以疑罪从无的方式作出终审判决。法官在接受访问时说十年前他可能不会这样处理。如果十年前遇到这样的情况，他的第一选择是发回重审，第二选择是维持原判，第三个选择是从轻改判，最后一个选择才是宣告无罪。也就是说十年前，对于这个法官来说，面对同样的证据情况他作出的选择其实不是现在的选择，他现在对疑罪作出选择是宣告无罪。实际上，他面对的证据情况和案件事实情况和过去完全一样，发生改变的是法官的生存状态，法官所面临的刑事司法环境发生了变化。从这个意义上说，排除合理怀疑带来的变化不仅是标准的变化，更为根本性的变化是整个刑事司法系统环境的变化，这种变化是影响法官处理案件的根本原因。

第二，排除合理怀疑在我国的适用困境。具体表现有两个：一是排除合理怀疑本身含义有很大的模糊性：什么叫合理？什么叫怀疑？对审判刑事案件的法官来说会有很多的困难。过去十几年的《刑事审判参考》里面的指导性案例中，有大量的案件跟证据有关，大概有一半的案件跟证明标准相关。这一半的案件实际上主要分为两大类：第一类是如何判断全案证据是否达到确实、充分，有没有排除合理怀疑；第二类是在没有直接证据的情况下，如何运用间接证据进行定案，比如在“零口供”的情况下，或者没有其他直接证据的情况下如何根据证据进行定案。

二是排除合理怀疑适用的内在困境。排除合理怀疑引入中国之后，2010 年之后特别是到 2015 年、2016 年，整体的司法改革的氛围是平反冤假错案、以审判为中心。在这种氛围下，排除合理怀疑在防止冤假错案或者鼓励法官勇于作出疑罪从无判决上确实起到了很大的作用。但是我们也要看到，排除合理怀疑原来的运行环境和中国的排除合理怀疑是很不一样的。排除合理怀疑实际上有三个关键词，第一个关键词是“排除”，第二个关键词是“合理的”，第三个关键词是“怀疑”。这其实隐含着排除合理怀疑规则的双重功能。一方面是防范错误，要排除怀疑；另一方面是强调被排除的应该是“合理的”怀疑。《合理怀疑的起源》这本书中也讲到，排除合理怀疑标准最开始之所以产生，恰恰是为了抚慰裁判者，让其在作出判决的时候能够内心获得安宁，因为其已经尽力将合理的怀疑排除了，内心已经达到了一种确信。

为什么强调合理怀疑，这本质上是强调一种理性人标准，也就是说，这个怀疑必须是一种合理的怀疑。无论是从美国，还是爱尔兰，或者是从其他国家的界定来看，总体上这个“合理”的标准应该具有一定的社会共识，也即日常生活中的理性的人都会认为这种怀疑是合理的。比如，在于某生案件中，从被害人体内提取出来的精液是第三人的，公诉人提出：这个精液是于某生从其他地方拿到这个地方，伪造了现场。法官相信了这一理由，但是这显然不是一个理性人的标准。所以这个理性标准的前提应该是大家能够产生一个共识。再如，美国有一个案件叫齐默曼案件，是一件疑罪从无的正当防卫案。在此案件中，齐默曼杀害了被害人，抗辩自己属于正当防卫，后来陪审团也认定其构成正当防卫。陪审团事后接受媒体的采访，有一个陪审员就讲到自己为什么要判齐默曼无罪，她说“不是因为我认为齐默曼确确实实无罪，只是因为检察官在这个案件中没能证明发生了什么”。从排除合理怀疑规则的起源地来看，他们现在把排除合理怀疑当成一个相对客观化的，同时又融入了主观判断的主客观融合的标准。同时它的一个非常重要的功能是鼓励法官敢于作出判决，在作出判决的时候不必战战兢兢。也就是说，只要法官是按照理性人的标准，判断这个案件的怀疑已经排除，那么即使事后错了也不是法官的责任。

但是排除合理怀疑在中国的适用存在一些问题。比如法官压力来源并没有因为排除合理怀疑规则的引入而降低。第一种压力来自公众特别是被害人家属。比如遵义湄潭陶某杀人案。此案经过审委会讨论，最终认定被告人无罪。这个案子判的时候真凶没有出现，判决结果受到被害人家属很大质疑，判案法官一直承担着巨大的压力，但大概两年之后真凶出现了。如果真凶没有出现，其实这个法官会一直承担着巨大的压力。第二种压力来自司法责任制乃至教育整顿运动中的追责制度，特别是错案责任倒查制度。那么何为错案？事后认定是错的，但当时是不是一定是错的？有观点认为事后认定是错的，当时不一定是错的，因为限于当时的条件也是可以理解的。但是很多时候，是不是故意或者重大失误导致裁判错误是很难去证明的，而且也很难去区分。特别是错判一旦发生，在司法环节中首先要承担责任的可能就是法官。所以 2015 年最高人民法院《关于完善人民法院司法责任制的若干意见》又特别强调因重大过失导致错误并造成严重后果的，依法应当承担违法审判责任。

在这种背景下，法官面临着巨大的压力，这导致排除合理怀疑规则存在被异化或者潜在的被异化的倾向。主要表现有两个方面：其一，主观标准在引入解释客观标准的过程中，本身被客观解释了。比较典型的就是司法解释中关于间接证据定案条件的标注。2012 年的最高人民法院《关于适用〈中华人民共和国刑事诉讼法〉的解释》中的表述是“全案证据已经形成完整的证明体系”，在 2020 年，该司法解释被修改时，这一表述被修改为“全案证据形成完整的证据链”。为什么要用“证据链”这种很具象化的词替代“证明体系”，因为“证据链”是形象的而且是可见的，这在一定程度上更客观些。出现这种客观化的表述一定程度上跟法官的压力也有关系：当法官面临压力的时候，更希望用一种客观化的方式呈现证据状态。其二，法官在遇到案件疑难问题时，更多地通过案件请示、上报审委会等方式来获得一种安全感。在必须作出审判的背景下，为了防止错误审判，就不断地向上请示，可以把压力向外转移。

排除合理怀疑规则引入中国 13 年以来已经产生了一定积极效果，但是排除合理怀疑真正扎根还需要改善我国的刑事司法环境，比如进一步推进庭审实质化、司法责任制度，从而为排除合理怀疑规则真正有效适用提供一个较好的制度环境。

排除合理怀疑在性侵未成年人案件中的运用

张红良　郭思云*

从最高人民检察院发布的《未成年人检察工作白皮书（2021）》来看，2021 年，全国检察机关对侵害未成年人犯罪提起公诉人数居前两位的犯罪类型分别是强奸罪和猥亵儿童罪，其中，起诉强奸未成年人犯罪 17917 人，同比上升 16.61%；起诉猥亵儿童犯罪 7767 人，同比上升 32.09%。性侵未成年人犯罪呈现高发性和易发性的双重危险特征，已经成为侵害未成年人犯罪中最突出的一类犯罪。针对这一现实状况，我国从态度、政策、制度多角度出发，建立起处理性侵未成年人犯罪案件的国家惩治体系。

但是从办理性侵未成年人案件的司法实践来看，对该类犯罪的惩治情况并不乐观。一方面，在成年人性侵未成年人的犯罪案件中，由于犯罪嫌疑人辩解、翻供或者拒不供述，在案证据往往呈现“一对一”或者“孤证”的形态，难以实现证据之间相互印证的司法证明要求。另一方面，在未成年人性侵未成年人的犯罪案件中，较为常见的性侵类型是以恋爱关系为前提的性侵和以嫖娼为基础的性侵，在这类更为特殊的性侵未成年人犯罪中，涉及对品格证据的审查和判断，这在一定程度上模糊了证明的方向。

面对性侵未成年人犯罪的定罪难题，我国学者和实务工作者提出了不同的解决思路，总体而言，包括以下两条路径：一是通过建立品格证据规则、传闻证据规则的例外规则等，以增加证据材料的方式满足印证证明的前提性条件，进而适用印证证明规则。二是构建以被害人陈述为核心的证据审查体系，通过适用经验法则、较为宽松的印证规则，或者通过引入最佳解释推理理论等，探求其他求真路径，从而放宽印证证明在性侵未成年人犯罪中的适用。但是，无论采用哪条解决路径，最终都需要经过证明标准的检视，即需要判断是否达到了一定的证明标准。而证明标准的高低将影响证明的难度，因此，从根本上走出性侵未成年人犯罪案件的定罪困境，需要探讨该类特殊案件证明标准的设

---

* 张红良，重庆市沙坪坝区人民检察院检察七部主任，四级高级检察官，法学博士；郭思云，西南政法大学诉讼法学研究生。

置，研究该类特殊案件证明标准的具体适用。

本文首先将总结性侵未成年人案件的证据特点和证明特征，在此基础上对我国“证据确实、充分”的证明标准进行审视，分析这一证明标准在性侵未成年人案件中适用的困难，论证排除合理怀疑证明标准在性侵未成年人案件中的适用必要性。其次，本文将考察排除合理怀疑在性侵未成年人案件中的适用现状，并从理论上分析排除合理怀疑在此类案件中的适用困境。最后，本文将提出在性侵未成年人案件中适用排除合理怀疑的具体路径。

一、性侵未成年人案件的证据特点和证明特征

（一）定案证据短缺

根据《刑事诉讼法》第50条的规定，证据是用于证明案件事实的材料。因此，指控行为人构成犯罪，需要围绕刑法所规定的犯罪构成要件，收集相关的证据。之所以会出现证据短缺的情况，本质上是因为取证难度大。行为人实施犯罪行为的过程，是作用于物质世界的过程，也是在物质世界留下“痕迹”的过程，这为事后依循“痕迹”还原犯罪过程提供了可能。但是不同犯罪行为对物质世界的作用力不同，留下的“痕迹”多少和深浅也有所不同，且“痕迹”还可能受到外部作用力的影响而被隐藏或者灭失，因此，指控不同的犯罪，收集证据的难度也是千差万别的。就性侵未成年人犯罪案件而言，取证难的原因主要包括以下几个方面：

第一，从性侵未成年人的过程和结果来看，该类犯罪行为难以产生具有明显指向性的证据。其一，性侵犯罪的发生场所通常为犯罪嫌疑人、被害人住所等隐秘性较强的场所，一般不存在证人。其二，根据中国少年儿童文化艺术基金会女童保护基金2021年发布的统计报告，2021年媒体公开报道的性侵儿童案例223起，其中熟人作案超八成。在熟人作案的情形下，使用暴力、胁迫等手段的情况较为少见，未成年被害人身上出现伤痕的情况也较少。其三，在猥亵儿童案件中，有相当一部分犯罪嫌疑人、被告人隔着衣物与被害人发生性接触，一般也不会造成被害人明显的身体损害。

第二，犯罪主体在趋利避害本能和自我服务偏见[①]的影响下，会主观回避

---

① 自我服务偏见是一种心理现象。社会心理学认为自我服务偏见是一种主观主义的表现，也是一种归因偏见，又被称为自利性偏差。关于自我服务偏见的作用形式，美国学者 David G. Myers 的一个观点是“与他人相比，自己更优”。参见周国华：《供述中嫌疑人自我服务偏差的诊断与引导》，载《安徽警官职业学院学报》2015年第4期。

其所实施的犯罪行为，即拒不供述、翻供或者为自己辩解。其一，“实施犯罪行为会受到刑事处罚”是一种常识性观念，而刑事处罚是一种害。面对这种害，行为人会本能地躲避。因此，为了避免遭受刑事处罚，犯罪嫌疑人、被告人在接受讯问时会选择不承认其实施了犯罪行为；或者为了逃避较重的刑事处罚，犯罪嫌疑人、被告人会选择只承认部分犯罪行为。例如，在一起父亲强奸其未成年女儿的案件中，被害人陈述从其上小学开始，就被其父亲多次强奸，而该父亲只承认在其女儿上初中时实施过一次强奸行为。其二，行为构成犯罪是一种消极评价，这不仅是一种法律评价，还是一种社会大众普遍认同的价值评价，即实施犯罪行为是一种错。面对这种错，行为人会本能地归因于外在因素。例如，在一起未成年人性侵未成年人案件中，未成年犯罪嫌疑人辩解称“被害人主动提出要与我发生性关系”。

第三，性侵未成年人案件往往时间跨度大，证据灭失的可能性大。其一，在被害人为未成年人的性侵案件中，报案时间与案发时间之间往往存在较长的间隔，导致精液、毛发、指纹等实物证据灭失。其二，由于各地开展性教育的情况参差不齐，部分未成年被害人在被性侵之后缺乏收集证据和保存证据的意识，如没有及时就医，清洗床单和贴身衣物，导致遗留在该类物件上的证据灭失。

（二）单一求真路径和机械印证

在异常情形下，刑事诉讼法必须在“冤枉好人”和“放纵坏人”之间作出一个选择。提高事实认定的准确率，防止误判、错判，就是我国在“纵恶”和“冤良”之间作出的价值选择。近年来，以保证事实认定的高准确率为指引，印证证明逐渐成为我国刑事证明的唯一路径，这主要是因为印证证明的高适配性和可操作性：一方面，印证证明的显著特征是强调不同证据之间的客观印证，即认定某一犯罪事实，至少需要 A 和 B 两个实质证据。这在一程度上降低了错误认定事实的风险，与我国当前的价值选择方向相一致。另一方面，印证证明是一种易于操作的证明方法，它设置了证据数量的最低值，使得进行刑事证明活动的前提条件能够被判断，具有十分重要的方法论意义。此外，在“证据确实、充分”证明标准的规范性要求下，印证证明也必然会成为我国刑事证明的唯一路径。尤其是在刑事诉讼法对“证据确实、充分”作出明确解释的情况下，判断是否达到证明标准，实质上就是判断证据之间能否相互印证。

但是在性侵未成年人犯罪案件中，适用印证证明却存在较多的问题与阻碍。首先，在单一求真路径下，打破案件证据短缺状态的方式只能是增加证据。司法实践中，检察机关倾向于“退回补充侦查”以期待公安机关提供更多的实质证据。但是证据短缺不仅是性侵未成年人案件的外在形式，更是性侵未成年人案件的内在现实，通过补充侦查以增加证据数量是一个极难实现的目标。以猥亵儿童罪为例，笔者在聚法案例数据库以“猥亵儿童罪”和“不起诉决定书”为关键词进行检索，共得到18份检察文书，其中排除1份重复的检察文书，共得到17份不起诉决定书。接着以“补充侦查”为关键词在上述结果中检索，共得到10份检察文书，其中排除1份重复的检察文书，共得到9份不起诉决定书。在这9个案件中，二次退回补充侦查的占比为100%。而其余未退回补充侦查的8个案件，有2件属于法定不起诉案件，有6件属于相对不起诉案件。这在一定程度上可以说明，即便二次退回补充侦查，证据不足的情况也很难得到改善。其次，印证证明所强调的不同证据之间相互印证，实质上是要求具有独立来源的不同证据之间相互印证。性侵未成年人犯罪案发的原因，多数是被害人近亲属报案。性侵发生后，未成年被害人可能会选择其亲人、朋友陈述其经历，其亲友可以作为证人进行作证。但是这类案件中的证言证言往往属于传来证据，不具有独立来源，辩护人通常会以此为由请求法院不采纳该证人证言，进而以“事实不清、证据不足”为由请求法院作出无罪判决。以代某某涉嫌强奸案①为例，在本案中，被害人王某某受到侵害后向其父母哭诉，在案证据包括其父王某甲的证言和其母张某的证言。但是辩护人提出“本案证据只有被害人陈述及其父亲王某甲、母亲张某的证言，因王某甲和张某的证言是传来证据、间接证据，且与被害人有利害关系，故不能单独作为认定案件事实依据”的辩护意见，最终被法院采纳。代某某涉嫌强奸案的证据构造是性侵未成年人案件最为普遍的证据构造，具有典型意义和指导意义。

二、排除合理怀疑在性侵未成年人案件中适用的合理性

对于性侵未成年人犯罪，我国不仅表达了“零容忍”的态度，还确立了“从严、从重、从宽打击”的政策。对于这一高发性犯罪，司法工作中适用“证据确实、充分”证明标准予以规范，以防止误判、错判为优先价值指引，但在该类犯罪独特的证据构造下，打击性侵未成年人犯罪呈现“心有余而力不足”的困境。产生这样的困境，是因为该类犯罪的证明标准过于严格。本文主张在性侵未成年人案件中适用排除合理怀疑的证明标准。

（一）“证据确实、充分”和“排除合理怀疑”的差异性辨析

自1979年制定刑事诉讼法以来，我国刑事案件的证明标准一直坚定地使

① （2017）辽0283刑初33号刑事判决书。

用“事实清楚，证据确实、充分”这一文本表述。2012年修订刑事诉讼法时，引入“排除合理怀疑”的表述，引入方式是用英美法系具有独立判断意义的证明标准来注解“证据确实、充分”。虽然我国学者就“证明标准是否发生改变”这一问题进行了一番激烈的探讨，但是立法者明确表示：“这里使用‘排除合理怀疑’这一提法，并不是修改了我国刑事诉讼的证明标准，而是从主观方面的角度进一步明确了‘证据确实、充分’的含义，便于办案人员把握。”[①] 至此，理论界和实务界基本上达成共识，认为“排除合理怀疑”是判断“证据确实、充分”的主观性条件。

从立法说明可以看出，我国引入“排除合理怀疑”是为司法者形成心证提供制度性依据，认可司法人员在认定案件事实的过程中进行主观心理活动的正当性。但是从“排除合理怀疑”的实际适用路径来看，这一规则的执行情况并不乐观，“排除合理怀疑”的适用往往会受制于印证证明的要求。[②] 我国语境下的“排除合理怀疑”事实上必须在印证的框架下进行，具体而言，存在两种适用类型：第一，在证据充分的案件中，合理怀疑的产生基础是证据之间存在矛盾，即用于证明某一事实的不同证据之间无法相互印证，而合理怀疑的排除通常是以增加证据的方式，根据新证据和在案证据的印证关系达成。第二，在证据构造较为特殊的案件中，由于存在证据上的结构性缺陷，合理怀疑的产生和排除均丧失了基础。在此种情形下，因为不具备“定罪量刑的事实都有证据证明”这一客观前提，建立在这一基础上的主观推理和判断自然无法顺利进行。换言之，在证据短缺的案件中，我国刑事诉讼法所规定的“排除合理怀疑”适用空间有限。

但是从排除合理怀疑的源头来看，美国法中的“排除合理怀疑”在面对证据短缺案件时，适用空间较大。有学者清晰地指出：“即使只有被害人陈述这样一个直接证据，在英美法系国家要获得有罪判决并没有这么困难。”[③] 这是因为，美国法中“排除合理怀疑”的适用规则和我国有所不同。第一，“排除合理怀疑”的适用前提不同。需要明确的是，无论是我国还是美国，合理怀疑的确认和否认都建立在一定数量的证据基础上。但是这一前提仍然存在较

---

① 全国人大常委会法制工作委员会：《关于修改中华人民共和国刑事诉讼法的决定：条文说明、立法理由及相关规定》，北京大学出版社2012年版，第53页。

② 向燕：《综合型证明模型：性侵未成年人案件的证明逻辑》，载《中国刑事法杂志》2021年第5期。

③ 向燕：《性侵未成年人案件证明疑难问题研究——兼论我国刑事证明模式从印证到多元“求真”的制度转型》，载《法学家》2019年第4期。

大的差异，因为我国的证据范围和美国的证据范围有所不同。在实行法定证据制度的中国，作为定案根据的证据必须符合法定证据的形式外观要求，而美国法中的证据范围更广，不仅包括实质证据，还包括各种辅助证据。第二，“排除合理怀疑”的适用路径不同。面对证据短缺的案件，美国法并不排斥孤证定案，其较为尊重事实认定者以证据为基础的合情推理，只要推理结论能够经受住“合理性”标准的审查即可。[①] 在我国，建立在客观真实的司法认识论哲学基础上的法律制度，更加主张由客观性主导的主客观相统一原则。

（二）性侵未成年人案件难以实现证据确实、充分

在一些案件中，强求证据充分状态是一种徒劳。第一，前文已述，性侵未成年人案件的证据短缺状态具有终局性，即在我国严格遵循法定证据种类的背景下，以增加证据数量的方式满足证明标准存在较大困难。以孙某某猥亵儿童案为例，被害人李某某陈述犯罪嫌疑人孙某某在舞蹈培训机构对其实施了猥亵行为。临泽县公安局侦查终结后，于 2017 年 12 月 19 日移送临泽县人民检察院审查起诉。因证据不足，2018 年 1 月 4 日、2 月 26 日两次退回侦查机关补充侦查。补充侦查完毕后，临泽县公安局审查认定：在案证据只能证明孙某某将被害人李某某抱在怀中，没有证据印证被害人李某某的陈述，证明孙某某对其进行了猥亵。该案证据只有被害人陈述，没有其他证据印证，事实不清，证据不足，故决定对孙某某不起诉。就猥亵儿童罪而言，印证主要通过犯罪嫌疑人、被告人的供述和被害人陈述这两类证据，在犯罪嫌疑人、被告人拒不供述的情况下，也很难收集到其他可以印证的证据。这是因为猥亵行为所造成的物理性伤害往往较小，在报案不及时的情况下，难以收集到证明伤害结果的有力证据；且猥亵行为发生的空间较为封闭和私密，目击证人和监控几乎不存在，很难收集到证人证言和电子数据、视听资料。

第二，在穷尽合法取证手段，已经无法增加证据以打破证据短缺困境时，非法取证的发生概率就会增加，最常见的情形就是刑讯逼供。从“排除合理怀疑”入法的历程来看，正式由于我国学者注意到“证据确实、充分”的严格证明标准与刑讯逼供行为之间的密切关系，“排除合理怀疑”才得以成为有力的质疑工具。一方面，犯罪嫌疑人作为案件的亲历者，是最了解案件情况的存在者，其口供对侦破案件能够起到关键作用。在性侵未成年人案件中，犯罪嫌疑人的供述还是实现印证的稀缺的证据。另一方面，自我服务偏见不仅会影

---

① 李昌盛：《证据确实充分等于排除合理怀疑吗?》，载《国家检察官学院学报》2020 年第 2 期。

响犯罪嫌疑人的供述情况，也可以解释侦查人员的刑讯逼供行为。自我服务偏见是侦查人员刑讯逼供的主观因素，在讯问犯罪嫌疑人的过程中，侦查人员倾向于相信自己的推断，当犯罪嫌疑人的口供内容与侦查人员的推断不一致时，为了获得“确实”的证据，侦查人员基于“与犯罪嫌疑人相比，自己更优”的想法，可能会采取刑讯逼供等极端讯问行为使犯罪嫌疑人作出与其推断更契合的口供。

综上，在性侵未成年人案件中，达到证据充分状态不具有现实可能性。一味追求这一标准，侦查人员可能实施非法取证行为。这也说明在性侵未成年人案件中，适用证据确实、充分的证明标准是欠缺合理性的。

（三）性侵未成年人案件中有必要适用“排除合理怀疑”标准

本文主张在性侵未成年人案件中适用“排除合理怀疑”的证明标准而非“证据确实、充分”的证明标准，并不意味着降低该类案件的证明标准，而是适用更具现实可能性的证明标准，降低该类案件的证明难度，以实现严厉打击性侵未成年人犯罪的最终目标。

性侵行为给未成年人造成的伤害是长期性的，严惩性侵未成年人犯罪，及时发挥刑法的威慑功能，是控制和预防该类犯罪发生的必要手段。性侵犯罪之所为会给儿童带来持续性的伤害，是因为在“强迫性重复”[①] 这一心理因素的影响下，受害人会不自觉地制造同样的机会，以获得相同的情感体验。这意味着遭受性侵害的未成年人往往会再次受到伤害。比如，未成年被害人在第一次被强奸之后误入卖淫圈套的情况并不少见，未成年被害人多次遭受性侵的情况也十分常见。刑罚的目的在于阻止罪犯重新犯罪，并规诫其他人不要重蹈覆辙[②]，严惩性侵未成年人犯罪的根本目的是预防类似犯罪再次发生。

近年来，我国强奸、猥亵等性侵害未成年人案件数量高居不下，并呈现上升趋势。[③] 面对这一现实，我国开展了从中央到地方的全方位行动。以重庆市

---

① 1920 年弗洛伊德在《超越快乐原则》一书中提出了“强迫性重复”的概念。在对他的孩子的观察中发现，孩子在经历了一件痛苦或者快乐的事件之后，会在以后不自觉地反复制造同样的机会，以便体验同样的情感。英国精神分析家 Jones 把强迫性重复定义为：“一种盲目的冲动，重复早期的经验与情境，无关乎能否得利，也不管引起的是快乐或痛苦，不管这种行为危害多大，或多么具有毁灭性，个体总是被迫一再重复它，而自己的意志根本无能为力，控制不了这种强迫性。”

② ［意］切萨雷·贝卡利亚：《论犯罪与刑罚》，黄风译，北京大学出版社 2008 年版，第 29 页。

③ 余敏、何缓、宋晓琼：《性侵害未成年人犯罪案件证明标准研究》，载《预防青少年犯罪研究》2022 年第 2 期。

为例，2022 年 3 月 6 日，重庆市高级人民法院、重庆市人民检察院、重庆市公安局、重庆市司法局联合发布《关于依法严厉惩治性侵害未成年人犯罪的通告》，决定在重庆市范围内统一部署开展为期一年的严厉惩治性侵害未成年人犯罪专项行动。但是从司法实践来看，性侵未成年人案件定罪困难是一个十分突出的问题。有法官表示："我相信被告人实施了强奸行为，但是依据在案证据，我没办法作出有罪判决。"这一方面说明性侵未成年人案件证明标准的设置不够合理，导致该类案件证明难度大，证据确实、充分的证明标准难以达到；另一方面也说明"排除合理怀疑"在性侵未成年人案件中的可适性。

三、排除合理怀疑在性侵未成年人案件中的适用现状

2012 年引入排除合理怀疑后，我国的证明标准虽然未发生改变，但由于证据确实、充分的判断条件包括"综合全案证据，对所认定事实已排除合理怀疑"，因此从公布的裁判文书情况来看，"排除合理怀疑"在刑事诉讼中有所适用。笔者在聚法案例数据库对性侵未成年人案件进行附条件检索，发现在强奸、猥亵儿童案件中适用排除合理怀疑的比例较低，且存在形式适用的情况。

（一）性侵未成年人案件中排除合理怀疑的适用比例

笔者采取下列方式在聚法案例数据库的"司法案例"库中进行检索。

第一，笔者将时间限定为 2013 年 1 月至 2023 年 4 月，将案由设置为"刑事"，将文书性质限定为"判决"，共得到 6759524 份判决。然后以"排除合理怀疑"为关键词，在上述结果中检索，共得到 10753 份判决。基本可以推算，2013 年 1 月至 2023 年 4 月，"排除合理怀疑"在刑事中的适用率为 0.16%。

第二，以强奸幼女案件为例。笔者将时间限定为 2013 年 1 月至 2023 年 4 月，以"强奸罪""幼女"为关键词，将案由设置为"刑事"，将文书性质限定为"判决"，共得到 4587 份判决。然后，笔者以"排除合理怀疑"为关键词，在上述结果中检索，共得到 43 份判决。之后，笔者删除"排除合理怀疑"的关键词，以"证据确实、充分"为关键词，在上述结果中检索，共得到 2115 份判决。具体情况如表 1 所示。

表 1　强奸幼女案件中排除合理怀疑和证据确实、充分的适用情况

适用情况	排除合理怀疑	证据确实、充分
判决数量	43	2115
适用率	0.94%	46.11%

第三，以猥亵儿童案件为例。笔者将时间限定为2013年1月至2023年4月，以“猥亵儿童罪”为关键词，将案由设置为“刑事”，将文书性质限定为“判决”，共得到9932份判决。然后笔者以“排除合理怀疑”为关键词，在上述结果中检索，共得到52份判决。之后笔者删除“排除合理怀疑”的关键词，以“证据确实、充分”为关键词，在上述结果中检索，共得到2686份判决。具体情况如表2所示。

表2 猥亵儿童案件中排除合理怀疑和证据确实、充分的适用情况

适用情况	排除合理怀疑	证据确实、充分
判决数量	52	2686
适用率	0.52%	27.04%

根据上述数据，可以得知：其一，排除合理怀疑在强奸幼女案和猥亵儿童案中的适用率明显高于排除合理怀疑在整体刑事案件中的适用率。强奸幼女案中的排除合理怀疑适用率是整体刑事案件中排除合理怀疑适用率的6倍左右，猥亵儿童案中的排除合理怀疑适用率是整体刑事案件中排除合理怀疑适用率的3倍左右。这充分说明，在性侵未成年人案件中，排除合理怀疑的适用空间较大。其二，排除合理怀疑在强奸幼女案中的适用率高于在猥亵儿童案中的适用率，前者是后者的2倍左右。其三，在强奸幼女案和猥亵儿童案件中，证据确实、充分的适用率明显高于排除合理怀疑的适用率。

（二）性侵未成年人案件中合理怀疑的类型

在性侵未成年人案件中，最为常见和重要的证据是犯罪嫌疑人、被告人的供述和辩解以及被害人陈述，以这两种证据为基础，办案人员会得到两个版本的关于案件事实的叙述。合理怀疑产生于两个版本的案件事实的矛盾之处，排除于其他证据对某一案件事实的印证之中。从裁判文书所载情况来看，性侵未成年人案件的合理怀疑主要集中在客观要件和主观要件上。

第一，从客观要件来看，在性侵未成年人案件中，合理怀疑主要是行为人是否实施了强奸、猥亵行为。由于物证较难收集到，为了脱罪，犯罪嫌疑人、被告人拒不认罪、翻供和辩解的情形十分常见。在只有被害人陈述和传来型的证人证言证明行为人实施了强奸或者猥亵行为的案件中，由于没有其他具有独立来源的证据对该事实加强印证，行为人是否实施了犯罪行为则成为了该类案件中最主要的合理怀疑，这也是性侵未成年人案件中辩护律师最常提出的辩护意见。例如，在吴某涉嫌强奸案[①]中，一审法院认为本案事实不清、证据不足，根据现有证据无法排除合理怀疑，不能认定被告人吴某的行为构成强奸罪。宣判后，检察机关不服遂依法提出抗诉。在二审中，被告人吴某的辩护律师提出如下辩护意见，请求法院维持一审判决：其一，检察机关所列举的证人马某、刘某、王某等人的证据皆为传来证据，且这些证人证言存在相互矛盾的地方，该证据依法不应作为定案的依据。其二，对于被害人周某甲的陈述，四次笔录中对于三次性侵的陈述存在不一致的情况，不应作为认定案件事实的依据。其三，被告人吴某从始至终一直坚持否认其实施了强奸猥亵行为。被告人吴某的律师的辩护思路是抓牢被害人陈述和犯罪嫌疑人、被告人的供述和辩解之间的矛盾，直接从正面论证被告人吴某没有实施强奸、猥亵行为的可能性。

此外，对行为人是否实施了强奸、猥亵行为产生合理怀疑的方式，还有可能通过质疑行为与结果的因果关系实现。例如，在雷某某涉嫌猥亵儿童案[②]中，孙某某带外孙女刘某某到雷某某家玩，后孙某某与雷某某的妻子外出，雷某某与刘某某在家。第二天，刘某某出现拉尿疼痛的症状，经医生检查，刘某某阴部可见明显疱疹、溃烂，确诊刘某某为单纯疱疹病毒感染。被害人刘某某称案发当天雷某某用阴茎接触了其外阴。本案中，依据在案证据，被害人刘某某感染的单纯疱疹病毒的来源无法认定，因此，本案至少存在以下两个合理怀疑：（1）被害人刘某某感染的单纯疱疹病毒来源于被告人雷某某；（2）被害人刘某某感染的单纯疱疹病毒来源于第三人。由于无法排除病毒来源于第三人的合理怀疑，检察院决定对雷某某不起诉。

第二，从主观要件来看，是否知道或者应当知道对方是不满 14 周岁的幼女往往会成为强奸未成年人案件的疑点，不知道对方是不满 14 周岁的幼女是犯罪嫌疑人、被告人最常见的辩解。根据《关于依法惩治性侵害未成年人犯罪的意见》的相关规定，对于不满 12 周岁的幼女，法律直接推定犯罪嫌疑人、被告人明知对方是幼女；对于已满 12 周岁不满 14 周岁的幼女，则需要结合幼女的身体发育状况、衣着特征、生活作息规律等因素综合判断犯罪嫌疑人、被告人主观上是否明知或者应当明知对方是幼女。例如，在李某某涉嫌强奸案[③]中，检察机关认为“经本院审查并退回补充侦查，仍无法查清案发时被不起诉人李某某对康某某是否是幼女的认知情况”。在罗某某涉嫌强奸案[④]中，

① 参见（2019）辽 14 刑终 35 号刑事判决书。

② 参见新检公诉刑不诉〔2018〕35 号不起诉决定书。

③ 参见吉丰检公诉刑不诉〔2016〕2 号不起诉决定书。

④ 参见城检公诉刑不诉〔2017〕47 号不起诉决定书。

检察机关认为“经本院审查并退回补充侦查，本院仍然认为现有证据不能认定被不起诉人罗某某明知被害人为不满14周岁的幼女，不符合起诉条件”。在谢某某涉嫌强奸案[①]中，检察机关认为“根据现有证据，谢某某是否知道或者应当知道被害人胡某某为未满十四周岁的幼女尚不明确”。

（三）性侵未成年人案件中合理怀疑对证明的影响

从当前适用排除合理怀疑的情况来看，性侵未成年人案件中合理怀疑的内容与犯罪构成要件直接相关，但是对于合理怀疑能否排除，仍然需要结合在案的实质证据进行判断。在证据不足的情况下，检察机关通常会以此为由作出不起诉决定。虽然检察机关在公开的不起诉决定书中很少使用“合理怀疑”“排除合理怀疑”的字样，但是检察机关关于“行为人是否实施了强奸、猥亵行为”“行为人主观是否明知对方不满14周岁”的阐述，事实上就是对案件中的合理怀疑成立或者排除的回答。

从刑事诉讼不同阶段审视排除合理怀疑的适用，可以发现，检察机关对合理怀疑排除与否的判断是十分关键的，这将决定案件能否进入审判阶段，并在一定程度上影响案件的判决结果。笔者在聚法案例的“司法案例”数据库进行如下检索：第一，笔者以“强奸罪”“幼女”为关键词，将案由限定为“刑事”，将文书性质设置为“判决”，共检索到4850份判决书。接着，笔者将裁判结果限定为“无罪”，在上述结果中检索，共得到3份判决书。经计算，强奸幼女案件的无罪判决率约为0.062%。第二，笔者以“猥亵儿童罪”为关键词，将案由限定为“刑事”，将文书性质设置为“判决”，共检索到10170份判决书。接着笔者将裁判结果限定为“无罪”，在上述结果中检索，共得到3份判决书。经计算，猥亵儿童罪的无罪判决率约为0.029%。上述数据可以说明，检察机关提起公诉的性侵未成年人案件，法院作出无罪判决的概率极低。这意味着，检察机关认为不存在合理怀疑的案件，法院基本上也不会产生合理怀疑。

在上述6份无罪判决中，笔者经过筛选，发现2份无罪判决中提及“合理怀疑”或者“排除合理怀疑”。虽然公开文书数量较少，但一叶便可知秋，笔者尝试以其中一个案例为分析样本，探求性侵未成年人案件中合理怀疑对定罪产生阻碍的作用机理。在孔某涉嫌猥亵儿童案[②]中，公诉机关指控2015年6月11日，被告人孔某在邯郸县明珠广场某幼儿园内利用其老师身份之便，对

① 参见石检公诉刑不诉〔2018〕29号不起诉决定书。

② 参见（2017）冀0421刑初4号刑事判决书。

王某1（女，生于2011年3月23日）的生殖器进行抠摸，经邯郸县医院诊断及邯郸县公安局鉴定，王某1大阴唇内侧、小阴唇稍充血。右侧小阴唇与大阴唇间沟处有1.5cm×0.1cm的破裂口。损伤符合钝性物外力作用所致，评定为轻微伤。公诉机关认为应当以猥亵儿童罪追究被告人孔某的刑事责任。由于案发地点在幼儿园，本案的在案证据较多，包括多位证人的证言。但是依据在案证据，本案仍然存在以下疑点：第一，被害人王某1下体受伤的时间。公诉机关提供的证据只能证明被害人王某1下体受伤的客观事实，无法证明被害人王某1是在幼儿园受伤还是离开幼儿园之后受伤。法院最终作出无罪判决的理由之一是“公诉机关未提交证据证明在起诉书指控的案发时间至被害人放学之前，被害人在幼儿园有身体不适、情绪低落等异常表现；亦未提交证据排除被害人在放学后至所述身体不适期间造成损害的可能性”。第二，导致被害人王某1下体受伤的行为人有其他可能性。从证人李某3、李某2、卢某的证言以及被告人孔某当庭陈述情况来看，被害人王某1的伤情存在由“其他小朋友”造成的可能性，而公诉机关并未提供相关证据排除上述合理怀疑。

从孔某涉嫌猥亵儿童案可知，合理怀疑对定罪产生阻碍至少有以下两种方式：一是通过合理怀疑反向质疑行为人实施犯罪行为的可能性，即通过对证明案发时间、案发地点、因果关系等事实的证据的分析，论证案件关键事实处于真伪不明的状态；二是通过合理怀疑正向提出第三人事实犯罪行为的可能性，即主要通过质疑被害人陈述的真实性、证人证言的真实性来完成。

四、排除合理怀疑在性侵未成年人案件中的适用路径

“排除合理怀疑”入法后，其在性侵未成年人案件中的适用率虽然明显高于其他案件，但是从裁判文书的说理情况来看，性侵未成年人案件中使用“排除合理怀疑”这一表述的比例明显低于“证据确实、充分”，这是因为排除合理怀疑并非作为案件证明标准被适用，而是作为证据确实、充分的内省性条件在适用。前文已经论述，本文主张将性侵未成年人案件作为一类特殊案件适用排除合理怀疑的证明标准，以从根本上解决性侵未成年人案件定罪难的问题，在这一主张下，如何跨越从手段到结果的鸿沟则成为不可回避的问题。但是需要说明的是，本文主张在性侵未成年人案件中适用排除合理怀疑的证明标准，并不意味着本文排斥在性侵未成年人案件中适用印证证明方法。本文认为在法定证据充分的案件中，可以在印证框架下适用排除合理怀疑；而在无法通过增加证据数量实现印证的案件中，可以独立适用排除合理怀疑。也就是说，在排除合理怀疑作为案件证明标准的情况下，性侵未成年人案件的求真路径是多元的。

（一）合理怀疑的产生前提：扩大性侵未成年人案件的证据范围

生成“合理怀疑”的前提是全案已经形成一定的证据体系[①]，换言之，合理怀疑不能凭空产生，需要建立在一定数量的证据的基础上，并根据证据所反映的案件事实生成。前文已述，性侵未成年人案件中的证据短缺是一种客观现实，通过补充侦查获取能够加强印证关键事实的证据是几乎不能实现的。这里提到的证据是能够证明犯罪构成要件的符合法定证据种类的证据。但是在这类实质证据之外，还存在一类辅助证据，即证明相对独立于待证事实之外的其他事实的存在或发生而形成的证据。[②] 本文主张扩大性侵未成年人案件的证据范围。一是强调办案人员注意收集实质证据之外的辅助证据，比如证明被害人遭受性侵后情绪状态和行为表现的证据，再如证明证人品格、被告人品格、被害人品格的证据；二是强调办案人员转换视角，充分利用在案证据形成心证。比如，性侵未成年人案件中的证人证言往往被认为是传来证据而无法成为定案的证据，但是未成年被害人在遭遇性侵之后也极有可能将案件发生过程告知其亲友，证人证言中也会出现被害人遭受侵害后的行为表现的表述，因此，证人证言虽然不能成为定案根据，但却可以用于判断被害人陈述的真实性，发现案件存在的疑点，进而形成对犯罪行为成立与否的心证。据此，侦查人员在询问证人时，可以以被害人的心理状态和行为表现作为询问重点，比如案发后是否表示自己害怕行为人、是否不愿意再去行为人居住的场所等。

不过，通过一般证人证言来判断被害人陈述的真实性进而形成怀疑，可能并不能满足怀疑的合理性要求。因为证人证言具有较强的主观性和不稳定性，怀疑的合理性要求却是一种相对客观的要求。因此，本文主张在性侵未成年人案件中引入强奸创伤综合征的专家证据。[③] 强奸创伤综合征是美国波士顿大学护理学院精神健康护理教授 A. W. 伯吉斯和社会学家 L. L. 霍姆斯基于对 92 名遭受暴力强奸的被害人的研究所提出的概念。他们证实，被害人遭受强奸之后会发生两个阶段的情绪变化，第一阶段被害人会产生恐惧、自责、自卑、羞耻等情绪，第二阶段被害人则会出现没有安全感、不信任他人、丧失自信心等心理问题。因此，依据科学的研究结果，专家可以提供证明被害人被强奸后的情绪变化和行为表现的证据，办案人员可以借助专家证据产生“合理”怀疑。

---

① 潘金贵、夏睿泓：《论排除合理怀疑之“合理怀疑”》，载《福建警察学院学报》2019 年第 6 期。

② 周洪波：《实质证据和辅助证据》，载《法学研究》2011 年第 3 期。

③ 杨杰辉、袁锦凡：《刑事诉讼事业中性犯罪被害人的特别保护——以强奸案被害人为主要视角的分析》，法律出版社 2013 年版，第 158—159 页。

（二）合理怀疑的审查判断：在性侵未成年人案件中确立双线证明机制

本文主张在性侵未成年人案件中确立以被害人陈述为核心的证成性证明路径和以被告人辩解为辅助的证伪性证明路径，这样的双线证明机制可以有效提高排除合理怀疑的适用率，是将排除合理怀疑作为性侵未成年人案件证明标准的必然选择。当前，我国学术界和实务界都已经普遍认可以被害人陈述为核心的证明体系是处理性侵未成年人案件的基本证明思路，但是证成性证明相较于证伪性证明是一种难度较大的证明。同时，仅以被害人陈述为核心进行证成性证明，在该类案件中使用“排除合理怀疑”的概率仍然较低。前文数据表明，在排除合理怀疑入法之后，至少在强奸幼女案件和猥亵儿童案件中，判决书中使用“证据确实、充分”的占比远高于使用“排除合理怀疑”的占比。这一方面说明司法人员更倾向于使用客观性较强的表述方式，另一方面也说明使用主观性较强的表述存在论证困难的问题。因此，本文主张在证成性证明路径之外，开辟证伪性证明路径以确保司法人员敢于适用这一主观性较强的证明标准。

从公开的司法案例情况和笔者调研情况来看，性侵未成年人案件中的合理怀疑往往产生于被告人供述和被害人陈述的矛盾之处，合理怀疑的内容常常是“是否实施了强奸、猥亵行为”“是否明知或者应当明知被害人不满 14 周岁”。因此，就某一个具体案件而言，根据被告人供述和被害人陈述可以形成两个版本的“故事”。以前文提到的孔某涉嫌猥亵儿童罪一案为例，依据在案证据，司法人员无法证明被害人王某 1 陈述的孔某对其实施猥亵行为的犯罪事实成立，但是如果侦查人员可以提供证据，证明被害人王某 1 下体受伤系在幼儿园上学期间发生，且证明被害人王某 1 下体受伤不是其他小朋友造成，即可以认定孔某对王某 1 实施了猥亵行为。

（三）排除合理怀疑的程序性保障：在性侵未成年人案件中确立同步录音录像制度

前文已述，合理怀疑可以通过攻击被害人陈述的真实性而影响指控的成立。因此，保障排除合理怀疑的适用需要建立可视化判断被害人陈述真实性的程序性制度。本文主张对性侵未成年人案件适用强制性的同步录音录像制度。

第一，对被害人询问进行同步录音录像。最高人民法院《关于适用〈中华人民共和国刑事诉讼法〉的解释》第 556 条确立了询问未成年性侵被害人的强制性同步录音录像制度。从理论上看，该项规定在一次性询问规则下具有重要价值，由于遵循尽量一次性完成对未成年被害人询问的规则，司法人员无法再通过被害人陈述的稳定性这一要素来判断被害人陈述的真实性，因此承办案件的检察官和法官可以通过该录音录像辅助判断被害人陈述的真实性。同时，从笔者调研情况来看，侦查人员在制作询问笔录的过程中，往往会对未成年被害人的陈述内容进行总结、提炼，询问笔录中也不会记载被害人的情绪、行为等。当司法人员对被害人陈述产生怀疑时，如询问笔录中所记载的文字语言不符合被害人的年龄，司法人员即可以通过调取同步录音录像确认其怀疑能否成立。例如，笔者在调研时看到一个犯罪嫌疑人“零口供”的强奸未成年人案件，侦查机关移送到检察机关的询问笔录中出现了大量不符合未成年被害人年龄特征的表述，且相关表述涉及对强奸过程的描述，检察人员据此产生了犯罪嫌疑人实施了强奸行为还是猥亵行为的合理怀疑。但是调取同步录音录像后，检察人员发现未成年被害人在被询问时的表达和询问笔录的记载存在明显差异。之后结合在案的其他证据，指控犯罪嫌疑人构成强奸罪。

第二，对犯罪嫌疑人、被告人的讯问进行同步录音录像。当前，我国刑事诉讼法仅对可能判处无期徒刑、死刑的案件或者其他重大犯罪案件规定了讯问犯罪嫌疑人、被告人时的强制性同步录音录像制度。本文认为，在性侵未成年人案件中确立强制性的同步录音录像制度是十分有必要的。笔者在调研时了解到一个犯罪嫌疑人翻供的强奸、猥亵未成年人案件，该案的犯罪嫌疑人在侦查机关供述了其对其不满 14 周岁的女儿实施了强奸和猥亵的犯罪行为，但是审查起诉阶段，检察人员对其讯问时，该犯罪嫌疑人突然翻供，导致案件的关键事实存疑。对于其在侦查机关供述的犯罪事实，犯罪嫌疑人辩称其是因为侦查人员告知其聘请律师需要花很多钱，其想到家中经济情况不好，心情低落才供述。对于这一情况，检察人员完全可以通过调取同步录音录像，确认侦查人员是否存在告知犯罪嫌疑人聘请律师需要花费很多钱的行为，进而判断犯罪嫌疑人翻供的合理性，最后得出能否排除合理怀疑的结论。

试论“排除合理怀疑”的司法实现路径

——以3起刑事案件为切入

马　磊*

一、问题的提出

证据是认定事实的基石，据以定案的证据应当达到确实、充分的程度。我国刑事诉讼法在2012年修改时规定“排除合理怀疑”作为证据达到确实、充分的条件之一。① 最高人民法院在适用刑事诉讼法的司法解释中规定，足以排除合理怀疑作为运用间接证据定罪时的条件之一。②“排除合理怀疑”并非本土学说，最初作为一种证据制度引入，理论界通常将其理解为一种证明标准、证明方法③，侧重于宏观、抽象、比较研究，而司法实践中往往将其界定为一种具体的、服务于定罪量刑的证据规则，侧重于微观、个案、适用研究。“排除合理怀疑”在我国刑事诉讼法中的确立已逾10年，对“排除合理怀疑”的研究与实践却呈现两种不同的景象。

---

* 马磊，山东省高级人民法院刑四庭副庭长，三级高级法官，澳门大学比较法博士研究生。

① 参见全国人民代表大会《关于修改〈中华人民共和国刑事诉讼法〉的决定》（2012年3月14日第十一届全国人民代表大会第五次会议通过）第17条第2款规定，证据确实、充分，应当符合以下条件：（1）定罪量刑的事实都有证据证明；（2）据以定案的证据均经法定程序查证属实；（3）综合全案，对所认定事实已排除合理怀疑。

② 参见最高人民法院《关于适用〈中华人民共和国刑事诉讼法〉的解释》第140条规定，没有直接证据，但间接证据同时符合下列条件的，可以认定被告人有罪：（1）证据已经查证属实；（2）证据之间相互印证，不存在无法排除的矛盾和无法解释的疑问；（3）全案证据形成完整的证据链；（4）根据证据认定案件事实足以排除合理怀疑，结论具有唯一性；（5）运用证据进行的推理符合逻辑和经验。

③ 参见龙宗智：《中国法语境中的“排除合理怀疑”》，载《中外法学》2012年第6期。

一方面，学术热情趋向平缓，学术兴趣总体不高，特别是刑事法研究层面，文献数量有限，研究主体以学者为主，经验研究相对贫瘠，检察官撰写的文章多于法官。以中国期刊网为例，截至2023年3月23日，以“排除合理怀疑”为主题的文献1148篇，其中，涉及诉讼法与司法制度983篇，占85.63%；以“刑事”“排除合理怀疑”为主题的文献838篇，其中，涉及诉讼法与司法制度776篇，占92.60%，学术高峰期在2013—2018年，每年保持在每篇50篇以上，峰值是2017年（66篇）；以“排除合理怀疑”为篇名的文献203篇，内容涉及价值界定、证明标准、证据规则、适用研究等，其中，以证明标准为主，个案5篇，实证研究5篇，检察官41篇，法官10篇，学术高峰期在2013—2017年左右，峰值在2016年（21篇）后逐渐下降，2022年仅4篇。

另一方面，相对于学术冷落，随着以审判为中心的刑事诉讼制度改革的推进，推动了刑事证据制度的发展，司法实务部门对“排除合理怀疑”表现出越来越多的重视。2016年最高人民法院、最高人民检察院、公安部、国家安全部、司法部联合下发《关于推进以审判为中心的刑事诉讼制度改革的意见》，2017年最高人民法院出台《关于全面推进以审判为中心的刑事诉讼制度改革的实施意见》，两文件均明确：定罪应当综合全案证据排除合理怀疑。[①]司法实践中，“排除合理怀疑”作为控辩对抗理由及裁判说理越来越多地体现在裁判文书中[②]，在中国裁判文书网检索（截至2023年3月23日）全文包含“排除合理怀疑”“刑事案件”，符合条件的14412篇，自2014年（1231篇）以来逐年上升，以2020年为峰值（5692篇），后呈下降趋势，2022年为1561篇，其中，基层法院占63.39%。最高人民法院刑事审判第一、二、三、四、

① 参见最高人民法院、最高人民检察院、公安部、国家安全部、司法部《关于推进以审判为中心的刑事诉讼制度改革的意见》第2条第3款规定，人民法院作出有罪判决，对于证明犯罪构成要件的事实，应当综合全案证据排除合理怀疑，对于量刑证据存疑的，应当作出有利于被告人的认定。最高人民法院《关于全面推进以审判为中心的刑事诉讼制度改革的实施意见》第30条规定，人民法院作出有罪判决，对于定罪事实应当综合全案证据排除合理怀疑。

② 参见王某金故意杀人、强奸一案死刑复核刑事裁定书：“在刑事诉讼中应当坚持证据裁判原则和疑罪从无原则。对刑事案件的判处要重证据，不轻信口供。只有被告人供述，没有其他证据的，不能认定被告人有罪和处以刑罚；没有被告人供述，证据确实、充分的，可以认定被告人有罪和处以刑罚。证据确实、充分，应当符合以下条件：定罪量刑的事实都有证据证明；据以定案的证据均经法定程序查证属实；综合全案证据，对所认定的事实已排除合理怀疑。”最高人民法院第四届百篇优秀裁判文书，载 http：//yxcpws.court.gov.cn/wspx/hundred/detail？oid = ad1216b1 - 229e - 11ec - 874a - 286ed488c78e。

五庭主办的业务指导和研究型刊物——《刑事审判参考》登载数篇关于“排除合理怀疑”的文章①，司法实务对“排除合理怀疑”的关注表现在微观角度、具体个案，主要针对被告人翻供、直接证据欠缺的情况，通过从正面论证、反面认证考察证据体系是否严密，是否存在矛盾，对这些矛盾能否作出合理解释，以正向证据分析促进反向排除疑点。

理论界与实务界关于“排除合理怀疑”泾渭分明、各自为政的现状，既不利于对“排除合理怀疑”概念认识的进一步深化，也影响了“排除合理怀疑”制度的深入实践。笔者基于刑事法官身份，结合审判经历，从司法实践层面，对“排除合理怀疑”作出以下基本判断：第一，“排除合理怀疑”既是抽象的，又是具体的，抽象在于它可以作为一种法治理念、一种证据规则，具体在于它需要与现行刑事诉讼法的具体制度（如取证、证据的审查、判断、核实、认证、采信等）相结合，而不是纯思辨式的天马行空，相对于抽象理性，“排除合理怀疑”的价值更加侧重于实践理性；第二，“排除合理怀疑”的实施主体是依法享有裁判权并决定案件定罪量刑的法官，因此，对法官的主体观照应当成为研究“排除合理怀疑”的应有之义，法官在决定是否“排除合理怀疑”时不是抽象的个人，其植根于人民法院的审判系统之中，执行法律和司法解释，遵守合议庭、审判委员会的议事规则，他应当是现行刑事诉讼制度中的裁判者，而不是抽象的裁判者个人；第三，“排除合理怀疑”的前提是在案证据，抛开案件的证据现状来谈“排除合理怀疑”，是形而上学的，证据的范畴源于经法庭出示并质证的证据材料，但证据材料并不等于证据，这需要法官综合审查、判断；第四，“排除合理怀疑”的归宿是定罪以及量刑，法官认定的每一项事实都有证据予以证实，证据之间没有矛盾或者矛盾得到了合理解释，证据指向一致，合理怀疑的排除不是仅凭主观意志，而是在证据的基础上，依靠经验、逻辑作出的判断。

如果将“排除合理怀疑”看成一种证据规则、证据制度，那么，刑事诉讼的每一个阶段都应该有所体现。不同司法角色的作者关于个案的撰文的突出

---

① 参见《刑事审判参考》［第738号］晏某荣故意杀人、抢劫案，周进、徐海、徐万祥：《关键证据存在疑点，无法排除合理怀疑的案件，应当宣告无罪》，载《刑事审判参考》总第83辑，法律出版社2012年版。［第778号］胡某明抢劫案，任能能：《在被告人翻供的情况下，如何排除合理怀疑》，载《刑事审判参考》总第86辑，法律出版社2013年版。［第877号］杜某故意杀人案，周小霖：《如何把握“综合全案证据，对所认定事实已排除合理怀疑”》，载《刑事审判参考》总第93辑，法律出版社2014年版。［第1366号］李某胜故意杀人案，樊朝勇：《死刑案件被告人翻供且缺乏客观证据的审查判断》，载《刑事审判参考》总第124辑，法律出版社2021年版。

特点之一就是身份立场。基于控方或辩方立场，立足惩治、追究或辩护的职能要求，带有明显的角色意识。[①] 而从“排除合理怀疑”的目的和功能出发，直至人民法院定案时，才称得上是否真正排除了“合理怀疑”。因此，遵循刑事诉讼的认识规律，照刑事法官进行证据审查、判断、采信的行为范式，论证“排除合理怀疑”的现实基础和实践价值，试图在实务的抽象化与理论的落地之间架起一座“排除合理怀疑”的进路就有了必要。

二、“排除合理怀疑”首先是一种证据审查态度

对于刑事法官而言，“排除合理怀疑”是一个过程而非结果，确切地说，“排除合理怀疑”是法官根据庭审情况和在案证据材料综合认定事实过程中的一个环节。认定事实靠的是证据说话，而“排除合理怀疑”是一种证据审查态度。善于发现证据材料[②]中的矛盾是“排除合理怀疑”的基础性工作，而善于解决证据材料之间的矛盾，是“排除合理怀疑”的归宿。

案例1：公诉机关指控事实：被告人董某洪、董某兵兄弟二人因承包事宜与新承包人孙某及村委存在纠纷。某日，董某洪与孙某、村委委员姚某某发生争执，董某洪持镢头猛击姚某某头部一下，致姚某某倒地，后董某洪又去追打他人。其间，董某兵持镢头与孙某对打，并朝倒在地上的姚某某头部猛击数下，姚某某当场死亡。经鉴定，姚某某系钝性物体作用致重度颅脑损伤死亡。

（一）一审法院认定犯罪的理由

一审法院认定董某洪、董某兵共同实施故意杀人事实，其中，认定董某兵持镢头击打被害人头部的主要理由有：第一，多名证人证言证实董某兵作案，其中，证实董某兵（弟弟）作案的有现场目击证人孙某、张某见董某兵持镢头击打死者，另一证人听出董某兵说话随后有打人的声音；第二，证人使用手机拍摄的现场录像及现场勘验情况证实，死者倒地后，董某兵系持有镢头的状

---

① 参见张宏杰：《审查起诉中如何把握“所认定事实已排除合理怀疑——以高某受贿案为例”》，载《中国检察官》2014年第3期；黄鲁滨：《“排除合理怀疑”要求科学把握好“疑点”》，载《检察日报》2015年9月16日，第3版；顾广义：《如果理解和适用排除合理怀疑的证明标准——以一起故意伤害案件为背景的实证分析》，载中国律师网2020年5月6日。

② 使用“证据材料”而非“证据”，原因在于：从证据材料到证据，需要关键一步，即经过法庭质证、确认，据已认定事实的证据应当是指向一致的而不能相互矛盾，或者矛盾之处得以合理解释，因此，并不是提交法庭的证据材料都是证据，经法庭认证的、用来证实事实的证据材料才是证据。

态；第三，尸检鉴定意见证实，死者伤情不是一次打击形成；第四，董某洪（哥哥）辩称追打他人后再打死者头部的供述无其他证据证实，不予采信。而被告人董某洪、董某兵均提出上诉，上诉理由均为“董某兵没有持镢头打人”。

（二）二审法院审查发现的证据问题

本案的焦点问题是：董某兵是否持镢头击打死者头部。换言之，现有的证据能否证实董某兵作案或者排除其作案的可能。

二审合议庭经审查发现，一审法院据以认定犯罪的证据具有如下特点：一是现场目击证人与本案有利害关系（即存在纠纷的对方当事人），二人的证言证明力降低；二是凭听觉判断的证人案发时并未看到董某兵持镢头击打死者头部，其所拍摄的手机录像仅证实董某兵持镢头，而不能证实其击打死者头部；三是多名证人证言所证实的董某兵打人的时间、次数及位置并不一致；四是一审认定从案发现场提取的两把镢头系兄弟二人的作案工具，但鉴定意见显示，在董某洪使用的镢头上检出死者的DNA，而在董某兵使用的镢头尖端可疑斑迹擦拭物未获得DNA分型，未得到合理解释；五是董某兵自归案以来始终辩称其没有靠近过被害人姚某某，其系无罪；六是董某洪供述反复，最初供认其只打了死者一下就追打他人，一审庭审时翻供两次击打死者头部。综上，本案指向董某兵作案的证人证言在证明力、证据链条的完整性受限；鉴定意见不能证实董某兵使用的镢头与死者之间的关联性。在主观证据证明力低且客观证据欠缺的情况下，能否排除被告人董某兵作案成为本案争议焦点。

（三）二审法院排除合理怀疑的现实路径

针对存在的合理怀疑，二审合议庭以被害人伤情为切入点，通过鉴定人出庭，还原成伤机制，排除在案鉴定意见，进而重新委托鉴定，补充了新证据，综合确认证据的效力，从而排除合理怀疑。

1. 排除合理怀疑的着眼点——以鉴定人出庭作证的方式解决被害人伤情如何形成的问题，进而发现一审作为证据的鉴定意见存在重大瑕疵

本案认定事实的难点在于：有利害关系的同胞兄弟，均持特征一致的镢头，被害人的伤情均在头部，控辩双方意见分歧大[①]，二审合议庭通知尸检鉴定人出庭作证解释被害人成伤机制和致害工具特征，并质证在案镢头及尸检照片，确认以下事实：一是死者头枕部两处星芒状伤口符合两次击打形成，且有

---

① 二审期间，检察员提出“现有证据只能证明董氏兄弟在冲突前存在概括性共同犯罪故意，而董某兵的作用较轻”的出庭意见；辩护人提出“现无证据证实董某兵对杀人犯罪有帮助行为，不构成共同故意犯罪”的辩护意见。

较大的时间间隔，后来形成的一处伤情较重，从而印证死者倒地后被再次击打头面部，排除了董某洪（哥哥）辩称连续打击死者头部的辩解；二是结合创口特征，作案工具应是便于挥动，具有一定规则形状、一定厚度的钝性物体，如镢头的侧方和镢头的后方形成，从而证实一审采信的董某兵（弟弟）使用镢头的DNA鉴定意见只是对镢头的尖端进行取点，未包含镢头的侧后方，检材位置不全面，得出的意见存在片面性，与本案事实的关联性不足，不应被采信。

2. 排除合理怀疑的突破口——通过再次委托鉴定、通知新的鉴定人出庭作证的方式，解决新的鉴定意见形成过程的问题

排除了有重大瑕疵的鉴定意见，在案镢头与被害人之间是否存在关联性呢？二审合议庭认为对在案镢头有再次鉴定的必要，委托鉴定机构对董某兵庭审确认的其案发当天使用的镢头进行鉴定。鉴于二审期间出现新的客观证据，二审合议庭当庭质证了检材镢头、鉴定机构鉴定时的检材照片、鉴定意见，并通知新鉴定人出庭说明情况，解决如下问题：一是确认庭审出示的镢头（经董某兵辨认确认为其案发当天使用）即为鉴定意见中的检材；二是取样广泛，检出与死者DNA一致的检材位置是在镢头的垫木底端，从而说明该镢头垫木与被害人有接触；三是该处存在被害人的DNA可能的形态是血迹、脱落细胞或组织，且检材微小，肉眼不能看到；四是尽管本次鉴定距离案发时间有两年时间，只要保存得当，并不影响DNA的检验。

3. 排除合理怀疑的落脚点——对证据的综合分析

法官进行排除合理怀疑，不仅是解决单个证据是否能被采信的问题，更重要的是综观此证据与彼证据的关联，通过正向印证、反向排除，综合分析判断案件是否具备完整的证据链条。

通过两次开庭，本案争议焦点有三：

一是关于有利害关系的证人证言、单凭听觉判断的证人证言的效力问题。上述证言虽然在陈述击打时间、次数等内容不尽一致，但均陈述了董某兵持镢头击打被害人的情况，二审期间，出现了新的鉴定意见，改变了一审证据现状，以上证人证言与新的鉴定意见、物证镢头、尸检鉴定意见、勘验检查笔录、书证照片相互印证，提升了证据的证明力，应予采信。

二是在案物证镢头案发后鉴定未检出DNA，而在案发两年后再次鉴定，检出被害人的DNA，是否应予采信的问题。在案镢头自公安机关在案发现场提取以来，保管和送检程序符合法律规定，现无证据证明检材受到污染，具备检材的条件；鉴定机构具有司法鉴定资质，参与鉴定的人均具有鉴定资格，鉴定程序合法，鉴定方法规范，取材全面，鉴定意见客观；新的鉴定意见经二审庭审质证，与在案其他证据相印证，符合证据的特征，应予采信。

三是关于认定共同犯罪。二审合议庭通过对物证的质证、鉴定人出庭解释、庭审中两名上诉人的辩解以及查看现场、复核关键证人等工作，按照双方纠纷—现场方位—致伤物特征—伤情的逻辑思路，根据鉴定意见证实的被害人姚某某头部先后两次受到钝器作用的伤情及致害工具接触面的特征，现场勘查笔录及照片所载明的被害人姚某某尸体倒地位置、体态特征，现场目击证人的证言证实两名上诉人案发当时的站位、行为、工具等情况，一致指向：董某洪持镢头击打死者头部一下之后，随即追打他人，董某兵持镢头击打死者头部的事实，从而排除董某兵未作案的可能性。二审法院依法驳回上诉，维持原判。

（四）本案对“排除合理怀疑”的启示

一是危机意识。“合理怀疑”的问题隐含在现有的证据或证据材料之中，需要法官进行发现和甄辨。

二是普遍联系意识。“合理怀疑”形成于证据之间的关系，每个证据与其他单个的证据以及证据群在证实某一个具体的案件事实方面有无矛盾，是否能够相互印证。

三是重客观证据而不唯客观证据。物证配合 DNA 鉴定通常对认定事实起到关键作用，但物证的取证、保存、送检以及检材的来源等问题不容忽视，鉴定程序是否合法，鉴定意见是否合理，是否与在案证据相吻合，需要重点审查。

四是权衡意识。“排除合理怀疑”的标准从来不是空洞的，而是扎根在具体的证据基础之上。单个证据的证明力或有高低，证据（或证据材料）之间对案件事实的证明内容存在差异，需要法官通过庭审、调查、核实等方式，厘清信息来源，归纳待证事实，综合全案证据分析判断，而不是顾此失彼。

三、“排除合理怀疑”应当是排除其他“可能性”

单从文义上理解，“排除合理怀疑”可以作为一种思维方式，即刑事法官在认定事实时需要考虑反向因素，在案证据所证明的对象是否存在怀疑，是否还存在其他的可能性，这种可能性是否可以通过采取某种措施予以排除，从而达到事实认定的目的。正如“‘排除合理怀疑’证明标准的特点在于，它否定了刑事证明达到绝对决定的可能性，只承认能达到‘最大限度的盖然性’，并认为这是一个能够达到的认识范围内的最高标准”[①]，“排除合理怀疑”的任务是发现并正视案件的现实可能性，并用现有手段分析、判断进而排除这种可能性。

---

① 参见陈光中、陈海光、魏晓娜：《刑事证据制度与认识论——兼与误区论、法律真实论、相对真实论商榷》，载《中国法学》2001 年第 1 期。

案例 2：公诉机关指控事实：2015 年 10 月某日晚，被告人 T 在某市路边遇到独自行走的女子 A，遂采取威胁的方法，强行与 A 发生性关系，并拍摄裸体照片，威胁其不得报警。2018 年 6 月某日晚，T 抢劫路边一女子财物若干并致其死亡。

（一）一审法院认定犯罪的理由

一审法院认定被告人 T 实施强奸、抢劫（致人死亡）的事实，其中，认定强奸事实基于以下证据：第一，被害人 A 陈述，其于 2015 年某晚在某市务工期间被一男子强奸并拍裸照，但未报警；第二，T 在看守所羁押期间同监室的张某证言：T 自述其强奸一女子并拍裸照存放在其百度云盘；第三，公安机关登录 T 的手机账号注册的百度云盘，发现云盘内的一个加密文件夹有多张同一女子的裸照；第四，被害人 A 对裸照进行了辨认，确认为其被强奸后所拍摄。被告人 T 以“其没有强奸 A，原审判决认定其强奸的事实根本不存在”为由，提出上诉，辩护人亦提出“现有证据不能够认定 T 实施了强奸行为”的辩护意见。

（二）对一审法院认定事实进行合理怀疑的切入点

二审合议庭在审理时发现，一审法院认定的强奸事实具有以下特点：一是案件并非被害人报案；二是犯罪线索并非公安机关在侦查阶段发现；三是被告人因涉嫌其他犯罪已被起诉至法院审理；四是线索来源于同监号的在押人员检举，并提供了被告人的百度云盘内有女子裸照的信息；五是被告人从未供述其强奸过女子的情况。

从证据角度看，本案的核心问题是：在被告人零口供，且被害人案发多年之后并未辨认出作案男子的情况下，依靠传来证据指向被告人的百度云盘内的被害人裸照，能否认定被告人实施了强奸犯罪？换言之，根据在案的证据，是否存在他人而不是被告人实施强奸行为的可能性？就强奸事实而言，尽管公诉机关指控，一审法院认定为有罪，二审合议庭经审查认为，在案的证据并未形成环环相扣的证据链条，疑点尚未达到可以排除的程度。

（三）“排除合理怀疑”的现实路径

案例 2 中，二审合议庭依照刑事诉讼法及司法解释的规定[①]，通过以下方

---

① 参见《刑事诉讼法》第 196 条规定，法庭审理过程中，合议庭对证据有疑问的，可以宣布休庭，对证据进行调查核实。最高人民法院《关于适用〈中华人民共和国刑事诉讼法〉的解释》第 271 条规定，法庭对证据有疑问的，可以告知……补充证据或者作出说明；必要时，可以宣布休庭，对证据进行调查核实。对……审判人员庭外调查核实取得的证据，应当经过当庭质证才能作为定案的根据。但是，对不影响定罪量刑的非关键证据、有利于被告人的量刑证据以及认定被告人有犯罪前科的裁判文书等证据，经庭外征求意见，控辩双方没有异议的除外。

式排除合理怀疑。

一是围绕犯罪构成要件，向被害人核实其被公安机关询问、组织辨认的过程，了解其所陈述的被侵害时间、地点、被拍摄裸照的情况、不报警原因、不能辨认出作案男子的原因，进一步确认，公安机关系通过裸照中的相貌特征，确认女子 A 的身份，A 能够陈述其被强奸地点，能够辨认出裸照（电子版）系其本人。询问和辨认过程自然顺畅，但仍存在两个疑点：其一，被害人自述被害时间是 2015 年 10 月，与裸照拍摄时间（后查明为 2015 年 7 月）不符；其二，被害人解释案发时系晚上且时间久远，辨认不出作案男子，只记得 30 多岁，身材较胖，与被告人的特征（案发时刚满 18 岁，身材较瘦）不符。

二是围绕关键证据（被告人手机号注册的百度云盘内的裸照）属性，调查核实照片的相关电子信息。二审期间，经公安机关补充侦查并提交相关材料，进一步确认：存放在百度云盘里的裸照系经过压缩的文件，拍摄时间是 2015 年 7 月 11 日，上传到百度云盘内文件夹的时间为同年 10 月 16 日，一审以上传时间作为案发时间与二审出现的新证据不符；因上传时间久远，云盘所在的百度公司不能确定恢复的数据是否完整，故不能确定照片在网络上的原始来源。

三是围绕关键证据的载体，调查核实照片的拍摄手机与被告人使用的手机是否存在关联性。二审期间，经公安机关技术手段，检测出照片的拍摄手机为“酷派”型号，而从被告人家中搜查出的两部手机均不是“酷派”型号，被告人自称其没有使用过“酷派”手机，因此，现无证据证实被告人于 2015 年 7 月（即该照片拍摄时间）使用“酷派”手机，即没有证据能够证实裸照最初形成的载体与被告人之间具有关联。

四是“排除合理怀疑”基于证据链条之缺口，不能得出唯一性结论，即仍然存在不是被告人作案的现实可能性。二审合议庭经调查、核实认为，在案证据能够证实：被害人 A 于 2015 年 7 月某晚在某市被一陌生男子强奸并拍裸照；该裸照电子版于 2015 年 10 月经压缩保存在被告人的百度云盘账号里。同时，在案证据不能证实被告人 T 与被害人 A 被强奸之间具有直接关联，不排除被告人辩称的裸照系从网络上下载的可能性，因此，一审法院认定被告人 T 强奸犯罪的事实不清、证据不足。二审改判，认定强奸罪不能成立。

（四）本案对“排除合理怀疑”的启示

一是“排除合理怀疑”贯穿刑事诉讼程序，不因公诉机关指控、一审定案、二审出庭履行职务的检察员持肯定性的意见而止步，尤其是作为二审终审，更应当审慎对待。

二是“排除合理怀疑”立足证据现状，对于构成要件事实，现有证据不能排除一种以上的现实可能性，法官应当进行调查核实，遵循穷尽现有手段原则。

三是“排除合理怀疑”的现实依据仍然是在案证据，要重点分析关键证据（影响定罪的证据）与被告人之间是否存在关联性，这种关联性是否客观、必然、唯一。

四是当合理怀疑得不到有效排除，涉及罪与非罪的认定时，按照有利于被告人的原则。

四、“排除合理怀疑”是针对疑问而作的理性评判

早在20世纪90年代，我国学者在介绍英美证据法上的刑事证明标准时，专门提及“排除合理怀疑并不是要求排除一切可能的怀疑，而仅要求此种被排除的怀疑，必须能够说出理由、摆出道理、经得起理性论证，而不是无故置疑，吹毛求疵”。① 在刑事法官看来，“排除合理怀疑”既是逻辑判断，又是诉讼活动，换言之，是诉讼中的理性活动，理性的诉讼活动。

案例3：公诉机关指控事实：2015年7月，被告人杨某某与M相识，发展为不正当两性关系，后被M的丈夫发现，双方发生纠纷，引起杨某某对M不满。2016年某日下午，杨某某将M约至某商业街闲置的门头房二楼，二人发生争执，杨某某遂持随身携带的刀具捅刺M胸腹部两刀后逃离现场。数日后，杨某某返回现场，将装有被害人尸体及物品的编织袋抛弃至一污水井内。经鉴定，不排除死者胸部损伤致重要脏器或大血管破裂、大失血死亡。

（一）一审法院认定犯罪的理由

一审法院认定杨某某故意杀人犯罪的事实，主要理由是：第一，本案系被害人M失踪3年后，被他人在污水井内发现尸骨而案发，公安机关因杨某某与M之间存在特定关系而将其列为犯罪嫌疑人，杨某某到案后带领公安机关指认犯罪现场，在该现场墙壁上提取的红色斑迹检出被害人的血迹，即根据被告人的供述、指认提取到了隐蔽性很强的物证。② 第二，在案数名证人（包括被害人之夫、之女、邻居）证言证实杨某某与M之间存在情感纠葛。第三，

① 参见汤维建、陈开欣：《试论英美证据法伤的刑事证明标准》，载《政法论坛》1993年第4期。

② 参见最高人民法院《关于适用〈中华人民共和国刑事诉讼法〉的解释》第141条规定，根据被告人的供述、指认提取到了隐蔽性很强的物证、书证，且被告人的供述与其他证明犯罪事实发生的证据相互印证，并排除串供、逼供、诱供等可能性的，可以认定被告人有罪。

杨某某虽然对杀人行为供述反复，但其对指认现场不予否认。被告人杨某某以“一审认定其犯故意杀人罪的事实不清、证据不足，其在侦查阶段的供述及指认的现场均系编造，其没有杀人”提出上诉，其辩护人提出“因杨某某的供述系公安机关刑讯逼供造成，应当排除；杨某某指认杀人现场系办案机关诱导，不排除公安机关之前到过犯罪现场；作案工具不在案，原审仅根据杨某某有罪供述及指认犯罪现场即认定其构成故意杀人罪，不能排除合理怀疑”的辩护意见。

（二）一审判决据以认定事实的证据缺憾

二审合议庭经审查认为，本案虽然是被告人带领公安人员找到了未被他人发现的犯罪现场，但在案证据存在以下缺憾：

第一，作案工具不在案。在抛尸现场和被告人指认的犯罪现场均未发现足以致命的锐器，公安人员亦未从被告人住所内发现与本案相关的锐器。

第二，犯罪现场状态不确定。据被告人有罪供述称，其约被害人到商业街一栋尚未验收的门头房二楼见面，而被告人指认该现场时，该门头房已被租赁经营，在被害人失踪至被告人进行指认长达3年时间里，该现场是否处于封闭装填，何时开放，何时封闭，是否有他人进入现场，是否有人发现尸体，是否发现墙壁上的血迹，现场有无变动等问题，在案证据均不能证实。

第三，客观证据单薄。在抛尸现场和被告人指认的犯罪现场均未发现与被告人杨某某相关联的指纹、足迹及生物物证等物证；在案未发现在被害人失踪前，被告人与被害人进行通话、短信、微信联系的证据。

第四，现场物证存疑。在犯罪现场墙壁上发现陌生精斑，未得到合理解释。现场勘验笔录显示，从犯罪现场门头房二楼东墙（距离地面75厘米处）墙壁上淡黄色可疑斑迹检出一未知男性所留的精斑，不能确定精斑的时间及身份，不能排除该精斑与本案是否具有关联。

第五，被害人死因存疑。因尸体白骨化，现已不能确定被害人的死因，在案未对两包尸骨断端伤情形成机制进行说明。

第六，重要物证未送检。在抛尸现场提取的编织袋、衣服、布包、单刃刀、胶带、钥匙、卫生巾等物品未送检。

（三）“排除合理怀疑”的现实路径

本案疑点较多，二审合议庭经查看现场（犯罪现场和抛尸现场）、咨询法医专家、调查核实证据等方式，厘清疑点的解决思路，把握疑点“合理”尺度，从而使得“排除合理怀疑”周严而不片面，果断而非臆测。

1. 抓住案件核心证据——被告人指认现场是否有效

本案被告人指认犯罪现场，公安机关在该现场墙壁发现被害人血迹是本案被告人与被害人之间重要的关联。针对被告人杨某某及辩护人提出“公安机关事先到过该现场”的诉辩理由，二审合议庭向公安人员核实指认现场的过程，公安人员提供了指认现场时的同步录音录像、见证人的证言及现场勘验的电子版照片，合议庭进一步确认：(1) 本案系他人在污水井发现尸骨报警而案发，公安机关此时并不掌握是否是刑事案件，更不了解犯罪现场的位置；(2) 被告人到案后有两次指认现场，其中，第一次无效，公安人员在第一次指认的犯罪现场（开放环境）并未发现与本案相关的证据；(3) 被告人在第二次指认之前，已经详细描述案发现场具体特征（商业街二楼、室内有凸出的立柱墙），并自书现场方位图，后带领公安机关进行现场指认；(4) 根据指认现场录像及现场勘验照片，公安机关到达现场后发现该门头房二楼堆放大量纸箱等物品，被告人能够指认出其杀害 M 的具体位置，公安机关进而在多处墙面、地面及暖气阀门表面检出褐色斑迹，经鉴定，均为被害人所留。综上所述，被告人杨某某带领公安人员指认犯罪现场客观、真实，从而认定被告人杨某某在公安机关尚不知情的情况下，了解被害人在犯罪现场被害的情况。

2. 立足犯罪现场，明确是否具备作案以及长期不被发现的条件

二审期间，公安机关补充了如下证据材料：该门头房的所有权人、管理门头房的物业管理人员、租赁门头房一楼的商户、在门头房二楼堆放纸箱的保洁人员的证言以及门头房当时的验收证明，合议庭进一步确认：一是该门头房于案发时（2016 年 4 月）处于半开放状态（门口有链子锁，但人可以进去），从而证实被告人有罪供述中将被害人约至此门头房二楼具备现实条件；二是该门头房于被告人指认现场（2019 年 4 月）前已经处于封闭状态（一楼租赁，二楼闲置，被人用木棍挡住并堆放大量纸箱），从而证实该现场在被害人尸体被移走后的较长时间内因相对封闭未被常人发现。

3. 理性、客观分析现场疑点来源，使现场墙壁上的陌生精斑能够得到合理解释

针对犯罪现场墙壁上检出的一未知男性所留的精斑。经与国内知名 DNA 专家、法医座谈，了解到，现有 DNA 技术尚不能确定精斑留在墙壁上的时间；公安机关通过 DNA 数据库比对，出具书面说明证实现不能确定精斑的身份。二审合议庭认为：一是尽管目前仍不具有确定精斑身份的条件，但根据精斑所在的位置（距离地面 75 厘米，和被害人的大量散状分布血迹并不在一个墙壁上，中间有立柱隔开，相距 2 米左右），没有证据证实该精斑的男子与本案的关联性；二是根据多名证人证言证实，该门头房在 2019 年正式验收前长时间

处于闲置、开放的状态，并有流浪人员过夜的生活痕迹，使得对犯罪现场的精斑来源能够作出合理解释。因此，该精斑不足以影响本案的事实认定。

4. 拓展犯罪主体—犯罪地点—犯罪对象之间的链条联系，分析案发前被告人与被害人以及犯罪现场之间的关联性

二审期间，公安机关补充调取了被告人与被害人 M 及其丈夫发生纠纷被公安机关调解的卷宗，并调取了被告人手机号码通话记录，在被害人失踪当天与其电话联系的证人证言，结合在案证据，合议庭能够作出以下判断：一是被告人与被害人之间存在情感纠葛；二是被告人与被害人案发当月存在多次联系，通话位置佐证案发前二人的生活轨迹较近，并在犯罪现场（商业街门头房）、抛尸现场的附近；三是被害人最后被看到是一个人背着挎包向商业街门头房方向走去；四是结合被害人失踪前特别是失踪当日的通话记录及通话的对方证人证言，现未发现被害人在失踪前与其他人发生争执纠纷的情况，且与被害人最后一个电话的证人亦证实被害人当时情绪平稳，综上可以排除他人对被害人实施侵害的可能性，从而强化了被告人与被害人被害之间的关联程度。

5. 关注细节，通过供证吻合增强内心确信

合议庭从现有的证据入手，观照证据之间的微观联系，从而确认被告人“非亲自实施不得而知”。二审期间，公安机关对从抛尸现场提取的包装袋、棕色布包、衣物等物证进行重新鉴定，就尸块上半身断端的伤情形成机制、衣服破口的形成机制进行了书面说明，二审合议庭认为：一是上述物证因在污水井内长期浸泡，导致 DNA 鉴定未果，但仍然具有证据价值，被告人在作有罪供述时，提及被害人身上有一提包，系被害人摆摊收款所用，其将纸币 200 多元拿走，其他东西未动，与现场勘验发现盛装尸体的编织袋内有一棕色布包及布包里有硬币的情况相吻合，与证人证实其最后见到被害人背着平时摆摊所用布包的情况相印证；二是被告人在作有罪供述时提及捅刺被害人的部位、刀数、作案工具特征、分尸部位、分尸工具、装尸块袋子的数量与现场勘验、尸检鉴定意见证实的尸块伤情特征、所穿线衣、乳罩破口特征相吻合。

6. 重视非法证据排除申请，全过程考量被告人供述的变化

二审期间，杨某某及其辩护人并未提交非法取证的线索，合议庭综合现有证据认为：一是被告人到案后在侦查阶段供述出现多次反复，在一审、二审庭审中又作无罪辩解，其被讯问期间，身体状况正常，其所称的刑讯逼供并无证据予以证实；二是其进行有罪供述和指认犯罪现场、抛尸现场均有同步录音录像在案，录像显示其表情正常，情绪稳定，未发现刑讯逼供线索；三是被告人虽否认其故意杀人行为，但对从其指认的杀人现场的隐蔽位置提取了被害人的血迹不能进行合理解释。其无罪辩解无证据予以支持。在案证据能够形成完整

的证据链条，一致指向被告人杨某某因琐事持刀杀害被害人M的事实。二审法院依法驳回上诉，维持原判。

（四）本案对“排除合理怀疑”的启示

一是正视每一起案件的证据缺陷。刑事案件的取证受到案发时空条件、作案人主观认识、犯罪现场环境以及技术水平等多种因素影响，导致每一起案件的证据种类、数量、证明力存在差异，证据的差异性势必给“排除合理怀疑”带来难度。立足实际、因地制宜应当成为刑事法官进行“排除合理怀疑”的一般原则。

二是理性分析证据的有利方面与不利方面。提交到法庭的证据材料客观存在，需要法官吃透案情，重视每一个证据，又兼顾证据之间的印证，重视疑点，把握主流，区分证据的主要矛盾与次要矛盾，从而确定“怀疑”的合理区间。

三是以关键证据为中心展开证据体系延展。遵循因果定律和经验法则，深化对证实犯罪构成要件起到关键作用的证据价值的认识，综合考虑在案其他证据的证明力，力求更充实、更详尽追溯犯罪经过，还原取证过程，以此强化正向认定。

四是宏观与微观相结合。重视辩方关于“排除合理怀疑”的意见，既要从宏观角度综合把握在案证据能够证成的程度，也要依赖具体的确认事实，实现对具体疑点的排除。证据的宏观阐释与细节的微观分析并非互相矛盾，而是相辅相成，共同筑成了证据大厦，从而为“排除合理怀疑”奠定了基础。

五、结语

“法有限，而情无穷。”丰富的司法实践为刑事法官落实“排除合理怀疑”证据规则搭建舞台，同时，又为学术研究“排除合理怀疑”课题提供了素材。刑事法官基于证据，敏锐发现案中是否存在“合理怀疑”，准确界定什么是“合理怀疑”，理性把握和排除“合理怀疑”，从而完成事实认定，正确定罪量刑。与此同时，刑事法治建设的宏大历史、现实叙事提醒我们，研究“排除合理怀疑”不应局限于书斋式的思辨，而是将学术眼光投向刑事诉讼实践，融入证据规则的实际运行当中，关注法官在个案中的裁判逻辑，从具体案件中汲取智慧、打破定式、提出建议，从而真正实现“排除合理怀疑”的制度价值。

“排除合理怀疑”的功能理解与审判运用

——兼谈刑事冤假错案的预防

王继余　董嘉鑫*

随着近年来多起冤假错案的披露，也暴露出我国的刑事证明标准在审判适用中的不完善之处，那些后来被认定为“事实不清、证据不足”的案件在错案纠正之前都曾得出过“事实清楚，证据确实、充分”的有罪结论。坚持正确的定罪标准、确保法律规定的有效实施是法院的职责所在，一旦法院不能坚持原则，纵有千般“无奈”亦属难辞其咎。

一、现状审视：“刑事判决无罪率”较低

单就个案而言，冤假错案或许有其一定的偶然性，而对于更具普遍意义的“刑事判决无罪率”的考察显然更能说明问题。从统计数据来看，相比其他国家（大陆法系无罪判决率5%、英美法系无罪判决率20%）①，我国刑事判决无罪率极低，最高人民法院研究室的分析报告显示（为了有利于比较2012年刑事诉讼法实施前后差异），2008—2012年，全国法院共判处各类刑事案件被告人5239739人，其中宣告无罪5196人，无罪判决率0.10%。② 2012年刑事诉讼法实施后，根据最高人民法院工作报告的数据显示，2013年、2014年的无罪判决率大致均为0.07%，情况并没有太大改变。

2012年刑事诉讼法力图对我国的刑事证明标准进行完善并作出了具体的

---

* 王继余，辽宁省葫芦岛市龙港区人民法院党组成员、副院长；董嘉鑫，辽宁省葫芦岛市中级人民法院四级主任科员。

① 吴学安：《无罪判决率走低与需要矫治的司法痼疾》，载《工人日报》2014年3月29日，第6版。

② 马剑：《人民法院审理宣告无罪案件的分析报告——关于人民法院贯彻无罪推定原则的实证分析》，载 http://www.legaldaily.com.cn/zbzk/content/2014-01/26/content_5233075_2.htm，最后访问日期：2015年6月24日。

解释。2012年《刑事诉讼法》第53条关于"综合全案证据，对所认定事实已排除合理怀疑"的规定，被广泛认为是对我国刑事证明标准的完善，具有较强的针对性和实践性，但如果未能真正理解其用意，实施效果将大打折扣。

二、理论反思：结合中国实际看待"排除合理怀疑"适用

诚然，"排除合理怀疑"作为一项成熟、稳定的法律制度，不可否认其对我国的法治实践具有借鉴意义，但具体到刑事诉讼法关于"排除合理怀疑"的适用而言，将其与英美法系证明标准纠缠不清，不仅会人为地增加审判实务中理解适用的复杂性，也可能导致产生证明标准降低的错误认识而在具体实施中偏离立法原意。

（一）早期引发证明标准高低的认识争议

"案件事实清楚，证据确实充分"在理论上被认为是一个非常高的标准，且显然高于"排除合理怀疑"标准，故而有所谓客观真实标准之称。早些年有学者认为，确立"排除合理怀疑"证明标准会降低我国的定罪标准，从而"有可能会出现更多的错案"①，因此反对引入该标准。② 针对证明标准"谁高谁低"的问题，全国人大法工委以及参与立法的学者，大多认为这两种只是认识角度与可操作性上的区别，并无证明程度上的不同。③ 但是学界仍有不同看法，认为二者在证明程度的要求上具有差异性，有学者分析，证据确实、充分必然意味着"排除合理怀疑"，但"排除合理怀疑"并不必然意味着证据确实、充分。④ 有学者担忧，如果将条文中关于"排除合理怀疑"的表述视为一项新的证明标准，将会带来关于我国刑事证明标准降低的争议，造成审判实践中理解适用的混乱。

---

① 刘善春、毕玉谦、郑旭：《诉讼证据规则研究》，中国法制出版社2000年版，第307页。

② 实际上也有很多关于引入"排除合理怀疑"标准的主张，并非想降低我国的定罪标准，而是基于实践中对现有标准的把握从总体上并不高于"排除合理怀疑"（参见广东省梅州市人民检察院课题组：《从绝对理想走向相对正义——论"排除合理怀疑"刑事证明标准的确立》，载《检察实践》2003年第1期）。当然，这种观点也值得商榷，将一个实然问题与一个应然问题进行比较本身并不科学也不客观，理论总是比实践更为完美和吸引人。

③ 王尚新：《刑事证据立法研究手记》，载《证据学论坛》2012年第4卷。

④ 龙宗智：《中国法语境中的"排除合理怀疑"》，载《中外法学》2012年第6期。

（二）可能带来法律移植层面的排异反应

萨维尼在谈论法的民族精神时认为，就像民族的语言、建筑及风俗一样，法律首先是民族特性、民族精神决定的。[①] 任何一项法律移植，都不能忽略不同社会、历史、文化条件的独特性和差异性，应当对现实社会基础予以必要的关注。“排除合理怀疑”作为英美法系的证明标准，并非一个简单的法律术语，其代表着一套具有多元性、内涵丰富的法理念、法制度和法经验，缺少必要的实践基础、制度保障乃至文化支撑，不仅难以发挥其应有功效，反而会对既有的司法运行体系造成冲击。其一，关于“排除合理怀疑”本身难以解释，即便在作为其发源地的英美法系国家，“排除合理怀疑”标准及其内涵始终存在争议和分歧。而我们作为成文法国家，立法显然要追求规范意义的确定。其二，法文化传统的差异也使得“排除合理怀疑”标准的引入不可能一蹴而就。我国关于诉讼合理主义的法文化传统较为薄弱，该方面的法学素养相对不足。[②]

（三）“排除合理怀疑”重新解读的可能性

人类的思维具有共性，都离不开思维规律，即逻辑。作为传统逻辑基本规律之一的矛盾律，通常被表述为A不是非A，或A不能既是B又不是B，要求人们在同一思维过程中，对同一对象不能既肯定又否定。体现在人类认识活动中，就是不能自相矛盾，因此也成为人们判断命题的逻辑起点，所谓怀疑，即是对矛盾的反应。而在矛盾律基础上产生的验证方法，被称为证伪法，即通过寻找命题的反例来推翻该命题。作为英美法系证明标准的“排除合理怀疑”遵循的就是这种逻辑思路（逻辑方法），但很显然这不是其所特有的。比如，我国古代法律亦有“理不可疑”“事实无疑”等类似表述。[③] 此外，排除矛盾或排除疑点作为一种审查证据认定事实的方法也一直存在于我国广大法官的办案思维中，法官在根据证据确认案件事实时总是伴随着真、伪的判断，所谓的

---

① ［美］E. 博登海默：《法理学——法哲学及其方法》，邓正来等译，华夏出版社1987年版，第82—83页。

② 参见龙宗智：《中国法语境中的“排除合理怀疑”》，载《中外法学》2012年第6期。

③ 张德美：《略论中国古代的诉讼证明标准》，载《诉讼法学研究》2006年第10卷。

"印证证明"[①] 过程也包含了矛盾或疑点产生、排除的过程。作为证明标准的"排除合理怀疑"是一个具体的法律概念与规则，有其体系化的法理念、法规则以及法经验作为支撑。但是，从语言的多义性角度而言，"合理怀疑"及其排除又是一种逻辑思路或称验证方法，就我国2012年《刑事诉讼法》第53条的理解与适用而言，应当考虑注重与我们以往的司法经验相衔接，而不是将其人为复杂化。

三、功能定位：附带"出罪"属性的"排除合理怀疑"

回归现有的法律规定，有助于司法实务部门对我国刑事证明标准的准确把握和运用，确保法律的正确实施。如何准确理解和定位"排除合理怀疑"？结合前文提到证明标准审判适用的任意性问题，笔者建议，以立法目的为指引，回归"排除合理怀疑"的本质属性，从方法论的角度出发关注其作为一种逻辑思路或验证方法的独特功能作用，把立法者通过完善刑事证明标准提高事实认定质量、减少冤假错案的努力付诸司法实践。

证明标准作为一项法律规定，离不开司法实践对其的解释，证明标准的适用同样属于法律解释的范畴。法律解释的具体方法很多，其中目的解释具有重要意义，甚至有日本学者认为，目的解释具有终局的优越性。[②] 立法者制定一项法律必有其特定目的存在，而不是任意为之、无缘无故的，因此在解释法律的时候，不能违背立法目的。全国人大法工委曾经明确指出："本条（2012年《刑事诉讼法》第53条）使用'排除合理怀疑'这一提法，并不是修改了我国刑事诉讼的证明标准，而是从另一个角度进一步明确了'证据确实、充分'的含义，便于办案人员把握。"[③] 显然，立法机关无意舍弃"案件事实清楚，证据确实、充分"的证明标准，而是进一步丰富和完善了该标准的操作规范。因此，需要明确的是，我国的刑事证明标准并没有降低，就审判实践而言，较之以往反而要更加严格。

---

① 有学者经过论证指出我国的刑事诉讼证明模式属于印证证明模式。所谓印证证明，就是要求认定案件事实至少有两个以上的证据，其证明内容相互支持，排除了自身矛盾以及彼此间矛盾，由此而形成一个稳定可靠的证明结构。参见龙宗智：《中国法语境中的"排除合理怀疑"》，载《中外法学》2012年第6期。

② 金长荣：《基层人民法院法官培训教材（技能卷）》，人民法院出版社2005年版，第314页。

③ 万毅：《"排除合理怀疑"的正确理解》，载《法制资讯》2014年第1期。

（一）正名：厘清对“案件事实清楚，证据确实、充分”的认识

“案件事实清楚，证据确实、充分”证明标准在司法适用中存在某些障碍，但是将其原因简单归结为追求“客观真实”却有待探讨。事实上，学界将“案件事实清楚，证据确实、充分”定位为“客观真实”标准的做法本身就值得商榷。“客观真实”作为认识论上的概念，不宜用来界定诉讼证明标准。作为诉讼证明要求的“客观真实”只能是法律真实，从这个意义上说，客观真实本身不是对法律真实的否定，也不是法律真实的对立面。无论是“证据确实、充分”还是“排除合理怀疑”“内心确信”的证明标准，都是以客观真实为永恒追求，但体现在诉讼证明要求上都是法律真实。

此外，将“案件事实清楚，证据确实、充分”与“排除合理怀疑”“内心确信”等进行“客观”“主观”证明标准之间的区分，亦不符合司法规律。在奉行自由心证的现代诉讼制度下，证明标准显然不是刻度尺的刻度或者温度计的标示那种客观化、可视化意义上的标准，而只能是法官对证据进行综合判断后独立获得内心确信所应达到的主观化、抽象化的标准。从本质上讲，证明标准只能是属于主观层面的标准，即法官心证的内在标准。[①]

综上，刑事审判实践中出现的证明标准可操作性差、难以形成有效规制的问题并不是因为“案件事实清楚，证据确实、充分”属于所谓的“客观”证明标准或者说过于追求“客观真实”，从表述上而言，该规定并没有太大问题，只是在具体理解和适用上出现了偏差，同时考虑到法律的稳定性和延续性，也没有必要替换该标准，明确其具体的实践操作要求才是问题的关键。

（二）务实：反面规制“案件事实清楚，证据确实、充分”以明确要求

如果说作为英美法系证明标准的“排除合理怀疑”指的是“达到接近对有罪推定确定无疑的主观状态”[②]，即有罪证明的完成形态，而我国刑事诉讼证据制度下的“排除合理怀疑”则突出的是达致有罪证明的方法路径，并作为有罪证明完成（即“证据确实、充分”）的限制性条件。对此，也可以参考“两高三部”于2010年联合发布的《关于办理死刑案件审查判断证据若干问题的规定》[③]，曾有学者指出，“修正后刑事诉讼法只不过是用‘排除合理怀

---

① 张军、陈卫东：《新刑事诉讼法疑难释解》，人民法院出版社2012年版，第112页。

② Jackson v. Virginia，443 U.S. 307，315（1979），转引自张军、陈卫东：《新刑事诉讼法疑难释解》，人民法院出版社2012年版，第121页。

③ 参见《关于办理死刑案件审查判断证据若干问题的规定》第5条第1款关于“证据确实充分”的解释。

疑'取代了(《关于办理死刑案件审查判断证据若干问题的规定》中)'结论唯一'的表述"[①]。故而,"排除合理怀疑"强调了"疑点"意识和"证伪"的重要性,帮助法官通过"相互印证""排除矛盾"等方法去检验证据和事实,同时更为重要的是,其突出了从反面对"证据确实、充分"进行规制,明确了达到"证据确实、充分"的标准必须是"已排除合理怀疑"(或者说矛盾得以排除、结论具有排他性)。这实际上是指明了"出罪"的依据,即只要存在合理怀疑,就不能认定证据确实、充分,予以定罪。

审判实践中之所以出现降低刑事证明标准的情况,虽有根本上的司法体制问题,但也存在具体操作上的技术问题。我国的刑事诉讼证明过程从整体上讲实为逻辑归纳方法的运用过程,即通过充分的有罪证据得出最终的判断结论,属于一种正向的构建。而这种方式的缺陷在于,一方面有罪证据"充分"与否在实践中难以形成统一的标准;另一方面导致某些指向无罪结论的证据起不到应有的"阻断"作用。此种情形下,当具体案件中,可以相互印证的多个有罪证据和个别无罪证据同时存在,而公诉机关认为证据已经确实、充分的时候,法院要作出证据不足的认定也显得没有根据,以至于要作出无罪判决的法官在某种程度上反而要确保无罪结论的"证据确实、充分"。比如赵作海案,一审法院就曾指出案件存在包括不能确定被害人身份在内的五大疑点,但最终还是作出有罪判决。[②] 比如张氏叔侄案,被害人指甲中的DNA证据,亦指向了被告人的无罪可能,结果也没能阻却关于被告人犯罪事实的认定。

为了进一步说明笔者的观点,再举一案例:在一起贩卖毒品罪案件中,被告人主动供述其向他人贩卖海洛因0.1克的事实,该事实也得到了证人(购买人)证言的证实,而法院综合全案证据对犯罪事实是否存在产生了怀疑:一是被告人在案发之前3个月被公安局强制隔离戒毒2年;二是其间,证人与被告人曾在同一戒毒所被隔离戒毒;三是后证人因涉嫌贩卖毒品罪被公安机关逮捕,并向公安机关举报被告人的犯罪事实,时隔不久,被告人亦通过字条向公安机关坦白其犯罪行为;四是证人证言与被告人供述存在相当的雷同;五是根据本案情形,可能判处刑罚为拘役5个月至6个月;六是根据法律规定,执行完刑罚的人员应当被继续送往强制戒毒所执行剩余的戒毒期限,但由于部门衔接问题导致实际执行中有时存在漏洞。据此,法官怀疑该案有可能是被告人为逃避2年的强制戒毒而与证人串通伪造的假案。然而根据实践经验,涉毒案

---

① 陈光中、郑曦:《论刑事诉讼中的证据裁判原则——兼谈〈刑事诉讼法〉修改中的若干问题》,载《法学》2011年第9期。

② 张军、陈卫东:《新刑事诉讼法疑难释解》,人民法院出版社2012年版,第122页。

件的证据本来就少，一般只有买卖双方的陈述及现场材料。故检察机关认为本案已经达到证据确实、充分的标准，足以定罪。此时，法院有合理怀疑，但是考虑毒品案件的实际情况，有时也会在此证据环境下，认定证据确实、充分，但是此认定有待商榷。

为此，“排除合理怀疑”的“出罪”功能在审判实践中应当引起足够重视，对于宣告无罪的判决，法院并不需要反过来确保无罪结论的“证据确实、充分”，而只需要论证存在合理怀疑无法排除。

四、系统完善：合理怀疑“排除”机制构建

当前，无论是理论界还是实务界，对于“排除合理怀疑”司法适用的关注，主要集中在通过界定“合理怀疑”的内涵以提高其实践把握的准确性和操作性，而笔者认为，“合理怀疑”的准确界定固然重要，然就时下我国刑事审判实践而言，更应该把关注焦点落在合理怀疑的“排除”上。如果“排除”在审判中得不到有效限制和执行，关于我国刑事证明标准的完善也就无从谈起。

（一）前提：“合理怀疑”的产生及证成

从形式上而言，合理怀疑产生于对单个证据的审查、证据与证据之间的综合分析比对以及对从证据到事实之间论证的考量。从实质上讲，合理怀疑的产生是逻辑法则与经验法则共同发生作用的结果，“在证据思维过程中，经验法则与论理法则两者如同连体儿，经常合并运用而不可分割，以论理法则进行逻辑推论时，往往并以某种经验法则为前提”①。而这也是论证合理怀疑是否得以成立的关键。

一是合理怀疑只能建立在对证据以及证据与事实之间的审查、分析、推理的基础上，不能是凭空想象、无端猜疑。也就是说，合理怀疑应当有具体的证据事实和严密的分析推理作为保障。

二是合理怀疑应当符合逻辑法则与经验法则。逻辑，即思维的规律，所谓逻辑法则就是人们在认识事物时，借助于概念、判断、推理等思维形式能动地反映客观现实的理性认识过程中必须遵循的基本原理、规则。② 逻辑法则可以为人类认识活动提供合理性和科学性保障。经验法则，是指人类以经验归纳抽

---

① 陈祐治：《经验法则及论理法则》，载《法令月刊》2008 年第 8 期。

② 参考百度百科关于“逻辑思维”的解释，载 http：//bake. baidu. com/link？url，最后访问日期：2015 年 5 月 26 日。

象后所获得的关于事物属性以及事物之间常态联系的一般性知识和法则，它是在人类长期生产和生活实践中形成的客观存在的不成文法则。[①] 比如“长期暴露于烈日下可能导致皮肤伤害”“长期高盐饮食可能导致心血管疾病”，再比如，人们总是习惯通过他人的着装猜测其职业，通过言谈推断人的身份。[②]

三是合理怀疑应当指向基本事实认定，包括犯罪事实是否存在、犯罪事实是否系被告人所为。在综合全案证据进行判断时，有矛盾和疑点是很正常的现象，而案件信息过于同一，甚至不能发现矛盾和疑点，也许恰好是案件虚假的表征。只有能够动摇基本事实认定的合理怀疑，方可认定。[③]

（二）规范：“合理怀疑”已经排除的严格界定

达到何种程度才能将“合理怀疑”排除的问题在某种程度上决定了2012年《刑事诉讼法》第53条规定能否真正发生效用。以张氏叔侄案为例，被害人指甲中的DNA检测报告是本案最为明显和关键的“合理怀疑”，该鉴定意见称：“所提取的死者王某其余8个指甲末端检出混合DNA谱带，可由死者王某与一名男性的DNA谱带混合形成，排除由死者与犯罪嫌疑人张辉或张高平的DNA谱带混合形成”，该疑点（存在第三人作案的可能）足以将案件事实引向另一个结果，但是却没有起到应有的规制（阻断案件事实认定）作用。无论是一审法院“不排除被害人因生前与他人接触而在手指甲内留下DNA的可能性”，还是二审法院认为该证据“与本案无关”，实际上都是“合理怀疑”被排除的体现。其过程具体为：指甲中含有另一名男子的DNA谱带引起存在第三人作案的合理怀疑，对此，控方以“手指系开放部位”的论证进行排除，而法院接受了该解释，即指甲中含有他人DNA属于正常现象，符合日常生活经验，故合理怀疑可以被排除（虽然二审是以“与本案无关”的形式否定了该证据，但其道理是一样的，否则也无以得出“与本案无关”的认定）。该案例可以说明明确“排除”标准的重要性。下面再举一个案例阐明笔者的观点：

某公司报请某政府机关领导审批一项业务，符合条件而迟迟不批。该公司打听到该领导办事需给好处，随之经过公司领导研究决定送几万元，款项由财务人员提出并陪同公司负责人到领导家门，公司负责人携款进入不久出来，告知陪同人员事已办妥。不久，该项目顺利获批。“不给钱不办事，一给钱就办

---

① 张榕：《事实认定中的法官自由裁量权——以民事诉讼为中心》，法律出版社2010年版，第97页。

② 纪格非：《经验法则适用之正当性研究》，载《证据科学》2012年第1期。

③ 参见龙宗智：《中国法语境中的“排除合理怀疑”》，载《中外法学》2012年第6期。

事”“给钱过程在门槛外”都有印证，但进门送钱的关键情节没有印证（领导不承认收了钱款），该案能否定罪？[①] 该案在领导是否收钱的重要环节产生了合理怀疑，也即存在公司负责人将钱款“私吞”、领导没有收钱的可能性。因此，能否定罪关键在于该合理怀疑能够有效排除。有论者认为根据“排除合理怀疑”可以定罪[②]，即根据“该领导办事需好处”的传闻，对比“不给钱不办事，一给钱就办事”的前后反差，加之“给钱过程在门槛外”的证据（公司研究决定送钱、财务人员陪同公司负责人携款到领导家门口），辅以日常生活经验的分析，可以排除领导没有收钱的合理怀疑。对此，笔者持不同意见。如果该案是民事纠纷，根据优势证据可以形成内心确信，但刑事证明标准应当更严格。通过分析可知，该案借以“排除合理怀疑”的根据只是在原有证据的基础上加上根据日常生活经验的判断，也即排除该合理怀疑仅仅只是凭借日常生活经验。笔者认为，日常生活经验可以成为“合理怀疑”产生的根据，但不足以成为“合理怀疑”排除的根据，“合理怀疑”的排除应当有更严格的限制。因此，只有存在直接指向“合理怀疑”的证据，如现金、存折等[③]，再辅以日常生活经验分析，方能进一步认为“合理怀疑”可以排除。

综合上述分析，笔者认为审判中关于“合理怀疑”是否已经排除的认定应当注意以下几点：一是用以排除“合理怀疑”的结论必须是明确的，而不能只是一种可能性。如张氏叔侄案中，不能仅仅依靠“不排除被害人因生前与他人接触而在手指甲内留下 DNA 的可能性”来排除合理怀疑，合理怀疑本身也只是一种可能性，用“可能性”来排除“可能性”，无法达到检验的目的。二是排除“合理怀疑”不能仅仅依靠日常生活经验，应当有其他具体的证据。三是排除“合理怀疑”的依据应当能够指向“合理怀疑”本身，而不是针对整体案件事实认定的循环论证。

（三）落实：行为和结果意义上举证责任的运用

我国刑事诉讼理论对于证明标准的探讨，大多缺少对证明责任的关注，以致有时难以真正解决审判实践中的问题。证明标准的有效执行与证明责任之间存在密切的关联，当法官对案件事实的认定呈现真伪不明的状态，意即存在合

① 龙宗智：《中国法语境中的“排除合理怀疑”》，载《中外法学》2012 年第 6 期。

② 参见龙宗智：《中国法语境中的“排除合理怀疑”》，载《中外法学》2012 年第 6 期。

③ 在另一起情节相似的案件中，从被告人家中搜出一份存折，且被告人无法解释其来源。参见姜伟、张军、田文昌：《刑事司法如何面对“排除合理怀疑”》，载《检察日报》2001 年 5 月 17 日。

理怀疑时，就应当考虑通过证明责任的分配作出裁判。

实践中对于一些影响定罪（量刑）的证据问题，法院除了商请检察院撤诉之外，通常只能通过程序外的协商机制建议检察院补充侦查，法院的责任在于裁断控诉方是否已完成其证明责任从而作出裁判。当控诉方指控的犯罪事实出现真伪不明时，法官实际上无须承担任何证明责任，所要做的就是根据证明责任分配原则，作出不依控诉方所主张的被告人犯罪成立的裁判（即）无罪判决。① 对此，刑事诉讼法规定公诉案件中被告人有罪的举证责任由人民检察院承担。所谓举证责任，包括“提供证据责任”和“说服责任”，即控诉方既负有提出证据证明犯罪构成事实的责任，也负有说服法官的责任。如果指控的犯罪构成事实真伪不明，法官不能产生被告人有罪的内心确信时，控诉方将面临诉讼上的不利后果（即败诉）。②

结合刑事诉讼法确立的证明责任分配原则，“排除合理怀疑”的审判运用应当把握好以下两点：一是合理怀疑的排除责任由控诉方承担。首先要明确的是，法院不承担任何被告人有罪的举证责任，其次也需要指出，这并不排斥有关责任转移的一般原理。理论上一般认为，如果控诉方针对指控的事实主张提供了相应的证据，促使法官形成了被告人有罪的心证，此时的提供证据责任就转移给被告方。③ 二是要真正贯彻疑罪从无的原则。在刑事案件审判过程中，对审理后存在合理怀疑未排除的案件，应当严格落实证明责任分配原则不予定罪。平潭念某投放危险物质案中，福建省高院最终判定原公诉机关指控上诉人念某所犯罪名不能成立④，彰显了对法律的坚守和对“疑罪从无”理念的践行，是在坚持刑事诉讼法的规定，强化证据采信审核，严格执行证明标准基础上得出的一个结论，具有重要的法治标本意义。

（四）限制：必要的“内省”与“外化”

德国学者施奈德认为，判决不是客观事实，而是判决者的精神创造。性别、年龄、生活经验、对案件和作案人的同情或厌恶、自卑感或自高自大以及自身的经济利益都影响法官作出判决。判决不只是一种纯粹的逻辑过程的结果，而是受到法官个性的非理性成见的决定性影响。⑤ 合理怀疑的产生、认定

---

① 张军、陈卫东：《新刑事诉讼法疑难释解》，人民法院出版社 2012 年版，第 114 页。

② 张军等：《新刑事诉讼法法官培训教材》，法律出版社 2012 年版，第 155 页。

③ 张军等：《新刑事诉讼法法官培训教材》，法律出版社 2012 年版，第 152 页。

④ （2012）闽刑终字第 10 号刑事附带民事判决书。

⑤ ［德］施奈德：《犯罪学》，吴鑫涛、马君玉译，中国人民公安大学出版社 1990 年版，第 527 页。

及其排除，从本质上讲属于法官自由心证的范畴，为了规制其任意性，一方面需要法官审慎的自省，另一方面需要心证形成过程的外化。

一是尽可能排除个人因素的干扰。法官的个人因素融入事实认定的过程从而引起对某一证据及事实的怀疑（或确信），不同的个体对相同的情况可能产生不同的判断。个人因素体现为个人的喜好和厌恶、偏爱和偏见、本能、情感、习惯以及信念的复合体①，也包括个人的能力（观察力、记忆力、理解力、判断力等）。虽然法律训练是将人的思维方式引向理性、客观和中立，不受内心的感情和外界的因素影响，然在审判实践中，即使是受过多年法学教育的法官也很难摆脱固有经历和性格的影响，都有可能会把自己的偏见和思维定式带入每一个分析问题的场合②，对此，法官不可不察。

二是心证公开制度的确立。心证公开是现代自由心证的必然要求，同时也是防止司法擅断、寻求裁判正当性的有效保障。它可以使法官在案件审理和裁判中主观的、个体的、内在的价值评判活动为当事人和社会大众所知晓，使评判、检验司法裁判结果是否公正成为可能。③ 心证公开可以使得法官对证据及案件事实认定的主观判断过程获得客观化的基础。从司法实践来看，心证公开主要包括心证过程、心证理由及结果的公开。体现在法律裁判文书的制作上，就是要增强裁判文书的说理性，尤其是加强关于事实认定的分析论证，要求法官对心证形成过程、结果包括合理怀疑的产生、认定及排除充分说明理由，明确判断依据。当前刑事审判实践中，判决书对心证形成、疑点排除等问题从人情事理、证据法学理乃至认识论原理上进行深入分析的文书并不多见。④

---

① ［美］卡多佐：《司法过程的性质及法律的成长》，张维译，北京出版社2012年版，第83页。

② 张雪纯、葛琳：《证伪方法、经验法则和心理因素》，载《当代法学》2005年第5期。

③ 刘克毅：《法律原则适用与程序制度保障——以民事法为中心的分析》，载《现代法学》2006年第1期。

④ 龙宗智：《中国法语境中的“排除合理怀疑”》，载《中外法学》2012年第6期。

检察机关办理刑事案件运用排除合理怀疑证明标准的实证研究

赵　艳　高振东　王　玲　马碧云*

一、排除合理怀疑的历史沿革及我国本土化构建排除合理怀疑证明标准的特点

（一）英美法系关于排除合理怀疑的历史沿革

1. 排除合理怀疑的提出

在18世纪中后期，英美的陪审团参与审理案件制度发生变化，由原来的知晓案情向不知晓案情转变，对于陪审人员的要求从必须了解案情到不能了解案情过渡，最后形成了陪审人员不能了解案情的基本规则和要求。然而，陪审团的人员社会阅历、道德水平、智力水平都不尽相同，所以就需要一套精细、完整的证明标准才能让陪审团的认定事实和证据有据可依，以防止陪审团人员的肆意擅断，由此，证据规则和证明标准逐渐产生。

最早的证明标准是“令人满意的良知”。而何为良知，17世纪后期英国有学者认为应是使用很多合理证明方法得出足够具有说明力的结论，不能过分审慎，因为过分的审慎可能会导致案件的认定重心出现偏移，内心应该关注的是“合理的怀疑”，而不是过分的怀疑。到18世纪后期，这种标准形成“排除合理怀疑”的雏形。①

2. “排除合理怀疑”的确立

英国正式确立“合理怀疑”要晚于美国。美国“排除合理怀疑”的证明

---

* 赵艳，贵州省六盘水市水城区人民检察院党组书记、检察长；高振东，贵州省六盘水市水城区人民检察院第一检察部副主任，二级检察官；王玲，贵州省六盘水市水城区人民检察院第一检察部五级检察官助理；马碧云，贵州省六盘水市水城区人民检察院第一检察部四级检察官助理。

① 刘金友：《证据证明标准研究》，中国政法大学出版社2009年版。

标准在其早期的判例法和制定法就已经被认可。[①] 19 世纪 80 年代，美国联邦最高法院就已经在司法实践的具体案例中把这一标准作为审查案件证据的要求，这是“排除合理怀疑”第一次在美国得到承认。1970 年，美国以联邦宪法第五、第十四修正案的修改条款为基础指出：要以排除合理怀疑的证明标准证实构成犯罪的所有事实要素，否则根据当时的正当程序法律条款，被告就不会受到有罪的判决，至此，美国审查刑事案件的标准得到了统一。

“排除合理怀疑”在英国的确立从 1935 年的伍尔明顿案件开始。[②] 在本案中，英国上议院认为：在案件庭审结束的时候，若控辩双方出示在案能够收集到的所有证据后，案件的证据仍然不能形成链条体系，不能排除案件中存在的证据间的相互矛盾，那么犯罪嫌疑人有权要求将其释放。而如今英美法系国家刑事诉讼证明标准的表述已然都是“排除合理怀疑”。[③]

（二）大陆法系“内心确信”刑事诉讼证据证明标准的历史沿革

大陆法系的刑事证据证明标准先后经历了三个不同的阶段，最开始是神示证据制度，后演化为法定证据制度，最后形成了内心确信制度。神示证据制度包括宣誓、火审、水审、决斗审等，借助宗教信仰对人们内心形成的强制力一定程度上减少了伪证的发生，但是极度不合理的。

法定证据制度是指一切证据是否作为案件的定案依据都必须由法律事先明确规定，法官在案件审理时不能自己决定证据的取舍。法定证据制度过于机械和局限，根本无法囊括千变万化的案件情况，普遍适用性极其有限。同时，法定证据制度剥夺法官对法律的解释和自主判断的权力无疑是矫枉过正的，原本就机械的法律规定在具体适用中仍然得不到有效变通。这种机械的证明制度忽视了法官在审理案件过程中具有对证据进行主观评价的主观能动性，导致许多案件只能实现形式正义，而非实质正义。

法国的杜波尔最早在立法中提出要构建内心确信的证据标准。他在 1790 年法国根本大法议会中提出，经过根本大法议会审议该草案后，法国正式确立了内心确信制度。德国早期采用罗马法的证据标准，内心确信的证据制度在 1814 年才被德国接受并运用审查证据。意大利、日本、俄国等国家先后于 1865 年、1876 年、1892 年确立内心确信证明标准。

---

① 李忠民：《论英美法系国家刑事证明标准及其“盖然性”理论》，载《江西财经大学学报》2004 年第 6 期。

② 杨宇冠、孙军：《“排除合理怀疑”与我国刑事诉讼证明标准的完善》，载《证据科学》2011 年第 6 期。

③ 熊嘉辉：《浅论我国现行的刑事诉讼证明标准》，载《法制博览》2014 年第 8 期。

（三）我国本土化构建排除合理怀疑证明标准的特点

排除合理怀疑与我国传统的印证规则具有较高的衔接性，有利于实践中慎重审查证据，践行疑罪从无。“排除合理怀疑”较“内心确信”更具有客观性。这两种制度的差异也是由于英美法系和大陆法系司法审判制度差异所造成的。大陆法系国家实行职权主义，由具有专业法律知识的司法工作人员对案件进行审理，“内心确信”就是在这种司法体制下产生的。正因如此，“内心确信”是从职业法官的这一特定群体的视角出发的。在英美法系的司法体制中，犯罪事实由不知道案件情况的陪审团来进行认定。陪审团并非法律职业群体，而是普通的社会公众，“排除合理怀疑”就是在这样的体制下产生，从一般理性人的视角出发的。同时，陪审团定罪的过程中奉行“一致通过”的制度，不存在“少数服从多数制”，这要求“排除合理怀疑”具有较为客观的判断标准。而我国的印证规则同样具有较高的客观性，司法工作人员通常是优先审查证据印证关系。只有在无法形成印证关系的情况下，司法工作人员才结合案情进行适度的心证，使心证与印证模式的证明标准能够有效衔接。

我国刑事诉讼法制度兼收了大陆法系和英美法系的精髓，但证据证明标准一直在两个法系中纠结，直到2012年才确立“排除合理怀疑”，作为认定“事实清楚，证据确实、充分”的条件之一，并在2012年修改的《刑事诉讼法》第53条中明文规定，即对“证据确实、充分”从以下方面进行了阐明：“（一）定罪量刑的事实都有证据证明；（二）据以定案的证据均经法定程序查证属实；（三）综合全案证据，对所认定事实已排除合理怀疑。”① 2012年全国人大法工委在《〈关于修改中华人民共和国刑事诉讼法的决定〉条文说明、立法理由及相关规定》中，对于排除合理怀疑解释为“对于认定的事实，已没有符合常理的、有根据的怀疑，实际上达到确信的程度”，也就是说，排除合理怀疑是对有罪事实的相信达到了确信的程度。由于对证据的评议和裁判结论都是由人作出，证明是否排除合理怀疑无疑有人的主观判断存在。正如最高法人士指出的：刑事裁判最终要由法官依据事实和证据来作出，这就不可能排除人的主观认识和主观思维活动，所以从主观上来探讨证明标准也是非常必要的。

二、检察机关办理刑事案件运用证据排除合理怀疑的实证研究

案例1：2011年4月6日凌晨5时许，某镇发生一起命案，一名叫冉某某

① 郭庆：《排除合理怀疑在公诉实践中的把握》，载《中国检察官》2016年第17期。

的男子被乱刀砍死在其老家的床上，公安机关于当日下午将当晚与其同处一室的情人陶某抓获，后检察机关认定陶某因与冉某某的感情纠葛问题，对冉某某心生怨恨，于当日凌晨5时持尖刀将冉某某杀死后逃离现场。该案被告人陶某在侦查阶段的13次供述与辩解中，有4次否认杀人事实，另9次有罪供述前后矛盾，且与现场勘查笔录、尸检报告、证人证言等相互矛盾，但这些矛盾点没有引起检察机关的高度注意。相反，"中心现场北墙上血迹16号"的棉签上检出人血，经13个STR分型未排除陶某；送检的标记为"陶某的指甲及附着物"的指甲垢内检出死者及陶某的基因；陶某的皮靴上的血迹经DNA鉴定系死者所留。一系列客观证据的存在让被告人陶某的辩解显得苍白无力，她归案后辩称其与跑大车的情人相约后，到某镇情人老家的房子睡觉，但半夜听到响声后被惊醒，发现有人进屋翻东西，其发出喊声后，被人用刀割伤嘴角，冉某某将其推开并让其打电话报警。后其慌慌张张穿好外衣出门后，由于害怕奸情暴露被打就悄悄逃跑，并第一时间将冉某某被人杀死一事告知其两个姐姐及冉某某的朋友。但陶某供述另有他人作案的这一事实未受到办案部门的重视，反而是采用不当方式获得的口供被办案机关认为是与现场的生物物证痕迹相吻合的排除合理怀疑的证据被采纳。

该案起诉至法院后，因为有新的证据出现，证明作案可能另有他人，陶某被判无罪。这个案件的确有无巧不成书的感觉，如果不是其他人作案的证据被及时发现，陶某可能百口莫辩被判重刑。

虽"排除合理怀疑"在实践中得以落实，但仍有办案人员对"合理怀疑"的认识不足，要么简单认为只要是问题，都应进行怀疑；要么迷信客观证据，只要有客观的生物物证痕迹，不管被告人的供述及辩解有无可查性，一律视而不见，或简单评价为狡辩。合理怀疑是基于对刑事案件中构罪证据进行思考后，让秉持客观公正立场的司法人员犹豫，不自觉地产生疑问和怀疑，简单解释为"让司法人员裁决犹豫的怀疑""理智的怀疑"。如果一个案件存在一定与定罪证据相反的证据基础时，就可能构成一项表面上符合特征的合理怀疑，既然怀疑由证据形成，承办案件的检察官就要高度重视对此类反向证据的梳理和分析，确定其能否形成定罪与否的合理怀疑，如对反向证据的疑点审查不必然得出对所认定犯罪事实的确信，则该案就无法排除合理怀疑，那么合理怀疑就成立，这样的案件就不能提起公诉，否则就可能造成冤案或承担无罪判决的责任。因此，只有经过审查、论证的证据，使检察官坚定相信被告人所犯罪行，必定判定其有罪，才能提起公诉；相反，若认为被告人存在无罪的可能，就必须从有利于被告人的角度审视，让其得到这一怀疑的利益。"排除合理怀疑"的上限不要求或苛求达到100%的确定无疑，下限为要求对刑事案件的证据证明必须达到诉讼认识所能达到的最高程度。排除合理怀疑标准之一，就是要防止无根据地对被告人定罪。从前述案例来看，排除合理怀疑在司法实践中可操作性仍有待提升，检方的证据对于作出有罪判决是否已经充分，有待运用证据来证明。部分办案人员对于排除合理怀疑的定位与理解存在认识不足，未能有机统一辩证地看待该问题，"证据确实、充分"最直接的证明标准就在于达到证据与证据之间相互印证，形成锁链，能够得出具有排他性、唯一的结论。而排除合理怀疑是对"证据确实、充分"这一证明标准提供可操作化的衡量指标，其要求就是综合把握考量证据情况，使证据间的矛盾排除，不存在合理解释的疑问。

案例2：某公安机关在侦办一起命案的过程中，认为死者的哥哥李某某有重大故意杀人作案嫌疑，遂对李某某提请批准逮捕，但某县人民检察院认为该案无证据证明李某某对其弟实施了故意杀人行为，决定拟不批准逮捕李某某。某县公安局紧急向上反映，后由市级检察院派员提前介入引导侦查，最终被告人李某某犯故意杀人罪一审被判处死刑。该案中县级检察院拟不批准逮捕的理由如下：一是被告人李某某归案后，从未作出有罪供述，其从不供罪到辩称死者系被其驾驶的轿车右车轮碾压石头弹起打死，其没有故意犯罪；二是被害人死在离城较远的一偏僻乡村公路上，虽然头部受伤严重，但现场无监控，也没有目击证人，无法认定是由何人致其死亡。市检察院提前介入后，通过参加公安机关的案情分析会，发现犯罪嫌疑人李某某在案发前为死者投保了三份意外伤害保险，保险金额共200万元，保险期限的到期日分别是2020年3月11日0时和3月13日24时止。电子证据显示犯罪嫌疑人多次用手机搜索意外保险如何赔偿及赔偿金额等相关内容，其有作案动机。案发当晚7时许，死者从其居住地某小区乘坐三轮摩托车前往离案发现场不远的加油站，经找摩托车驾驶员核实并作辨认，摩托车驾驶员证实2020年3月10日19时许，犯罪嫌疑人李某某让其驾驶摩托车跟随其轿车到某小区接人，死者上其三轮摩托车后，其将车开到案发现场附近的加油站后停下，死者下车，等候在此地的犯罪嫌疑人付了他60元现金。公安机关提取的电子围栏数据显示，犯罪嫌疑人驾驶的轿车与其弟乘坐的摩托车经过该围栏的时间前后相差2分钟，且该路段是到案发现场的必经之路。通过调取从犯罪嫌疑人住处至被害人住处、被害人下车附近的监控，发现犯罪嫌疑人3月10日7时许从家门口开车出发后，中途只与三轮摩托车有交集，再没接触过任何人，所以其辩解3月10日晚有人雇其车到案发地的加油站附近纯属谎言。真实的情况是，其出门后在一公交站附近雇一摩托车去接其弟，然后其驾车在前，摩托车在后，一前一后到案发地附近，其付费60元后接走其弟。第二天早晨，其弟被一大车驾驶员发现惨死路边，驾驶员报警，交警出警后发现非交通事故，遂转警。经公安机关现场勘查，现场路面上无散落的落石，现场东侧斜坡上无滚石痕迹和石头脱落痕迹，排除山体落石；现场石头1、2表面均见红色可疑斑及毛发，石头3表面见红色可疑斑；三块石头均不是原始位置，均为人为搬动。提前介入检察官通过现场走访，发现死者死亡的现场是一山路，路上仍有大摊血渍，在离血渍最近的小腿高的路桩上，尚有大量喷溅血迹，且该路桩是在犯罪嫌疑人交待的其右车轮的左边，右边车轮无论如何碾压石头，均不会弹至左边造成如此低矮位置的喷溅血迹的形成。法医检见被害人头、面、颈部、手部有多处挫擦伤，且损伤与生活反应不一致，说明损伤不在一个时间形成；颅骨骨折同时伴有局部变形及整体变形，且多处骨折线相互截断，说明头部损伤为多次形成，排除车辆碾压石头弹击；左颞顶枕部颅骨骨折毁损严重，符合较重物体砸压形成；结合现场尸体头旁柱子喷溅血迹情况，考虑被害人在躺着状态下受到较大钝器外力形成左颞顶部损伤。根据以上证据，检察官认为，以故意杀人罪批准逮捕犯罪嫌疑人李某某的证据已达到排除合理怀疑的标准。该案批捕后，检察机关继续引导侦查，与公安机关在案发现场进行三次走访，引导公安机关在距离现场一公里左右的李某某家老房子附近的垃圾堆里提取了重要物证：犯罪嫌疑人李某某的外衣（此外衣经其子辨认确认）及白色手套、红色袖套等物品，在上面发现可疑斑，为慎重起见，检察官建议将所有涉案物证，包括现场三块被人为搬动的石头全部送公安部进行生物物证鉴定。经公安部物证鉴定中心检验，在送检的红色袖套1、手套8、手套9中检出被害人的DNA；送检的“石头1”上1处斑迹、“手套1”上1处斑迹、“手套2”上1处斑迹、“红色袖套2”上1处斑迹检出的混合基因型包含犯罪嫌疑人李某某及被害人的DNA分型；送检的三块石头均检出被害人的DNA分型。该案在被告人李某某零口供的情况下提起公诉，一审判处李某某死刑；二审环节，其向提审的检察官认罪认罚，某省高级法院将其发回重审，一审判处李某某死刑缓期两年执行，二审裁定驳回上诉，维持原判。现裁判已生效。

笔者认为，综合全案证据，对起诉书所认定事实已排除合理怀疑。

从捕与不捕的严重分歧到判处死刑，排除合理怀疑的证明标准问题是刑事证明环节中的难点问题，一是难在该标准的尺度难以设定，二是难在该标准的适用难以把握。作为证明规则，确定性往往是规则制定的基本前提，但刑事证明标准恰恰是一项难以设定确定性标准的规则。证明本身是由已知事实达到对未知事实认识的主观认知活动，是主观认识客观，这种活动建立在人的意识基础上，并通过人的意志来表达。意识的复杂关系决定了证明标准在设定和把握上的困难。因此无论是证据立法还是刑事司法，在有关刑事证明标准规则的设定和运用上，司法实践中往往被其适用过程中的主观复杂性所困扰。虽然我国刑事诉讼法已将“排除合理怀疑”写入法律条文，但是对于合理怀疑的基本概念界定、分析方法和判断标准等具体内容尚无规定，司法实践中也并未达成完全统一的认识，直白地说，除证据的合法性因素外，不同司法者对于同一件案件中的合理怀疑问题也可能持相反的意见，与证明犯罪构成要素的积极构建的正向思维相比，排除合理怀疑是一种消极解构的逆向证明方法。[①] 故目前，对个案中合理怀疑是否成立的判断等实务问题的解决，很大程度上依赖于司法者的法理素养和经验积累。司法实践中，检察机关的办案人员关于合理怀疑的争辩有很多，例如，“因为有某某证据，所以本案不存在合理怀疑”“因为证明某某事实的证据不充分，所以本案存在合理怀疑”。而为什么有了某项证据合理怀疑就能得以排除，为什么在有某项证据的情况下证据仍然不充分，这是实践中经常经常出现的争辩，故从基层司法实践中不难看出检察官办理刑事案件对证据证明标准的理解认识能力和水平亟待提升。

案例3：2019年6月至12月，被告人宁某某相继纠集被告人穆元某、穆红某、高某某、杨某某等人非法从事贩卖、运输毒品活动，约定除本分利。具体分工是：由宁某某联系在云南省龙陵县、芒市一带从事贩毒活动的毒品上线“三姐”（另案处理），“三姐”准备好毒品后，由其妹夫杨某某负责携带购毒款与“三姐”进行交接，然后再安排穆元某、穆红某、高某某负责从云南将毒品运输回L市交给宁某某，宁某某组织穆元某、高某某、孟某某等人负责在市区进行贩卖。形成了以宁某某为组织者、领导者，穆元某、穆红某、高某某为重要成员的毒品犯罪集团。自案发，穆元某、穆红某、高某某多次为宁某某从云南省边境运输毒品回六盘水贩卖，涉案毒品多达7000余克。其间，宁某某多次将毒品海洛因拿给孟某某（起诉前零口供）负责贩卖，其本人也多次将毒品海洛因贩卖给G市的陈某某（另案处理），穆元某将毒品贩卖给代某某、宋某某（另案处理）等人。

2020年1月5日，L市公安局联合某区公安局破获本案后，抓获了宁某某、杨某某、穆红某、穆元某等人，缴获各类毒品2700余克（涉案毒品共计7000余克，其中5000余克已被贩卖，2700余克被丢在第一次抓捕现场的外围）。公安机关破案后，在审讯环节由于多名犯罪嫌疑人零口供，审讯遭遇瓶颈。某市检察机关受邀派员提前介入该案，提前介入检察官通过仔细分析研究案情，有针对性地为侦查机关厘清侦查思路提供指导意见：第一，建议将因贩

① 赵宁：《刑事证明标准中的排除合理怀疑研究》，大连海事大学2016年硕士学位论文，第5页。

卖零包于2019年11月5日已被P市公安局刑事拘留的高某某转至L市看守所进行羁押并案处理；第二，调取2012年宁某某在云南省X市被查获毒品但未被批捕案件的证据材料；第三，对从宁某某家中搜出的疑是贩卖毒品的记账笔记本及从高某某身上搜出的记账条进行笔迹鉴定；第四，建议侦查机关及时调取技侦资料进行转换形成保密卷证据材料；第五，引导侦查机关在2020年6月4日将穆红某提押出所带至云南省龙陵县拿毒品的烤烟房附近进行现场指认，将现场照片及视频带到看守所给穆元某辨认，以确定具体拿毒品地点；第六，提取本案所有涉案车辆的卡口轨迹信息。在提前介入环节，检察机关通过多次梳理，向侦查机关共提出36条具体引导侦查取证的意见。

L市人民检察院对该案提起公诉时，被告人宁某某、孟某某均为零口供，办案检察官在起诉书中直接认定宁某某、穆元某、穆红某、高某某4人系毒品犯罪集团成员，并对每一名被告人提出精准刑量刑建议。第一次开庭前，孟某某及其辩护人表示孟某某愿意认罪认罚并签署具结书；穆红某、穆元某、杨某某、代某某见状也表示愿意认罪认罚，并在庭审前在辩护人的见证下签订了认罪认罚具结书，孟某某在庭审时作出归案以来第一次有罪供述，杨某某也如实供述犯罪事实，办案检察官对杨某某、孟某某当庭调整量刑建议，庭审取得良好效果。鉴于被告人穆红某当庭提供检举立功线索，休庭后检察机关及时组织核实并予以查否。第二次开庭前，宁某某表示愿意认罪认罚，在听取其辩护人意见充分保障其诉讼权利后，签署认罪认罚具结书，宁某某在第二次庭审中作出归案以来第一次有罪供述。全案7名被告人，除高某某认罪但不认数量不认罚外，其余6名被告人均与检察机关签署认罪认罚具结书。一审宁某某被判处死刑，缓期2年执行，剥夺政治权利终身；穆红某、穆元某、高某某被判处无期徒刑，剥夺政治权利终身；杨某某、孟某某被判处10年以上有期徒刑；代某某被判处2年有期徒刑。宣判后，全案7人服判不上诉。

该案系L市检察机关办理的首例贩毒集团案，且组织者、领导者在开庭前从未有过有罪供述，系零口供审查起诉的典型案例。对于通过情报研判侦破的重大毒品犯罪案件，由于没有抓到毒品犯罪现行，在认定犯罪方面，既需要有大胆假设，小心求证的思路，又需要有准确把握排除合理怀疑的能力。该案在侦查环节，检察官受邀介入引导侦查后，迎难而上。一是引导公安机关做好证据梳理，对可能涉案人员进行排查，固定现有证据，对技侦资料及时进行转换入卷，对从犯罪嫌疑人住处及身上搜查到的可能记录毒品贩卖情况的书证进行笔迹鉴定，以印证毒品贩卖的数量。二是面对零口供案件，检察官紧紧围绕技侦证据引导侦查，及时完善有罪证罪，排除合理怀疑。三是小心求证，区别普通共同犯罪，清晰认定犯罪集团。检察官在审查案件时，对多桩犯罪事实进行认罪梳理，对每名被告人在毒品犯罪活动中的作用、地位进行认真分析，在厘清犯罪脉络后准确定性毒品犯罪集团，特别是建议将已被P市公安局因零包贩毒查获的高某某进行并案处理，击破了高某某的心理防线，在P市看守所时高某某6次讯问均为零口供，但被转至L市看守所后就作出部分有罪供述，对案件推进起到重大作用。在组织者、领导者零口供的前提下，检察机关承办人认为认定为毒品犯罪集团这一事实已达到排除合理怀疑的标准，其指控最终得到一审、二审法院的支持。从前述案例可见，排除合理怀疑的概念的核心是合理怀疑，合理怀疑是“符合常理的、有根据的怀疑”，也就是说合理怀疑的发现是以客观证据为基础。排除合理怀疑的结论必须是对案件全部证据进行考察后，得出的理性判断。①

案例4：被害人报警称，其所开超市被盗。案发后，公安机关通过监控发现李某案发前一日曾在该超市出现，而且案发当日凌晨有人蒙面盗窃物品。针对上述事实，在案证据主要证据有：李某前日去超市踩点的时间与被害人陈述一致；从超市内提取的烟有李某DNA；李某是惯犯、再犯；李某到案后承认自己前日到过现场，但只是购物；在李某住所搜出相关现金，李某辨认系以前打麻将所赢；案发后李某还张某借款6000元；有凌晨视频监控记录案发当天有一名蒙面男子进入超市盗窃，体格分析与李某比较相像。但是，经认真分析，在案证据的前日监控和烟头DNA相互印证，但仅能证明李某案发前到过现场，这也与李某供述吻合，但案发时监控因行为人戴着面罩进行掩饰，无法证实系李某实施的盗窃犯罪。相关前科材料证明李某系盗窃惯犯，从品格证据上看，李某具有重大作案嫌疑，还款记录及张某证言证实李某期间有过还款情况。将上述重要证据进行融合，可得出：李某有作案的时间和空间可能；李某具有作案的品行可能；李某具有以赃抵债的可能。

以上证据及推理条件都缺少排他性的证明力，无法从形式逻辑的证明关系上得出李某实施盗窃行为的唯一可能性。这就说明，以上案例客观行为部分的缺失无法通过在案的间接证据进行充分证明，系典型的“间接证据不足”情况，达不到合理排除的怀疑标准。故该案件最终作出了存疑不起诉的决定。

三、适用排除合理怀疑证明标准的建议

（一）检察官“排除合理怀疑”的审查方法

一是审查是否有可查性线索。检察官要深刻认识可查性线索在排除合理怀

① 赵宁：《刑事证明标准中的排除合理怀疑研究》，大连海事大学2016年硕士学位论文，第7页。

疑中的关键性，它贯穿整个排除合理怀疑全过程，“蕴藏”于在案的某一证据中，可查性线索的查证和举证责任应由控方承担。如当被告人辩解属于非常识情形，则需要提供可查性线索进行判断，是否违反一般常识常理。再如当证据间印证关系不能确定，在案有多份完全相反的言词证据且按证据规则不能简单排除时，必然需要引入可查性线索来进行研判、侦查，以判断证据印证关系，对待证事实达到最高的认知水平。由此可见，对可查性线索审查和判断的问题至为关键，因可查性线索不具有证据法上的证据特性，只有当侦查机关依据可查性线索进行侦查时，才会形成肯定、否定或无法确定可查性线索所指向事实的相关证据。可查性线索在具备手段的可行性和对象的明确性后，侦查机关启动侦查就具备了基本条件。如有利于被告人的可查性线索被查证不属实，可以明确排除合理怀疑；如果无法被查证，则合理怀疑无法被排除，因而案件事实存疑；若是查证结果属实，则有两种结果，合理怀疑无法排除或者是证据直接证明被告人无罪。可查性线索存在两种情况：一种是从有利于被告人的证据中产生，实务中最明显的就是被告人的辩解；另一种是证据发生冲突，存在矛盾，对冲突要素进行综合研判时发现可查性线索。在整个刑事案件诉讼环节中，公安、检察院、法院均有可查性线索的发现责任，如果应发现而未发现或者发现了而不处置，造成一定的后果，必然会触发错案责任的追究制度。尤其检察官承担可查性线索的说明义务，是庭审实质化的必然结果，也是司法责任制的必然要求。

二是在运用证据证明刑事案件待证事实必须考量是否出现了与社会一般共识（即常识）相悖的情形。与一般常识常理进行类比和判断，绝不仅限于单纯证据上可能产生的疑问，还要包括日常生活经验和常识、常情对比后产生的疑问，主要是研判证据本身的真实性情况。一般常识常理即指普通民众依据生活、社会习俗或者专业领域中的一般经验所作的普遍性反映和判断，实务中该项内容往往是增加或减弱某项证据真实性和证明力大小，是否有利于或不利于被告人，一般不宜直接作为是否排除合理怀疑的唯一依据，应结合证据间的印证关系综合进行判断能否排除合理怀疑。审查方法有如下：第一，依据案件中具体情景进行判断。根据案发的周围环境、光线条件、地理位置等外部因素来判断，要综合研判案发情境条件对当事人的心态和行为的客观影响。具体可以先将案件中的情境特点抽象为一般条件，再代入普通人的具体感知，如昆山龙哥反杀案就是根据当时案件情境作为判断正当防卫的重要因素之一，站在普通人的角度思考，案发时外在环境对当事人心理和行为的影响，也是社会一般常识“法不能向不法让步”的表现。可见，检察官在具体情境中代入的感知虽然是自己的感知，但只有对客观情境条件保持敬畏，对经验常识坚持理性，杜绝个人好恶的感受才是符合“一般常识常理”共同意志的判断。第二，依据案件中逻辑关系进行判断。逻辑判断自然是判断某些怀疑是否合理的重要原因，实务中，包括两种逻辑异常情况，主观与客观之间的逻辑异常、事实要素之间的逻辑异常。主要审查某项证据对主、客观要素的描述存在逻辑上难以融洽的情形。无论是故意还是过失，在当事人意志支配下客观行为必然与主观故意保持逻辑上一致性。通过客观行为辅助研判当事人主观状态是司法实践中的一种重要分析方法。而事实要素之间的逻辑异常，是指某项证据中对两个不同事实要素的描述发生逻辑难以融洽的情形。如某行贿人的证言中证实于某年某月向受贿人行贿现金。而办案人员在讯问受贿人时，受贿人第一次供述时间地点均不一致，后续多次供述稳定承认与行贿人一样的事实，但司法人员并未对第一份矛盾证据引起重视。后续庭审中受贿人辩解认定其受贿时间节点其正在外省学习培训，根本未有受贿的事实和时间，经对可查性线索调查后，其确实在外学习，最终导致该案被判无罪。本案之所以出现无罪，就在于办案人员未重视行贿人和受贿人对行受贿事实供述与陈述之间的相互矛盾点，并对这一有矛盾的可查点未认真进行调查核实，未注意收集客观证据，如犯罪嫌疑人在此一时间出行的车票、飞机票、住宿发票、会议通知、学习培训名册予以佐证犯罪嫌疑人辩解的合理性，盲目相信口供导致无罪，换句话说，就是没有抓住证据间矛盾的合理排除这个侧重点，对证据的真实性问题的研判过于草率，没有建立证据锁链的完整性。

三是在运用证据证明刑事案件待证事实时，必须考量是否存在证据之间无法印证，导致证据链条断裂的情形，是否在证据上有难以融洽的情形，是否存在机械、单纯使用优势证据进行对比，而忽略综合证据优势采信的情况。这正是证据印证关系的方法，主要侧重判断证据之间的关联性问题。证据印证关系主要包括刑事案件证据锁链主要部分缺失类型及完善方法和证据之间互相冲突的主要类型及处置方法。证据锁链主要部分缺失包括主观故意缺失、客观行为缺失、刑法上的因果关系缺失。实务中，行为人实施的行为法律规定为犯罪，但因其主观故意缺失，则不能认定为犯罪，如骗取出口退税案中，虽行为人采取挂靠方式属于违法违规行为，但并无证据能证实行为人主观上具有骗取出口退税故意，因而不能认定。客观行为缺失证明与其他证据相互交织，仍无法通过在案的间接证据进行证明，属于“间接不足”。若在案推理条件都缺乏排他性的证明力，无法从形式逻辑的证明关系上得出实施犯罪行为的唯一可能性，则客观行为缺失。刑法上因果关系缺失致使证据链条断裂，而造成证据“缺失直接”“间接不足”无法认定事实。弥补上述缺失部分证据是完善证明体系上的唯一可行方式方法：第一，从证据中发现新的可查性线索，可查性线索的出现是给待证事实的认知增加新的空间维度。实务中，检察官要学习发现方法，包括多维度思考推理、多角度反复讯问或询问、二次检验、二次搜查、补充鉴定、全面恢复数据等。如在直接证据与相关在案物证之间的对应并不充分时，表现出的是直接证据的稳定性不足，需要间接证据的辅助证明，使得证据体系趋于完整，证明结论才能形成唯一性稳定性，以此作出客观的认定。第二，排除推论的可能性，在缺乏直接证据、间接不足的证据情况下，如果其他可能性在推理逻辑和推理条件上被证明不能成立，则剩余的可能性具有唯一稳定性时，可以慎重考量，限定后的可能性范围是否准确和全面需要检察官在采信时保持最大的谦抑态度，尤其在实践中认定罪与非罪的证明上面，需要特别慎重。

（二）检察官“排除合理怀疑”的判断及补强标准

检察机关作为指控犯罪的控方，既要站在指控角度审查判断证据，也要站在客观中立的立场，客观看待控辩双方可能采用的主张及依据，因为对证据审查和排除的立法完善要求强化检察机关的法律监督职能。

一是在审查判断证据时要以中立者的位置去综观全案的事实根据，来审查证据的认定和体系的构建，及时准确地发现每个证据甚至整个案件证据体系存在的瑕疵、矛盾和漏洞。对于能够完善的证据要及时补强，不能够补强的证据要依法排除。要加强引导侦查机关收集具有证明力的证据，深挖侦查机关未能收集获取到的潜在证据，包括不容易受到反驳和质疑的新证据、具有补强价值的衍生证据、被告方无罪或者罪轻的证据等。笔者认为，我国司法实践中开展排除合理怀疑是以不枉不纵地查明案件事实为第一原则，在证据具备合法性基础上，综合运用逻辑、常识、经验、专业知识和科学技术等方法，分析证据真实性和关联性的动态过程。既要注重对怀疑的“合理性”进行审查，又要通过“一般常识常理”和“证据印证关系”两个基本指标的考量确定是否属于合理怀疑；也要注重通过证伪、综合优势等方式对合理怀疑进行依法排除，使案件事实的证明结论具备唯一稳定性。在审查单项证据时，重点在于分析该单项证据本身内容在逻辑上的合理性，以及与常识经验的一致性。如果该证据出现逻辑上矛盾或者与常识经验相背的情况，则认定该证据的真实性存疑。根据存疑时有利于被告人的司法原则，则应重视可查性线索的查证工作，并以此为基础判断该证据是否具备使指控事实不成立的“合理怀疑”。无论该证据是否有利于被告人，只要成立合理怀疑，都应当以相关查证工作的结果为依据，进一步研判该合理怀疑是否能够被排除。应积极审查辩方提交的新证据、新线索，尤其是具有易变性不真实特质的言词证据，提前做好应对措施。只有切实履行证据合法性证明责任，才能保证证据合法性调查程序顺利运行、确保证据合法性裁决公信力。

二是随着科学技术的不断进步和侦查手段的不断丰富，检察机关可运用科技手段和大数据佐证案件事实，对案件事实的客观证据收集更加全面从而辅助案件排除合理怀疑证据的审查。如利用高清的摄像头对案发现场的还原，调取案件相关监控来辅助证实案件事实以排除某些行为是否发生过的合理怀疑；又如重大毒品犯罪案件中通过技术侦查手段获取的相关案件当事人的毒品交易通话记录等数据可佐证分析犯罪嫌疑人是如何进行毒品交易的，排除被告人是否实施过贩卖毒品行为的合理怀疑，从而敢于对零口供且未在案发现场抓获的贩卖毒品的犯罪嫌疑人进行定罪，所以科技手段可以作为佐证排除合理怀疑的重要途径之一。但是要切记，“科技证据”虽然是一种新的证据种类，但其本质仍然是证据，其真实性和关联性仍需要在实践中通过“人”作为主体加以研判。盲目轻信“科技证据”或者以之为判断案件事实的唯一依据，将彻底丧失司法的人文属性，法律也就失去了存在的基本价值。还要结合法律规范和司法解释，学习最高检发布的指导性案例和典型案例，通过案例所呈现的证明思维、审查证据的方法、证据证明力的把握等要素，来引导各地对排除合理怀疑证明标准的运用，减少印证主义和法定证据主义的机械化思考的影响，将上级检察机关在司法实践中对排除合理怀疑的判断尺度、合理怀疑的界定标准等，通过释法说理的形式呈现，让抽象的概念具体化，更好地发挥案例指导作用。基层检察机关要通过“月见庭审”、岗位练兵、交流共建、专家学者上讲台等举措，不断精进检察官专业能力，培养刑事检察人才，提高排除合理怀疑的综合素养和实战能力。

三是检察官应掌握证据间冲突、矛盾的处置方法，证据冲突在实务中常见两种表现形式：在证据内容要素上相互矛盾，即直接矛盾；或是在证明目的上难以互洽，即间接冲突。无论哪种矛盾，只要存在证据冲突、矛盾就应当进行处置。检察官要掌握去伪存真的处置方法，面对证据的真实与否如何进行证伪，以及针对证据与待证事实之间关联程度的高低，如何看待优势证据，都是需要首先解决和思考的。实务中，一种是通过“证伪”进行排除和采信，即对冲突、矛盾证据双方进行真实性考量，以否定一方证据真实性，肯定相对方证据进行采信的排除方法，如利用测谎仪、侦查实验、大数据比对辅助证伪等。对有利于被告人的证据进行证伪排除时，证明标准一般应做到“证据为假”，“证据非真”达不到证明标准，而对于不利于被告人的证据进行证伪采信时，应当采用“证据为真”，不能苛求证明标准达到“证据非假”。另一种是采取综合优势排除作为证伪排除的辅助和补充方式。一般对于合理怀疑先采取证伪排除实现唯一稳定性的不再采取综合方式，若不能实现，则需采取综合优势排除以辅助验证，提高证据锁链的完整程度和闭合性。综合证据优势排除方法应是在证据真实性的基础上进行综合研判，如证据数量上的优势，立场、专业优势以及形成锁链印证优势。数量优势是指证据份数、内容同一性、证据种类等多角度形成多数优势证据的证明力高于少数证据；立场优势是指更具客观性的第三方提供的证据明显高于存在利害关系方提供的证据；专业优势是指具有专业资质的机构、个人就某些专业问题提供的证据高于非专业人士提供的证据；印证优势就是在内容上与其他在案证据形成互洽关系的证据证明力高于孤立证据的证明力。故此，检察官在实务中要运用以上证据证明方式，综合利用证据优势，运用好综合研判进行考量，使对冲突、矛盾处置具有理由上的延续性，进而对合理怀疑作出是否排除的最终判断。

在刑事诉讼中引入“排除合理怀疑”是法律事实与客观事实相结合的认识理论在刑事证明中的体现。在我国现有证明标准体系中，排除合理怀疑的实践应用增加了证据证明的可操作性，对刑事证据证明发挥着解释性概念和辅助性标准的作用。“排除合理怀疑”是很高的证明标准，达到了司法证明的最高水平。我国确立“疑罪从无”原则和“排除合理怀疑”等证明标准，使刑事诉讼制度更趋完善。检察官必须抛弃偏见，做到客观公正，才能防止冤假错案的发生。张玉环、聂树斌、呼格吉勒图等冤错案件产生原因之一，就是忽视对证据合理怀疑的排除。检察机关应通过实践经验的积累和实证案例的指导加强对排除合理怀疑标准的把握，更好地发挥其在刑事证明中的作用。

“幽灵抗辩”的司法应对路径探析

——以172个无罪辩护案件为研究对象

陈春英 赵文娟*

引言

刑事诉讼中，就检察机关的有罪指控提出辩解是被告人主动行使辩护权的正常表现。但经常有一些被告人提出的辩解理由一时无法查证或难以查证但又有存在的可能性，让司法人员左右为难甚至束手无策。有学者将这类难以查证但有可能存在的辩解统称为“幽灵抗辩”。“幽灵抗辩”又名“海盗逻辑”，源自我国台湾地区的一起海上香烟走私案。该案中被告人辩称自己是在海上打鱼时遭遇了海盗，海盗将其打的鱼抢走并将这些香烟丢到其船上。法官认为该辩解存在一定的合理性而且检察官无法举证排除该可能性，于是判决被告人无罪。因为被告人口中的海盗犹如幽灵一般难以查证，所以这一类的辩解就被叫作“幽灵抗辩”。① 自该案之后，海上走私类案件当事人纷纷效仿表示自己也是遭遇海盗，其他案件中也有越来越多的被告人选择提出一些难以查证的辩解以脱罪，甚至个别法律工作者还提供专门的“幽灵抗辩”法律服务，总结所谓的“辩护技巧”。面对“幽灵抗辩”，法官将始终面临“采信则有可能放纵犯罪”和“不采信则无法排除合理怀疑”的两难困境。如何既保障被告人的诉讼权益又及时查证案件，是亟待关注并解决的难题。

一、现状归纳：“幽灵抗辩”实务样态

为研究“幽灵抗辩”的样式、特点，笔者通过各种方式收集了172个存在“幽灵抗辩”的案件，采用案例分析、统计分析等方法予以实证分析。案

---

* 陈春英，江西省永丰县人民法院一级法官；赵文娟，江西省永丰县人民法院法官助理。

① 吴巡龙：《刑事举证责任与幽灵抗辩》，载《月旦法学》2006年第133期。

件样本来源于笔者亲历案件 8 个、中国裁判文书网公开案件 161 个及网络搜索案件 3 个，其中中国裁判文书网以“案件类型：刑事案件”“文书类型：判决书、裁定书”“关键词：辩称无罪”为关键词进行搜索，并在搜索结果中对具体案情特别是辩解理由进行了进一步筛选，除去笔者亲历和网络搜索的 11 个案件、宣告无罪案件及重复案件后共得到符合条件的案件 161 个。

（一）“幽灵抗辩”案件基本特征初探

第一，从案由分布看，“幽灵抗辩”在各种类型案件中都有可能出现，但案由相关集中。172 个样本案件中，诈骗、盗窃等侵财型犯罪 46 起，故意杀人、强奸等侵犯人身权利型犯罪 37 起，毒品类犯罪 53 起，交通肇事罪、帮助信息网络犯罪活动罪等其他案由 36 起。

第二，从处理结果看，172 个案件的被告人均提出了一时难以查证的抗辩事由以试图获得无罪或罪轻判决，抗辩事由被采纳并获得无罪、罪轻判决的 47 件，其中全部采纳并无罪判决 7 件、罪轻判决 11 件，部分采纳并罪轻判决 29 件，其余 125 件均被驳回，意见全部采纳率约为 10.47%，部分采纳率约为 16.86%。值得注意的是，样本案件中还出现了基本事实和抗辩事项均相似，但处理结果完全相反的情况，可见司法实践中不同法官对证明标准的理解和把握存在一定差异。如吴某盗窃案①和李某盗窃案②中，均在案发现场提取到了被告人生物物证，报案及现场勘查均及时进行，被告人均有盗窃前科，被告人均辩称案发时在他处，没有作案时间，但一个被判有罪，一个被判无罪。

第三，从审判程序看，172 起案件一审均适用的普通程序，用时最长的 342 天、最短的 37 天、平均 85 天，二审平均用时 57 天。从审理用时可知，无论是一审法官还是二审法官，在对案件整体事实查明或抗辩事项核实方面均持谨慎态度。172 起案件中有 135 起进入二审程序，其中检察院抗诉 29 起、被告人上诉 101 起、既上诉又抗诉 5 起。而在抗辩意见没有全部采纳的 154 起案件中，上诉率虽然很高，但在上诉不加刑的司法规则下，居然有三成多一审时“死不承认”的被告人服判服法，本身就说明案件真实情况或许并不是他抗辩意见中所提那般。

（二）“幽灵抗辩”常见形态

本文依照犯罪构成四要件理论，区分具体的抗辩事由，将“幽灵抗辩”

---

① 参见辽宁省本溪市明山区人民法院（2019）辽 0504 刑初 26 号刑事判决书、本溪市中级人民法院（2019）辽 05 刑终 130 号刑事判决书。

② 参见广东省广州市黄浦区人民法院（2014）穗黄法刑初字 747 号刑事判决书、广州市中级人民法院（2015）穗中法刑二终字 515 号刑事判决书。

大体分为犯意反驳型、客观否认型和免责事由型三种①。在收集的 172 个案件中，提出的抗辩事由属于犯意反驳型的 78 件，占比 45%；属于客观否认型的 55 件，占比 32%；属于免责事由型的 39 件，占比约 23%。

1. 犯意反驳型

主客观一致是认定犯罪的基本要求，这类抗辩主要是针对犯罪主观构成要件中的犯意要素予以辩驳。笔者收集的 172 件案例样本中，有 78 件主要是针对主观犯意进行反驳。主要表现有以下几种：一是毒品类、走私类、电信诈骗关联犯罪、性侵幼女等犯罪案件中否认“明知”、辩解“不知情”，如奸淫幼女型强奸犯罪被告人往往辩称不知道对方的年龄。二是侵财类案件中辩称没有“非法占有目的”。侵财类案件普遍要求行为人以非法占有为目的，如果没有非法占有目的则一般认为不构成犯罪，而主观目的属于当事人内心所思所想，很多被告人即使被追诉仍不愿直接承认自己的真实目的，如笔者办理的刘某某合同诈骗案中，刘某某即辩称其系合伙投资而非诈骗，所收款项也已用于打点项目。②

案例 1：谭某帮助信息网络犯罪活动案③。2021 年 1 月，谭某在微信群看到有人称提供银行卡每日可支付数百元好处费，遂办理了一张银行卡并将银行卡、个人手机、手机银行密码、身份证交给了对方。经查，该银行卡 2021 年 1 月 28 日、29 日进账 100 余万元，其中 56 万余元查实系电信诈骗被骗资金。谭某到案后辩称自己是受到他人胁迫才将银行卡等物交给对方、不知道对方是将银行卡用于电信网络诈骗。

根据刑法规定，提供银行卡型帮助信息网络犯罪活动罪必须以行为人明知他人实施电信网络诈骗等信息网络犯罪为前提，但此类案件中许多被告人像谭某一样辩解自己不知情。而知情与否是深藏于行为人内心的事实，如非口述，通过证据一般难以探知。

2. 客观否认型

该类抗辩攻击的是犯罪构成客观要件，即被告人通过辩解自己实施了其他行为以达到否认指控行为的目的，大多数出现在控方证据体系较为薄弱的案件中。收集的 172 个案例中，有 55 件抗辩对象主要锁定为客观要件，主要表现

---

① 值得注意的是，司法实践中被告人提出抗辩是为免除或减轻罪责，而非进行犯罪构成分析，所以他们所提出的抗辩理由有时也并不单纯针对某一方面，有的甚至主客观一概否认，实践中被告人的抗辩事由层出不穷、形式多样，这个分类也不完全客观严谨。

② 参见江西省永丰县人民法院（2019）赣 0825 刑初 17 号刑事判决书。

③ 参见广东省深圳市宝安区人民法院（2021）粤 0306 刑初 1546 号刑事判决书。

为被告人提出其本人独知的事实来使控诉证据链无法形成闭环。如盗窃案中，对于从其处查获的被盗财物辩解称是捡的、买的或者别人给的；毒品犯罪案件中，哪怕是人赃俱获被告人也往往对事实予以否认，要么称被查获的毒品是绰号为某甲的人寄存的，要么称是帮绰号为某乙的人送茶叶，不知道怎么就换成了毒品。

案例 2：曾某交通肇事案。某日凌晨，某县“110”指挥中心接群众报警称有一人躺在路边，疑似发生交通事故。民警出警后发现被害人魏某躺在路边，现场还散落有疑似电动车碎片和血迹，当日魏某经抢救无效死亡。之后，民警通过对现场血迹进行 DNA 鉴定，锁定肇事者是曾某。曾某到案后承认自己当天曾骑车经过案发路段，但辩称在案发前十分钟即已通过该路段，人不是其撞的，自己受伤是因为在别处摔了一跤，对于 DNA 鉴定意见则表示警察可能搞错了。①

这是笔者亲历的一起案件。面对指控，曾某试图通过辩解自己不在案发现场来脱罪，而对于自己受伤、DNA 鉴定等客观事实，又提出别处摔跤、鉴定出错等理由。由于缺乏证明交通事故案发经过的直接证据，而曾某又言之凿凿，笔者在办理该案时一度心存疑虑。

3. 免责事由型

该类抗辩一般表现为被告人对检察机关指控实施的构成犯罪要件的行为不予否认，提出在指控事实之外还独立存在诸如正当防卫、紧急避险、被害人同意、无刑事责任能力、受他人胁迫等事由并据此要求免责，提出的免责事由又因其他证据瑕疵或缺失而难以查证，从而形成“幽灵抗辩”。如在一些年龄处于临界节点的案件中，被告人往往以出生日期系农历、上户口时虚增了年龄等为由对刑事责任能力提出抗辩。而在一对一类案件中，则多提出对方先动手、自己是迫于无奈还击、自己被胁迫等辩解。在 172 个样本案例中，有 39 名被告人作出了此类辩解。

案例 3：万某故意杀人案。万某与其儿子共同居住，两人在生活中经常产生矛盾，万某对其子一直不满。2018 年 8 月 6 日凌晨，双方因琐事发生争执并发生肢体冲突，万某遂到厨房拿来一把尖刀砍切其子颈部将之杀死。案发后，万某前往某医院意图跳楼自杀，后被抓获。审理过程中，万某辩解儿子向其索要毒资不成从厨房拿菜刀要砍他，他是在和儿子打斗过程中夺过刀而无意之中伤及儿子，其行为属于正当防卫。②

---

① 参见江西省永丰县人民法院（2022）赣 0825 刑初 93 号刑事附带民事判决书。

② 参见江西省高级人民法院（2019）赣刑终 173 号刑事裁定书。

该案中，案件是否因被害人索要毒资而引发、万某是否因夺刀而误杀对案件定性有重大影响，但本案发生于相对密闭空间和家庭内部成员之间，既无目击证人或视频监控等直接证据，被害人也已死亡，难以查证。

二、路径解析：千方百计的应对探索和破解乏力的实践现状

如何合法、有效地查明案件事实是刑事诉讼的核心问题。如果无法准确认定事实，将可能产生冤错案件。“幽灵抗辩”之所以成为了一种困扰，一个非常重要的原因是这类抗辩也存在一定的合理性，某种程度上动摇了控方的指控体系，正因如此，检察官、法官才会想方设法去排解。但由于我国尚无明文规定的辩护事由证明方案，实践中对“幽灵抗辩”的应对亦无统一标准，从172个案例样本中粗略分析，发现主要有以下五种不同的处理模式，且各自均存在一定的局限而不具有普适性。

（一）要求公诉机关继续举证以核实真伪

1. 主要做法

在刑事诉讼举证责任承担方面，2018年修订的刑事诉讼法继续沿袭此前原则，明确规定“公诉案件中被告人有罪的举证责任由人民检察院承担”[①]，而当遭遇“幽灵抗辩”时，多数法官的第一选择都是要求检察机关继续提供证据以查实抗辩事由的真伪。172个样本案例中，选择此项处理模式的有71件。具体到个案办理中，法官一般是要求检察机关就疑点问题继续补充侦查，而后再根据补查情况作出认定。如在刘某等人贩卖毒品案件中，法官就认为“公诉机关应当举出相关证据来推翻被告人刘某的无罪辩解以使自己的举证达到排除合理怀疑的证明要求……公诉机关在庭审中明确表示不再调取新的证据，以致被告人刘某辩解之真伪因程序性规则而无法确实”[②]，进而对该起事实未予认定。

2. 存在的弊端：耗时耗力、效果不佳

如果只要被告人提出抗辩就必须一一查证，则意味着控诉方必须通过严密的证据链以证明所有的犯罪构成要件，而辩护方则只需要在证据链条中轻轻拉扯使得部分模糊，控诉方的努力就将前功尽弃并重头再来，将使案件陷于“提出抗辩—排除可能—提出新的抗辩”的无限往复中，这无疑是对司法资源的极大浪费。如在朱某诈骗案中，被告人朱某不断提出辩解称自己确实是在花

---

① 参见《刑事诉讼法》（2018年修订）第51条。

② 参见江苏省南充市顺庆区人民法院（2018）川1302刑初506号刑事判决书。

钱找人办事，办案机关则逐一核实真伪，直至“提出来的各项辩解事项对于有具体线索的，司法机关已经穷尽调查，相关单位和个人出具了证明材料”，也正因此，该案2019年2月27日一审立案，2020年1月一审宣判，而二审裁判直至当年12月才作出，无论是一审还是二审用时都远超普通案件。[①]

（二）通过逻辑推理论证抗辩真伪

1. 主要做法

该种处理模式其实是利用现有证据，通过逻辑推理来求证指控事实或抗辩事由真伪与否，是在间接证据与待证结论之间进行逻辑演绎找出两者的逻辑关系并得出事实结论。在这类处理思路中，裁判文书多表述为“在案证据足以证实……为真（不真实），辩解理由不成立，不予采信”，172个样本案例中，有45件采用了此种模式。比如“保姆纵火案”，面对莫某某所提出的“只实施点火行为，没有放火故意，引燃窗帘系意外起火，应定失火罪，放火存在中止行为”的抗辩意见，杭州中院法官采用逻辑推理方式对证据和案件事实之间的关系进行了逐级递进式说理，进而认定以上抗辩事由均不成立，堪称经典。[②]

2. 存在的弊端：说理不足、难以服众

该类处理模式普遍存在裁判文书说理不足问题，推论的说服力也随之不足。与“保姆纵火案”裁判文书的范式说理不同，在对“幽灵抗辩”进行证伪时，更多法官只是作出结论但不对结论由来进行说明和论证，如仅表述为“对辩护意见不予采信”，并不展示心证过程，裁判文书论证不足、结论生硬从而难以服众。如在祝某诈骗案中，面对被告人提出的“没有诈骗意图，确实收了钱但均用于办事”的抗辩，判决书只是简单罗列证据而未进行证据说理，结论也仅表述为“与查明事实不符”而未展示论证过程。[③]

（三）以被告人没有提供证据为由否定其抗辩

1. 主要做法

一些法官在遭遇“幽灵抗辩”时选择了根据被告人是否就其抗辩事由提供证据支持来决定对抗辩内容采纳与否，有的案件甚至只是根据现有证据径行判决而对抗辩不加理会、不作回应，当然，不理会的前提必然是无证据证实。

---

① 参见江苏省宿迁市中级人民法院（2020）苏13刑终117号、江苏省泗阳县人民法院（2019）苏1323刑初53号刑事判决书。

② 参见浙江省杭州市中级人民法院（2017）浙01刑初121号刑事判决书。

③ 参见四川省蓬安县人民法院（2017）川1323刑初112号刑事判决书。

172 个样本案例中，有 32 个案件的裁判者如此选择。在这一类处理模式的案件中，裁判文书多数表述为“上述证据足以证明……事实，被告人辩称……但无法提供证据证实（无证据支持），不予认定”。如赵某贩卖毒品案中，赵某否认相关微信支付源于毒品交易，对收到的 200 元辩称用于换现金，而转出的 130 元则解释系支付车费，法官认为该辩解属于“幽灵抗辩”且无证据支持，现有证据足以认定其行为构成贩卖毒品罪，遂作出有罪判决。①

2. 存在的弊端：依据不足、不合法理

要求被告人就其“幽灵抗辩”提供证据，本质是要求其承担举证责任。但根据无罪推定原则以及我国刑事诉讼法的具体规定，检察机关承担证明被告人有罪的举证责任，被告人既不能自证其罪也无须自证无罪，要求被告人承担举证责任的正当性存在争议，同时，被告人举证能力微弱、控辩双方地位不对等等现实问题也将制约被告人举证的有效性，甚至影响司法公正。

（四）运用事实推定认定事实

1. 主要做法

理论界根据推定依据不同将推定区分为法律推定和事实推定，其中法律推定因有法律明文规定一般不存在适用和认定困难，不在本文讨论范围内。事实推定虽然也是推定，但因为缺乏直接法律规定作为推定根据，法官只能凭借逻辑经验推导出待证事实并据以作出事实认定。当案件因为种种原因陷入证明不能的困境时，样本中有 19 件案件的法官选择了事实推定，其中最典型的是检例第 65 号案例“王鹏等人利用未公开信息交易案”。该案中，虽然在案证据能够证实存在异常交易行为，但无直接证据证明王鹏等人的主观明知，而包括王鹏在内的三名被告人都拒绝认罪，也拒不供述未公开信息传递过程等事实。最终，办案人员借助推定方法完成了事实认定。值得注意的是，一审宣判后，三名被告人都服从判决，没有上诉。②

2. 存在的弊端：诱惑十足、效力存疑

事实推定能够让案件事实认定问题陷入“山重水复疑无路”的情况下获得“柳暗花明又一村”的结果，可谓诱惑十足。但由于事实推定的复杂性和理论研究的相对滞后，事实推定在具体的司法适用中存在诸多问题，比如何为经验法则，何为逻辑规则，如何选定推定根据，如何进行逻辑推理，推定结论是否允许反驳，被告人权利如何保障等问题均无明文规定和操作指引，推定效

---

① 参见海南省文昌市人民法院（2019）琼 9005 刑初 267 号刑事判决书。

② 参见最高人民检察院第十七批指导性案例（检例第 65 号）。

力存疑。

（五）法院依职权调查抗辩事由

1. 主要做法

根据现行刑事诉讼法的相关规定，法院在法庭审理过程中，如果对于案件事实或证据存在疑问，既可以主动对疑问证据进行调查核实，也可以依职权调取新的证据。与前述做法不同的是，还有一些法官在遭遇“幽灵抗辩”时并不是消极听审，而是主动进行调查取证以核实抗辩事由存在与否。172 个案例样本中，还有 5 个案件的法官选择了主动进行调查取证以核实真伪。如在樊某合同诈骗案中，樊某辩解自己实际中标了相关工程项目，具有履行合同的能力和条件，但现有证据无法证实其所称的相关工程项目的真实性，法院遂主动依职权进行了调查核实。①

2. 存在的弊端：地位不清、暗藏风险

法院主动进行调查取证的地位不清、程序不明还暗藏司法风险。法院依职权调查取证，一定程度上违背诉审分离的原则，同审判者在诉讼中的职能和中立地位格格不入，与司法被动性原则和现代刑事司法精神相悖。举例来说，如果法院主动调取的是对被告人不利甚至超越公诉方指控范围的证据，且据此对被告人进行了重判，法官则实际扮演了双重角色，将受到“既是裁判者，又是追诉方”的质疑，但是不依证据裁决又存在放纵犯罪风险，调查取证也失去了意义。

三、现状追问：内因外力的双重推动和证明规则的桎梏限制

（一）产生缘由：“趋利避害”的自然选择和“口供情节”的外在驱使

一方面，实践中，许多被告人提出“幽灵抗辩”并不是为了证明事实而是为了把水搅浑，终极目的则是逃避或减轻处罚。很多案件中，被告人之所以提出“幽灵抗辩”，往往是源于趋利避害的本能，出于对罪轻、无罪结果的积极追求，特别是一些被控重罪的被告人其实清楚自己就算认罪认罚也无法获得理想的处理结果，顺势就产生了“拼一把”“鱼死网破”的赌徒心理。笔者办理的一起被告人不认罪的贩卖毒品案件中，辩护人就表示被告人曾向其坦诚“数量摆在那，认与不认都是 15 年，还不如赌一把”。同时，“幽灵抗辩”还有一个重要特点是同类性、可模仿性。由于“幽灵抗辩”的抗辩效果较好，

---

① 参见安徽省高级人民法院（2019）皖刑终 219 号刑事判决书。

往往被人模仿甚至有人专门据此“传经授道”。如在最近发案率最高的“两卡”类案件中，许多被告人对“出卡”事实不予否认，但都不约而同将“收卡人”指认为路上偶遇的陌生人或者只知外号的网络好友，对于“出卡”理由则是用于电商刷单或者网贷提额。

另一方面，长期以来，我国刑事诉讼过程中都更偏爱认罪口供类的直接证据，裁判人员在作出裁决时更倾向于信赖被告人口供之类的直接证据，而许多被告人往往存在只要不是人赃俱获就不能证实其犯罪的侥幸心理，甚至存在司法人员认为没有口供不敢判决、被告人认为没有口供无法判决的“口供情节”。而在缺乏直接证据时，“口供情节”惯性思维下可能带来的“重大利好”将促使被告人选择作出“幽灵抗辩”。

（二）困境反思：跳出单一证明规则的桎梏

“幽灵抗辩”是被告人为免除或减轻自己的刑事责任而提出的，行为逻辑是先立后破，通过提出存在其他事实或主张来反证指控事实不存在，意图达到的是“以子之矛攻子之盾”的效果。但是，如果允许任何人就任何主张提出疑问而无相关限制，那提出主张方将陷入无止境的回应困难当中。如前所述，面对“幽灵抗辩”，无论是传统的举证责任分配还是运用推论等证明方式均显得心有余而力不足，此时必须主动跳出单一证明规则所形成的桎梏以寻求新的解答。

无罪推定原则是刑事诉讼的基本原则，指的是控方必须承担被告人有罪的证明责任，如果控方无法提供确切证据证明被告人有罪则推定被告人无罪，也即说被告人没有自证无罪的义务。但无罪推定原则是对证明犯罪构成要件进行限制，也就是说控方必须举证被告人的罪与非罪，但对于犯罪构成以外的其他争议，比如程序性事实、有责性事实则不能适用无罪推定原则，以及犯罪构成以外的举证责任可以由被告人承担，而且对于被告人独知的事实，由其自己提供证据或线索，显然也更有利于事实查明。“事实上，如果人们让原告承担所有的证明责任，那么从一开始无论哪一个诉讼都会变得毫无希望，所以说将证明责任科学且适当地分配给双方当事人，乃是刑事诉讼证据制度中最为关键或是最为重要之所在。”[①] 需要特别注意的是，被告人承担举证责任具有非常规性和特殊性，属于主观证明责任，即使没有完成，也不会直接对案件结果产生实质性影响，不会因此使得自己被判有罪，即虽然被告人无法证实其所抗辩的

---

① ［德］莱奥·罗森贝克：《证明责任论》，庄敬华译，中国法制出版社 2001 年版，第 96—97 页。

“幽灵”真实存在，但其罪与非罪仍应由控方证据决定。

四、破立并举：锚定争点、分步化解的路径探索

“幽灵抗辩”产生的根本原因是缺乏直接证据予以证明，而这也直接导致事实认定困难。由于难以查证，法官往往面临两难选择：如果采纳该抗辩，则可能助长被告人的投机心理，将会有越来越多的人试图通过此种方式来逃避法律追究；如果不采纳该抗辩，又难以通过现行证据规则有效排解，万一辩解为真则将酿成错案。面对层出不穷、似真似幻的“幽灵抗辩”，唯有摒除事实认定过于依赖直接证明的惯性、破除“口供情节”，首先识别抗辩本质、锚定争议焦点，对于明显不合常理的直接驳回，进而运用间接证据、刑事推定等证明方式构筑事实认定体系，并在适当时候由被告人举证来验证事实认定正误与否进而避免错判风险，通过“识别—论证—判定—验证”四步法以改善当前“幽灵抗辩”应对乏力的窘境。

（一）第一步，识别——锚定争点去繁就简

基于无罪推定原则要求，对于犯罪基本事实和认定有罪的举证责任当然应由检察机关承担，有利于被告原则也要求在证据不足、案件事实存有疑点的情况下应该作出有利于被告人的认定。需要首先明确的是，作出有罪判决的前提是排除合理怀疑。而对于何谓合理怀疑，引用最为广泛的为加利福尼亚刑法典中的表述“它不仅仅是个可能的怀疑，而是指该案的状态，在经过对所有的证据的总的比较和考虑之后，陪审员的心理处于这种状态，他们不能说他们感到对指控罪行的真实性得出永久的裁决已达到内心确信的程度”①。合理怀疑“只能是有理由的怀疑，而不是随便怀疑；因为任何与人为的事务有关并且依赖于人为的证据的东西都容易存在可能的或想象中的怀疑”②。这也就是说，合理怀疑必须具体且有一定事实根据。当法官面对被告人提出的抗辩事由时，既不能偏执于“客观真实”而让司法证明过于机械化、理想化，也不能一概盲目追求主观心证而使司法证明充满不确定。换言之，被告人提出的抗辩事由必须合乎常理，即必须符合法律规定、科学定论、自然常识、经验规则和逻辑法则，如果明显有悖于常理，则必然不足以对控诉证明体系形成抗辩，也就不存在前述“合理怀疑”。也就是说，面对“幽灵抗辩”，首先应当是精准识别

---

① 《美国联邦刑事诉讼证据和证据规则》，卞建林译，中国政法大学出版社 1996 年版，第 129 页。

② ［英］J. W. 塞西尔·特纳：《肯尼刑法原理》，华夏出版社 1989 年版，第 549 页。

出争点所在，然后锚定争点，仔细辨别到底是无理狡辩还是可能确有其事，如果不合常理则直接驳回，而无须再对该抗辩事由进行“证否”，如果已然引发合理怀疑，则继续锚定争点并到下一步予以解决。

（二）第二步，论证——间接证据综合认定

如前所述，“幽灵抗辩”成为困扰很大程度上是由于缺乏直接证据，此时必须依赖间接证据来完成事实认定。间接证据证明主要通过推理实现。所谓推理，指的是从已知事实或判断出发进而推导出未知结论的思维方式。具体到个案中，推理结论是否真实、可靠，最重要的影响因素是推理的形式和前提。单个推理得来的结果具有或然性，并不一定符合客观真实，应当避免依靠单个间接证据证明案件事实。也就是说，间接证据只有形成了证据锁链，才能证明案件事实，并据之定案，即必须通过多个间接证据进行综合推理以确保结论可靠。

在运用间接证据证明时，首先需要审核的就是证据的真实性问题，必须确保据以定案的证据是真实可靠的。需要注意的是，在审查确认单个证据真实可靠的基础上，还应当对全案证据综合分析并判断是否存在矛盾，判断标准可简单概括为：自身矛盾的必然有问题，相互矛盾的定有一假，与众证矛盾的多为假证，与事实矛盾的定属假证。经过综合分析判断，如果在案证据已达自身统一、相互统一和全案统一则可以作为定案依据。

证据真实性问题解决后，还要考察证据的证明力。证明力是根据证据和案件事实之间所存在的联系决定的，而这种联系存在多样性。一方面，就联系的性质而言，既有真实联系也有虚假联系，既具有必然联系也具有偶然联系等；另一方面，就联系对象而言，既可能联系到作案行为与犯罪嫌疑人，也可能联系到作案行为与被害人，或联系上犯罪嫌疑人或案发时间地点等。而什么样的联系性质和联系对象，则直接关系到将产生什么样的证明效果。所以，必须全面考察、综合评判。相互之间内容独立甚至矛盾的间接证据，因为不存在内在关联也就无法形成证据链条，数量再多也不具有证明力。

间接证据真实性和证明力的问题解决后，再根据证据组合并借助逻辑推理，对案件事实作出综合认定。笔者处理曾某交通肇事案时使用的就是间接证据证明法，通过监控视频、现场勘验笔录、鉴定意见等多组间接证据连接成了一条环环相扣证据链条，并使得基础事实呈现层层递进样态，最终共同指向了待证事实。案例 2 事实认定的推理过程可概括为：

大前提：案发现场的碎片是肇事车辆所留，案发现场除被害人以外的其他血迹是肇事人所留。

小前提：现场碎片经鉴定是曾某所骑电动车的，现场血迹经鉴定与曾某血

液 DNA 吻合。

结论：被害人是被曾某骑电动车撞倒的。

论证过程中，曾某对小前提提出了异议称 DNA 鉴定可能弄错了，该异议如果成立将彻底动摇证明体系。但经审查其他证据，发现现场血迹是案发后第一时间由侦查人员依法提取，曾某的血样则是在数天后提取，即现场血迹提取在前，曾某血样提取在后，且无“侦查程序合法”的阻断因素出现，曾某仅口说“可能弄错了”并无法动摇现有证明，该异议未被采信。

当然，单纯根据以上推理，其实并无法得出唯一性结论，即还存在合理怀疑：曾某恰好骑车经过现场并摔了一跤留下了碎片和血迹。所以，为验证结论真伪，还需要进一步求证。此时，运用的是另一组间接证据——案发现场监控视频。碍于客观条件，监控视频下确实无法准确辨认肇事车辆或肇事人，无法直接证明犯罪事实，但其在证据链中依然不可或缺。具体求证过程如下：

前提：监控视频显示只有肇事人骑着肇事车与被害人发生碰撞，碰撞后肇事车也倒地，数分钟后才离开，至警方到场期间没有其他车辆和人员在现场异常停留过。

结论 1：肇事车辆可能受损、肇事人可能受伤（印证了现场血迹由来，并与曾某受伤就医形成逻辑闭环）。

结论 2：排除曾某在现场摔跤并留痕的可能。

至此，法官已经形成内心确信，该案的事实认定过程宣告完成。此时再回头看曾某的抗辩事由，无论是“事故发生前十分钟就已经通过了事发路段”以试图证实没有作案时间，还是“当天早上在其他地方摔跤了”以试图对自己受伤情况作出解释，显然均无法动摇前述论证，也就没必要一一证否。

（三）第三步，判定——刑事推定证成证否

在运用间接证据证明依然无法得出唯一合理性结论的情况下，刑事推定是法官们的另外一个选择。被告人所提出的“幽灵抗辩”中的事实往往虚无缥缈、难以查证，刑事推定在应对“幽灵抗辩”时具有天然优势，既可对案件事实进行正向证成以得出唯一性结论，也可对“幽灵”逐一证否，排除其他可能性之后的结论即为法律事实。

刑事推定，指的是依据法律规定、经验法则、逻辑规则等，通过基础事实来推导出推定事实，它包括基础事实、推定根据与推定事实三个要素，演绎过程可简述为“基础事实证明—经验法则演绎—待证事实证成”。与间接证据证明中以基础事实为一阶证成事实、以待证事实为二阶证成的二阶式证明过程不同，刑事推定还需要以推定根据作为判断枢纽，是一种“证明 + 认定”的递进式证明。“王鹏等人利用未公开信息交易案”就是运用刑事推定进行事实认

定的典型，其主要证明过程可简单概括为：

基础事实1：被告人交易与未公开信息的关联性、趋同度及与其平常交易习惯的差异性。

基础事实2：双方具备传递信息的动机和条件。

基础事实3：交易行为不符合其个人能力经验。

推定根据：证券市场的基本规律和一般人的经验常识。

推定事实：被告人构成利用未公开信息交易罪。

当然，待证事实能否证成，受制于基础事实是否真实可靠、推定依据是否合法合理等，具有或然性，不可能100%正确。可以说，步骤二的间接证据证明能够还原案件的真实面貌，而刑事推定则是得出最大盖然性的推定事实。无论盖然性多高都无法确保万无一失，为了避免被滥用或被控方当作减轻证明责任的借口，应当对刑事诉讼过程中的刑事推定采取谨慎态度，只能将之处于补充定位，并通过确立适用规则来避免推定被滥用。

第一，必须限制适用条件。一是应当后置适用。刑事推定具有主观性和或然性，推定事实并无法确保完全准确可靠，只能起辅助、补充作用，必须在穷尽其他证明方法的情况之下才能使用，在有证据证明时不得用推定代替证据证明，也不必然减轻公诉方举证责任。二是基础事实为真。推定就是通过基础事实推导出待证事实，如果作为条件的基础事实不真实，那么结论必然是不可靠的，所以基础事实必须是真实可靠的，如自然规律或定理、众所周知的事实和已被证明的事实等。三是不得二次推定。如前所述，推定事实本身即具有或然性，并不等同于客观事实，在或然性基础上再进行二次推定，其实质是在运用“乘积定律”而不是“加法定律”来认定案件事实，或然性将被放大，必然导致结论不可靠。

第二，必须明确推定规则。一是明确推定根据。基础事实之所以能够推断出推定事实，是由于基础事实和推定事实间存在内在联系，也就是说只要基础事实存在，推定事实就也存在或大概率存在。这种内在联系除了有法律作出明文规定外，通常表现为客观的因果逻辑和合理的经验逻辑，也即逻辑规则和经验法则。二是过程应当公开。不公开、不公示则意味着推定过程无从监督，过程的不规范可能导致结果的不正义，所以适用刑事推定时必须在法庭审理过程中予以释明并引导控辩双方进行辩论，并在裁判文书中加以论证说理，这不仅关乎被告人能否顺利行使反驳权，亦将促使法官审慎适用推定并进而保障司法公正。三是结论允许反驳。从基础事实推导出推定事实的或然性使得仍有例外情形存在的可能和空间，推定事实并非百分之百正确，所以必须允许被告人对待证事实进行反驳，而且反驳不要求确实充分而只需要引发合理怀疑即可，也就是说只要反驳具有存在可能或使得推定事实不具有唯一性而具有其他可能性，则应当停止使用该推定。

（四）第四步，验证——适当举证保障诉权

案件办理必须经得起检验。如果通过以上三步，案件事实仍然处于真伪不明状态或者被告人就此提出了新的反驳且具一定合理性，即“幽灵抗辩”动摇了法官的心证，就应当要求控辩双方继续举证。此时，检察机关应当通过进一步举证来对指控事实进行证成或者对抗辩事由予以证伪，而在检察机关已经承担了大部分证明责任的大前提下，对于提出“幽灵抗辩”的被告人也应当承担一定的证明责任，也即就自己提出的抗辩事由提供一定的证据或材料线索，以避免不利认定。比如前述曾某交通肇事案件中，如果曾某不仅是口头表示“鉴定意见可能有问题”，而是提供诸如血迹提取、送检程序等不合法的具体线索，法官必将重新审视全案证明体系。

第一，“幽灵抗辩”被告人承担一定证明责任具有现实必要。首先，适当赋予“幽灵抗辩”被告人一定的证明责任是跳出僵化刑事证明责任分配体系的必经路径。无罪推定原则要求控方承担被告人有罪的证明责任，但是具体到司法实践中，其实有很多证据往往是被告人相对容易获取而控方却难以甚至无法取证的。此种情况下，如果依然僵硬遵守控方举证的原则，不仅有碍于诉讼效率，同时与公平正义相违背。其次，赋予“幽灵抗辩”被告人一定的证明责任是提高诉讼效率的现实需求。对于一些使得诉讼进程陷入僵局之中的“幽灵抗辩”，与其让控诉机关投入大量的人力、物力却难以取得进展，不如就由本就掌握优势资源的被告人提供证据予以证明，在公正司法的前提下该种选择将更具司法效率。最后，赋予“幽灵抗辩”被告人适当举证责任也是维护其自身权益的最优选择。“凡有主张责任原则上必有证明责任与之伴随”[①]，司法活动当中，证明责任与诉讼主张从来就不是对立关系而应当是紧密相连的，履行证明责任其实是为了印证己方的主张，刑事诉讼亦不例外。被告人积极举证将更有利于事实查明和性质认定，亦能据此更大限度维护其自身利益。换个角度，于被告人而言，此种境遇下与其说是举证的责任，不如说是不举证的危险。

第二，“幽灵抗辩”被告人承担证明责任的方式和标准。关于举证方式：举证时，最直接最有力的方式当然是直接提出证据，但囿于刑事诉讼的特殊性，被告人很少也很难通过提出额外证据的方式来提出辩解理由。基于此，应

---

① 毕玉谦：《民事证据原理与实务研究》，人民法院出版社2003年版，第5页。

当对辩方对自己抗辩事项进行举证时的举证方式和证明标准进行特殊规定，可参考非法证据排除启动规则，允许被告人以提供线索或材料的方式履行举证责任。关于证明标准：由于控辩双方地位不平等，被告人举证的证明标准当然也不能等同于控方，否则将会进一步加剧实质上的不平等。所以在这种情况下应当采用优势证据的证明标准即“优势证明”，也就是说只需要被告人提出的抗辩事项和相关线索能够让裁判者相信该辩解存在的可能性大于不存在的可能性即可。如果裁判者认为该抗辩事项成立的可能性更大，证明责任则继续由检察机关承担，检察机关应当提供证据予以证否，否则将承担由此产生的不利后果。

结语

刑事司法既要维护被告人的合法权益权益，也要保障社会公共利益和被害人的合法权益。“幽灵抗辩”事由纷繁复杂、真伪难辨，由此导致的司法证明异常艰难，进而将产生更多的矛盾点。而矛盾点的增多，也必然导致评判者迟疑。面对层出不穷、似真似幻的“幽灵抗辩”，单纯通过举证责任分配等传统方式并无法得到有效解答，必须主动跳出单一证明规则所形成的桎梏，对抗辩事由进行抽丝剥茧式的精准识别、理性论证、综合判定，从而使矛盾点被排除或者得到合理解释。期待“识别—论证—判定—验证”四步应对法能够让法官们在遭遇“幽灵”时有所助益。

制度前瞻

“排除合理怀疑”：日本的学理理解与司法适用

——兼论我国“排除合理怀疑”之适用问题

孙　航*

引言

“排除合理怀疑”是日本从英美法中引入的概念，其内涵与英美法基本无异。在刑事裁判中，法院就公诉事实进行认定时，对该事实的证明必须达到“排除合理怀疑”的程度。这里所说的“排除合理怀疑”，并不是指达到完全排除反对事实存在的程度，而是按照健全的社会常识与一般性判断，排除疑问存在的合理性，从而使有罪认定成为可能。2009 年，日本裁判员制度正式施行。为便于裁判员正确理解“排除合理怀疑”等法律概念并据此形成自身的主观确信，日本司法界针对“排除合理怀疑”的概念及具体适用的展开详细探讨。

事实上，日本现行《刑事诉讼法》中并无“排除合理怀疑”的直接规定，而是仅就自由心证主义于该法第 317 条①与第 318 条②作出相应表述：“事实认定以证据为根据”以及“证据的证明力由法官自由判断”。在刑事裁判中，法官根据证据进行事实认定，显然是建立在对证据证明力进行评价判断的基础之上。自由心证主义的设立，意味着日本《刑事诉讼法》并未对证明力评价设置形式性的规则，而是将狭义的证明力和信用性，交由法官进行自由判断。③针对何为犯罪证明、犯罪证明需达到何种证明程度等问题，日本司法学界已有

---

* 孙航，中国政法大学与日本京都大学联合培养博士研究生。

① 日本《刑事诉讼法》第 317 条：事実の認定は、証拠による。

② 日本《刑事诉讼法》第 318 条：証拠の証明力は、裁判官の自由な判断に委ねる。

③ 董林涛：《立法·原理·判例：日本刑事证据规则的“三维”检视》，中国政法大学出版社 2021 年版，第 216 页。

判例和学说在自由心证方面对其进行了相应的解释与讨论[1]：犯罪证明，主观上须形成“（内心）确信”，客观上须达到“排除合理怀疑”的证明或“高度盖然性”的程度。虽说“确信”与“排除合理怀疑”或“高度盖然性”是不同维度的概念（主观与客观），必须予以明确区分；但若从“证明程度”的角度进行考察，二者又处于同一水平，具备同一性。达到“排除合理怀疑”的心证，同样也会被认为形成了“（内心）确信”。

我国刑事诉讼法规定，“证据确实、充分”应当符合三项条件，其中，“综合全案证据，对所认定事实已排除合理怀疑”是必须具备的基本要件之一。据此，一般认为，我国刑事证明标准正式引入了英美法系的“排除合理怀疑”标准。[2] 应当承认，以“排除合理怀疑”阐释、界定我国刑事诉讼法上的“证据确实、充分”，有助于弥补传统证明标准抽象化与客观化的缺陷，实现了从客观与主观的双重维度对刑事证明标准作出规范。[3] 但如何结合中国自身实际情况，正确理解与适用“排除合理怀疑”，还需进行深入研究。有鉴于此，本文拟从比较法的视角出发，在归纳日本“排除合理怀疑”理论发展脉络的基础之上，结合日本司法学界理论与判例解释，分析与犯罪证明程度相关的“（内心）确信”与“排除合理怀疑”“高度盖然性”等概念及其相互关系。之后，通过讨论日本司法实践中“排除合理怀疑”在裁判员案件中以及在间接事实认定中的应用，具体展示日本关于“排除合理怀疑”的学理理解与适用。最后，本文将结合日本的刑事法制经验，就我国刑事司法中“排除合理怀疑”的学理理解与司法适用提出相应的建议。

一、域外考察：日本“排除合理怀疑”的学理探讨与司法适用

“排除合理怀疑”原为英美法系通行的证明标准。由于日本等大陆法系国家的（内心）确信标准缺乏细化规定，加之战后日本受英美法影响颇深，“排除合理怀疑”逐渐被日本等大陆法系国家的理论所吸收。而后日本又围绕自身司法特征及实践，不断加以修改与完善，并在司法实践中采纳为证明标准的重要解释，甚至作为刑事定罪的证明标准予以适用。[4]

---

① 日本最高裁判所1948年8月5日判决，刑事判例集第2卷9号1123页。

② “排除合理怀疑”是我国的刑事证明标准，“高度盖然性”则为民事证明标准；与我国不同，日本“排除合理怀疑”与“高度盖然性”均为刑事证明应达到的证明标准。

③ 卞建林、张璐：《“排除合理怀疑”之理解与适用》，载《国家检察官学院学报》2015年第1期。

④ 肖沛权：《排除合理怀疑研究》，法律出版社2015年版，第172页。

（一）日本“排除合理怀疑”的学理探讨

1. “排除合理怀疑”与“高度盖然性”：日本刑事证明的客观标准

日本刑事诉讼中的“排除合理怀疑”，侧重于排除“客观怀疑”。① 概言之，“排除合理怀疑的证明”是指证明至“不存在合理怀疑之余地”的程度，即按照健全的社会常识，排除疑问存在的合理性从而形成真实的（内心）确信，使有罪认定成为可能。② 而“高度盖然性”是指与“确定性”无限接近的高度可能性。③ 与法官所形成的内在心证（主观心证）“确信”相对，日本刑事裁判中通常将“排除合理怀疑”以及“高度盖然性”视为与犯罪证明程度有关的“客观标准”加以考量，如此亦表明了“高度盖然性”与“排除合理怀疑”二者间必然的耦合。为得到“（内心）确信”，法官需针对“犯罪证明”作出判断，而“排除合理怀疑”的证明或“高度盖然性”则为评判该判断是否得当的客观标准（见图 1）。针对犯罪证明，主观上形成“（内心）确信”，客观上达到“排除合理怀疑”，二者既相互统一，又各自具有其自身应有之义。

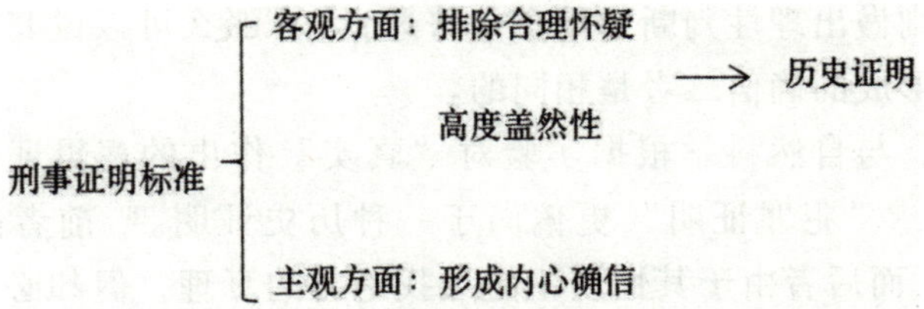

图 1　日本刑事证明标准

关于“排除合理怀疑”的含义，日本学界并未形成通说。目前，虽然存在“具体的怀疑”“说明可能的怀疑”“个人的怀疑”以及“不能维持检察官

---

① 日本学者原田国男指出，将“合理怀疑”视为“客观怀疑”的主要理论来源是充满预断与偏见的有罪推定理论。合理怀疑并不是高度怀疑，一直以来都强调排除的客观怀疑也不是高度怀疑。具体参见原田国男「合理的疑いを超える証明」ジュリスト増刊——刑事訴訟法の争点（2013 年）第 146 頁以下など。

② 原田国男「合理的疑いを超える証明」ジュリスト増刊——刑事訴訟法の争点（2013 年）第 146 頁以下など。

③ 野間禮二「犯罪の証明——確信と合理的疑いを超える証明」判例タイムズ No. 888（1995 年 12 月 1 日）第 9 頁。

提出的证据构造”等诸多学说①，但各学说的具体内容都未能予以明确，在具体案例中也未发挥其作用；对于“排除合理怀疑”究竟达到何种程度的确定性是为合适，同样缺乏严格的论证②。就事实认定而言，“排除合理怀疑”使事实认定尽可能地接近“不会产生错误的定罪”；追求高度的“确定性”可以防止冤假错案产生的同时，也可能使真正的犯人被判处无罪。③ 况且，由于不能将这一标准以具体化、数据化的方式予以明确且难以通过语言进行准确表达，仅依靠法官的内心判断。日本有部分学者从不处罚无辜者的立场出发，主张“扩大合理怀疑的范围”。④ 但如此，是否有将不合理怀疑代入合理怀疑范围之内的危险？⑤

关于“排除合理怀疑”证明中的“高度盖然性”，日本最高法院在判例⑥中将其解释为“达到任何常人都不会产生怀疑的程度”。这一解释与学界将“排除合理怀疑”的概念定义为“证明到没有合理怀疑的余地”具有近似性。该判例中所指“真实的高度盖然性”⑦，几乎可以等同于“排除合理怀疑”的证明。无论在证明程度抑或内容方面，都需达到“排除合理怀疑（疑问排除）”的证明标准。另外，如果将判例中的“常人”理解为“有能力按照逻辑法则和经验法则做出理性判断的健全的普通人”，那么可以说其所作出的判断与法官心中所形成的确信二者是相同的。

如上所述，与自然科学根据实验对“真实”作出的逻辑证明不同，作为诉讼上的证明，“犯罪证明”更偏向于一种历史证明。⑧ 前者的目的是寻求“真理”本身，而后者由于其性质不能寻找绝对的真理，但却必须满足该事实

---

① 参见中川孝博「合理的疑いを超えた証明と上訴審」一橋論叢第123卷第1号(2000年)第213頁以下。

② 参见内山安夫「情況証拠による事実認定と無罪認定原則——最高裁判所平成30年7月13日第二小法廷判決の問題性」東海法学第57号（2019年）第5頁以下。

③ 即有错的无罪和有错的有罪，根据这套标准，可能会导致错误的无罪释放或错误的定罪。

④ 参见木谷明元「事実認定の適正化——続き刑事裁判の心」(2005年）第16頁。

⑤ 理论上来看，处于合理与不合理的中间地带，正是判别有罪和无罪的分歧所在。若将“中间地带”当作“合理怀疑”则容易被认定为无罪；从不处罚无辜者的政策来看，是否可以认为，在无法确定是否存在合理怀疑时应认定无罪。从自由心证的形成过程来看，即使内心认为对方无罪，也不能说全是由于无法指出合理怀疑而得出的结论。参见石井一正「刑事裁判の心——事実認定適正化の方策」判タ1144号第42頁以下。

⑥ 日本最高裁判所1948年8月5日判决，刑事裁判集第2卷9号1123页。

⑦ 与日本不同，我国将“高度盖然性”这一标准用于民事证明。

⑧ 日本最高裁判所1948年8月5日判决，刑事裁判集第2卷9号1123页。

存在的“高度可能性”，即按照一般常识判断达到排除合理怀疑（疑问）的程度，形成关于真实的（内心）确信即可完成证明。对于逻辑证明来说，基于当时科学水平的限制可能无法提出反证，而从属于历史证明的诉讼证明是相对的历史探究，具有相对性和历史性，存在提出反证的余地。刑事裁判中的“犯罪证明”需具备“高度的盖然性”，是指“与真实无限接近的盖然性”（即前述“任何常人都不会产生怀疑的程度”），虽然并不完全否认反对事实的存在，但刑事裁判在追求“盖然性”时，仍需注意防止陷入误判的危险。[①] 另外，诉讼证明是通过审判法庭调取证据的方式，认定过去事实是否存在。虽然追求绝对的真实是理想所在，但由于诉讼证明本身的性质，并不可能对其进行过分究明，因此，它只能被描述为“与真实性无限接近的高度盖然性”或“证明到没有合理怀疑的程度”，简称为“高度盖然性”与“排除合理怀疑”。虽然，以上简称可能会被认为有降低维度之嫌，但它一定是“无限接近于真实”而且永远不会远离绝对真理。[②]

2. “排除合理怀疑”与“（内心）确信”

日本学界对于“排除合理怀疑”与“（内心）确信”之间的关系，始终众说纷纭、莫衷一是。以平野龙一教授为首的学者认为，“达到‘排除合理怀疑’证明程度的应有之义，是法官遵从其良心形成确信”[③]，“这是将客观事实通过主观的形式进行的说明”[④]。然而，以松尾浩也教授为首的学者认为，“法官的心证，应达到对任何常人来说都能够理解且认为不存在疑问之处的程度，以此形成真实的内心确信”。[⑤] 对此，有学者批评说，这种理解是“将主观与客观混同，将主观方面用客观的方式进行说明”。[⑥]

分析日本“排除合理怀疑”与“（内心）确信”之间的关系，还需结合日本最高法院在判例中针对“有罪认定需达到的证明程度”作出的解释：其一，日本最高法院认为，诉讼证明并非逻辑证明，而是一种历史证明，即不必

---

① 中川孝博「合理的疑いを超えた証明と上訴審」一橋論叢第123巻第1号（2000年）第213頁以下。

② 野間禮二「犯罪の証明——確信と合理的疑いを超える証明」判例タイムズNo. 888（1995年12月1日）第9頁。

③ 平野龍一『刑事訴訟法』（有斐阁，1958年）187頁。

④ 野間禮二「犯罪の証明——確信と合理的疑いを超える証明」判例タイムズNo. 888（1995年12月1日）第9頁。

⑤ 松尾浩也『刑事诉讼法（下）新版』（弘文堂，1999年）22頁。

⑥ 野間禮二「犯罪の証明——確信と合理的疑いを超える証明」判例タイムズNo. 888（1995年12月1日）第9頁。

追求“绝对的真实”，而是满足与真实无限接近的“高度盖然性”，达到任何常人都不会产生怀疑的程度，从而得到（内心）确信即可完成证明[①]；其二，犯罪证明中的“高度盖然性”必须是在以“不允许反对事实存在”的“确定性”为无限接近趋势的基础之上，作出“犯罪证明充分”的确信判断；其三，进行有罪认定需要达到的“排除合理怀疑”，并不是指完全不存在反对事实，而是指即使有反对事实存在的抽象可能性，但若根据社会常识普遍判断这种怀疑是不合理的，仍能够认定有罪。判例从两个不同的角度对“排除合理怀疑”进行解释说明：前两点解释借鉴了德国证明标准中的“接近真实的（内心）确信”以及“高度盖然性”；第三点解释则借鉴了英美法系证明标准中的“排除合理怀疑”。以上解释虽然不能将其定义为有罪认定的证明标准，但其对于判断是否达到证明程度，特别是在适用裁判员制度审理的刑事案件中，帮助裁判员理解“排除合理怀疑”的含义发挥了重要作用。[②]

通过日本最高法院作出的判例解释，可以进一步明确“排除合理怀疑”与“（内心）确信”之间的关系。“（内心）确信”是法官“排除疑问”的心证，即“确实性”的主观标准；而“排除合理怀疑”或“高度的盖然性”，则是法官为形成（内心）确信在犯罪证明中所需达到的客观标准。[③] 作为心证程度的确信，与英美法系国家“排除合理怀疑”的证明标准基本同义。毋庸置疑，犯罪事实的存在，以及被告人与犯罪行为人的同一性心证，应当达到（内心）确信的程度。[④]“（内心）确信”与“排除合理怀疑”的证明具有同一性，作为主观判断标准的“（内心）确信”与客观判断标准的“排除合理怀疑”或“高度盖然性”，二者的心证程度实质上处于同一水平。[⑤] 达到“排除合理怀疑”的心证，同样也被认为是“接近真实的确信”的心证。诚然，这里的

---

① 日本最高裁判所 1948 年 8 月 5 日判决，刑事裁判集第 2 卷 9 号 1123 页。

② 松田俊哉「判例解说」曹時 61 卷 8 号 258 頁。

③ 也有学者认为，“（内心）确信”是一审中犯罪证明的要件，而“排除合理怀疑”或“高度的可能性”则是作为事后审理的上诉审判断原判决是否正确的标准。上诉审的排除合理怀疑是在“判断基于直接主义的一审事实认定是否得当”的框架内讨论的。具体参见野間禮二「犯罪の証明——確信と合理的疑いを超える証明」判例タイムズNo. 888（1995 年 12 月 1 日）第 10 頁；中川孝博「合理的疑いを超えた証明と上訴審」一橋論叢第 123 巻第 1 号（2000 年）213 頁以下。

④ 董林涛：《立法·原理·判例：日本刑事证据规则的“三维”检视》，中国政法大学出版社 2021 年版，第 216 页。

⑤ 参见野間禮二「犯罪証明——確信と合理的疑いを超える証明」判例タイムズ No. 888（1995 年 12 月 1 日）4 頁以下。

“确信”并非与绝对真实相一致，而是法官基于证据理解事实本身，通过其证据关系得出的、能够被任何常人所理解的、没有疑问的内在状态。这也就意味着，“确信”需要达到的心证与“排除合理怀疑”的证明以及“高度盖然性”所需达到的心证属于同程度的心证，当排除合理怀疑并形成（内心）确信，即可达到“排除合理怀疑”的证明程度。① 若将（内心）确信理解为“没有错误”，那么就必须经过“排除合理怀疑”的证明。未经排除合理怀疑的证明便形成（内心）确信，以及经过排除合理怀疑的证明却未形成（内心）确信都是不被允许的。②

3. “排除合理怀疑”的证明程度

根据日本刑事诉讼法中“存疑有利于被告人”原则以及“疑罪从无”原则，对于需要严格证明的、决定刑罚权存否及范围的待证事实，须达到“任何常人均不会产生任何疑问的真实（内心）确信”的心证程度，即达到与英美法中的“排除合理怀疑”或德国法中的无限接近真实（确实性）的“高度盖然性”同等程度的高度的证明。③

刑事裁判中的有罪认定，以达到“排除合理怀疑”的证明程度为必要条件。如上文所述，这里所说的“排除合理怀疑”并非完全不存在反对事实的情况，而是指按照健全的社会常识，排除疑问存在的合理性，从而使有罪认定成为可能。这一点无论是针对直接证据抑或间接证据而言都并无不同。④ 就“（内心）确信”而言，法官所达成的内心确信也存在一定的幅度。虽然同样属于“决定刑法权存否及范围”的事实，但罪体（犯罪事实的客观方面）是否存在，以及被告人是否为犯罪行为人这一待证事项（罪体与被告人的连接）需要极高程度的心证。与此相对，针对被告人是否存在故意或过失、犯罪行为目的（针对目的犯而言）等主观要素，是否存在违法阻却事由、责任阻却事由，以及对个别易混淆的犯罪行为进行定性时（如贪污贿赂犯罪中的贿赂行为，一个犯罪行为应被定性为抢劫还是盗窃，一个犯罪行为应被定性为欺诈还是侵占），通常不必要达到与前者相同的、极高程度的心证。换言之，与前者相比，即使证明程度略低，也可认为其达到了“（内心）确信”的证明程度

① 村瀬均「合理的疑いを超える証明について」植村立郎判事退官記念論文集『現代刑事法の諸問題』第 1 卷第 1 编（理论编・少年法编）351 頁。

② 参见後藤昭「自由心証主義・直接主義と刑訴控訴——平田元氏の論文を契機として」千葉大学法学論集 2 巻 2 号第 32 頁。

③ 参见河上和雄 = 中山善房 = 古田佑紀 = 原田國男 = 河村博 = 渡辺咲子『大コンメンタール刑事訴訟法第 7 巻（第二版）』（青林書院株式会社，2012 年）413 頁。

④ 日本最高裁判所 2007 年 10 月 16 日判决，刑事裁判集 61 卷 7 号 677 页。

（对上述事实所形成的心证，更偏向于凭借实务感觉作出的心证）。除以上所列诸点，处罚条件、处罚阻却事由、诉讼条件、能够影响定罪量刑（主要是可能影响判处较重刑罚）的反映实际情况的具体事实（如犯罪前科、被害恢复的缺乏等）以及自白任意性的证明，达到上述证明水平也可称其为达到了（内心）确信的程度。但是，单就酌定情节事实（诸如被告人自省、被害人感情等各种酌定事实）而言，比起判断是否存在酌定情节事实，更需反复探讨酌定情节事实的认定程度（即对酌定情节事实需要作出何种程度的认定才能够被大众接受）。

作为证明的程度，除了（内心）确信之外，还存在关于疏明[①]的证明（法官得到初步推测的状态）和位于（内心）确信和疏明中间的"优势证据"的证明（即肯定证据超过否定证据的证明程度）。目前，日本学界通常认为自由证明需要达到（内心）确信的程度，但是作为自由证明对象的事实多种多样，对此类事实所要求的证明程度亦不能千篇一律（例如，在此之中存在达到"疏明"证明程度即可的事实），每一种类型都需进行仔细考察。

日本一般将证明程度分为上述三种阶段，即内心确信、优势证据、疏明。相比之下，美国将证明程度予以更加细致的划分，即绝对的确实性，排除合理怀疑的证明，明确、有说服力的证明，证据优越的证明，初步推测真实的证明，相当的理由，有理由的怀疑，单纯的怀疑等八种具体阶段。日本学界认为，对于（内心）确信、证据优越、疏明三种证明阶段（特别是前两者），不同情况在证明时需要有相应的幅度；除此之外，法律实务对于清晰把握（内心）确信与证据优越的界限、证据优越与疏明的界限始终存在困难之处，因此，还需要借鉴美国对于证明程度的划分作出进一步探讨。

（二）日本"排除合理怀疑"的司法适用

1. 裁判员制度中的"排除合理怀疑"

"排除合理怀疑"是日本刑事诉讼要求达到的证明程度，为便于裁判员理解[②]，日本将"排除合理怀疑"亦称为"排除合理疑问"。裁判员制度实施初期，裁判员主要以审理量刑问题为主；随着制度的完善与推进，裁判员逐渐参与审理案件的事实认定，经常需要判断犯罪证明是否达到"排除合理怀疑"

---

① 所谓疏明是仅适用于诉讼程序事项的证明方法，心证程度达到大致相信即可。参见宇藤崇 = 松田岳士 = 堀江慎司『刑事訴訟法（第 2 版）』（有斐阁，2018 年）353 頁。

② 施行裁判员制度之时正值日本司法改革，此次司法改革的目的是建立便于国民理解的司法制度，因此，日本最高法院发行关于解释法律用语的手册，对一些晦涩难懂的法律词语进行易于理解的解释。

的程度。随着疑难复杂案件数量的逐渐增多，裁判员判断“排除合理怀疑”时亦存在诸多困惑。

东京地方裁判所委员会指出，裁判员制度的引入，标志着日本司法进入新的变革时期。[①] 一直以来，日本司法界乃至于整个日本社会批判裁判员制度的理由之一为，裁判员在审理案件时过于感性与情绪化。法官亦存在人的感情，不能保证他们能够在主观上将理性贯彻到底，丝毫不受主观意志或其他因素影响。为避免法官存在的私人偏见，我们唯一可以希冀的是法官能够根据其良心来行使理性。因此，在案件审理过程中，不仅需考察职业法官或非职业法官（裁判员）根据“法官的良心”作出的理性判断，哪一方客观上更为纯粹，还需考察职业法官的数量对整个审判合理性的影响。[②] 在适用裁判员制度审理的刑事案件中，法官与裁判员都需依据自身的价值观与经验对证据进行评价。长期以来，是否存在“合理怀疑”的判断是十分微妙的[③]，以“未形成（内心）确信”为由，进行无罪抗辩的大有人在。对于并非法律专业出身，甚至于毫无法律实务经验的裁判员而言，需在理解“排除合理怀疑”基本概念的基础之上，作出是否“排除合理怀疑”的判断。事实认定存在的困难之处，或多或少会为裁判员带来不安情绪。[④] 因此，在审理与评议适用裁判员制度的具体案件时，法官有必要向裁判员正确阐明“排除合理怀疑”与“（内心）确信”二者之间的关系，在此基础之上，汇集不同意见，经过相互探讨后得出最终结论。此过程中，如何正确运用“排除合理怀疑”，以及如果将刑事裁判基本原理以通俗易懂的方式进行说明，有必要进行详细探讨。

(1) 法官与裁判员在事实认定方面的差异

裁判员制度正式施行前，日本司法界从未停止法官与裁判员在事实认定方面存在的差异性探讨，大致可归纳为以下三点：

第一，事实认定能否充分进行。由于裁判员法律专业知识匮乏，一般而言，很难期望裁判员在事实认定时对证据进行详细分析研究[⑤]，裁判员的事实

---

① 日本司法界普遍认为，上一次变革期是日本现行《刑事诉讼法》（昭和二十三年法律第百三十一号）得以颁布之时。

② 東京地裁委員会「裁判員が関与する公判審理の在り方」判例タイムズ1278巻5号。

③ 参见中野次雄「刑事事件における事実認定について」植村立郎判事退官記念論文集『現代刑事法の諸問題』165頁。

④ 既然不存在从万人之中抽象出来的“普通人”，那么在刑事裁判中还需要裁判员与法官将自身抽离出来，以“普通人”的视角作出判断确有困难之处。

⑤ 荒木友雄「裁判員制における事実認定と量刑」現刑32巻49号。

认定能否充分进行亦受到质疑。裁判员制度实施前，证据的分析性审查由职业法官主持；裁判员制度确立之后，似乎出现了一种新趋势，即双方（法官与裁判员）均需对证据进行彻底的分析性审查之后，提出更为详细的论据与主张。另外，裁判员提出的论据与主张，极有可能受到职业法官的强烈影响。即在职业法官的证据分析基础之上，推导得出分析论证。

第二，事实认定固有的专业性（法律专业知识与审判经验等）。事实认定所需的经验法则与逻辑法则，建立在积累、理解大量案件的基础之上；就刑事案件的审理而言，法官与裁判员需要具备不同于日常生活的专业化素养，仅依据生活常识判断作出的事实认定，并不符合日本刑事司法现状。① 于法官而言，随着刑事审判经验的积累，其事实认定能力亦随之提高。不同法官之间存在的经验差异，致使其事实认定能力亦因人而异；于缺乏法律专业知识与审判经验的裁判员而言，在一些刑事案件审理中，判断“有无共谋”等专业性法律概念时，往往会出现理解困难等问题。因此，法院需要充分考虑如何将这些复杂且专业性强的法律概念，以简洁明了、易于理解的方式，向裁判员解释其真正含义②，以弥补裁判员专业性知识的匮乏，共同作出更易被国民所接受的事实认定结论与主张；于裁判员制度而言，法官与裁判员因审判经验与法律专业知识不同而产生事实认定方面的差异，是该制度建立的当然前提。既如此，则有必要进一步考量事实认定差异将如何影响（或者说产生多大程度的影响）双方（法官与裁判员）对是否存在“排除合理怀疑”证明的判断。在案件审理过程中，双方（法官与裁判员）在最后判断是否存在“排除合理怀疑”的证明之前，需通过听证与审议的方式，充分了解案件争点、证据以及相关专业法律概念。与美国陪审团审判不同的是，日本适用裁判员制度时，若裁判员不能够完全理解案件争点、证据或专业性强的法律概念等，法官可提供相应的补充解释。在此基础之上，法官和裁判员共同分析证据并充分交换意见。由此，单就制度运行方面而言，事实认定能力的差异，并不一定直接影响“犯罪证明有无排除合理怀疑”的判断。

第三，法官和裁判员在事实认定方面的差异，日本司法界尚存在一种观点认为，应尽可能尊重裁判员作出的事实认定。例如，有学者认为，法官自身形

---

① 参见石井一正「刑事裁判における事実認定について（続）——事実認定の専門性と日常性」判例タイムズ1097巻3号。

② 佐伯仁志＝酒巻匡＝村瀬均＝河本雅也＝三村三緒＝駒田秀和『難解な法律概念と裁判員裁判』（司法研修所，2009年）304頁。

成认定的同时，还应从“事后追溯性审查”的角度出发，对案件进行评议。[①]还有学者认为，若一审判决反映了裁判员在其经验与伦理中的视角、感觉与健全的社会常识，那么除非一审法院忽略了能够被客观证据证明的事实，以及在经验法则和逻辑法则之下得出的合理结论，上诉法院应当对一审判决采取尊重的态度。[②] 鉴于裁判员制度的设立初衷[③]与该制度本身的性质，应以“尽可能尊重裁判员的事实认定或裁判员审判”的方式来运行该制度。对此，为确定以上方式的容许范围与限度，有必要在积累司法实践经验的同时，探究其是否可在理论上得到合理解释。

（2）“排除合理怀疑”的说明

适用裁判员制度审理的案件中，主审法官需要以通俗易懂、简洁明了的语言向法律专业知识匮乏的裁判员解释何为“排除合理怀疑”的证明[④]。此类解释在参考日本最高法院解释说明、判决先例以及学术理论的同时，当务之急是制定出具体且合理的“排除合理怀疑”判断基准，解释何为“排除合理怀疑”，使之易于裁判员理解。[⑤] 日本最高法院在判例[⑥]中，将“排除合理怀疑”的证明，通俗地解释为“无法合理说明被告人并非犯罪行为人（至少存在说明困难）”，实为考虑到一般国民难以理解“排除合理怀疑”这一法律概念。

另外，即使裁判员的模拟裁判经验能够帮助其理解此类法律概念，但若仅对“排除合理怀疑”进行一般解释，由于一般解释的模糊措辞可能会给裁判员带来误导，裁判员如何考量“排除合理怀疑”以及对其的理解方式依然会存在千差万别的情况。[⑦] 对此，法官应在作出一般解释的同时，进行必要的补充说明。例如，能够形成“排除合理怀疑”心证的同时，亦可认为达成了“接近真实的（内心）确信”的心证，在此之中，有必要对裁判员正确说明“主观（内心）确信”所表达的内容与“排除合理怀疑”的证明之间的关系。

---

① 参见中山隆夫「模擬裁判を通してみた裁判員制度に関する若干の覚書」小林・佐藤下巻511頁。

② 参见原田国男「裁判員制度における事実認定」法時77巻11号38頁。

③ 实现从“精密司法”到“国民司法”的转变，使日本国民真正参与到司法活动中。

④ 日本法务省与律师事务所专门制作法律用语解读手册等向全国裁判员普及常用法律用语与法律概念。具体可参见伊藤真：“よくわかる裁判員制度の基本用語”，https://imidas.jp/judge/detail/G-00-0073-09.html，最后访问日期：2022年3月22日。

⑤ 村瀬均「合理的疑いを超える証明について」植村立郎判事退官記念論文集『現代刑事法の諸問題』第1巻第1编（理论编・少年法编）351頁。

⑥ 日本最高裁判所2010年4月27日，刑事裁判集64卷3号233页。

⑦ 斉藤啓昭「裁判員制度と事実認定の課題」刑事法ジャーナル4巻23号。

不可否认，以通俗语言解释法律概念，本身就存在困难之处。有时即使已完成“排除合理怀疑”的证明，仍存在裁判员无法理解、以“未形成（内心）确信”为由而主张无罪的情况。对此，美国陪审制的做法是，考虑到法官向陪审员解释“排除合理怀疑”时可能存在的说明困难，以及陪审员不能对上述解释说明形成正确理解而作出误判等问题，美国上诉法院可针对判决结果是否得当进行评判。有鉴于美国陪审制度，日本结合自身裁判员制度的具体情况作出相应改良，即在具体案件评议时，讨论裁判员持有“怀疑”的合理性。为避免裁判员可能对抽象法律概念产生误解等情况，评议过程中，法官需确认“排除合理怀疑”的证明或“（内心）确信”的具体内容。对此有观点认为，既然适用裁判员制度的案件应最大限度地尊重裁判员作出的判断，那么法官在进行解释说明时亦应持谨慎的态度，防止审判结论受到解释内容或其他细微差别的影响。① 按此观点进行考量，虽然不可忽视对“排除合理怀疑”等抽象概念的正确说明，但与之相比司法实践中更为重要的是，探讨适用裁判员制度案件的审理和评议存在方式，使裁判员能够基于其社会基本常识，准确、容易地作出“有无‘排除合理怀疑’证明”的判断。法官（专门裁判者）或裁判员（新裁判者或素人裁判者）在审理和评议时，都有责任基于其理性对案件的事实认定进行纯粹的判断与决策。如此，合议庭在进行理性探讨和互相交换意见之后得出的结论，才更有分量与说服力。

2. 间接事实认定中的“排除合理怀疑”

日本“排除合理怀疑”的证明中所强调的“高度盖然性”，需以无限接近不存在反对事实可能性（确定性）为证明导向与趋势，形成（内心）确信并作出判断。与运用直接证据认定犯罪事实相比，运用间接证据进行推论并据此认定犯罪事实时，更需强调“排除合理怀疑”与“高度盖然性”。如此，间接事实认定时，需建立在综合考量全部间接事实的基础之上，而并非对其逐个进行零散审查。

根据日本最高法院在判例中作出的解释②，日本刑事裁判在进行事实认定时主要分为两个阶段：第一阶段，不存在与被告人是犯罪行为实施者相矛盾的事实关系与证据；第二阶段，在通过间接证据认定的间接事实中，难以对“被告人并非犯罪行为人”进行合理说明（或者存在说明困难）。在第一阶段中，虽然存在无矛盾的事实关系，也并不能以此假定已经存在排除合理怀疑的

---

① 村瀬均「合理的疑いを超える証明について」植村立郎判事退官記念論文集『現代刑事法の諸問題』第 1 巻第 1 编（理论编・少年法编）351 頁。

② 日本最高裁判所 2010 年 4 月 27 日判决，刑事裁判集 64 卷 3 号 233 页。

证据。易言之，不存在相矛盾的事实关系与证据，是达到排除合理怀疑证明的必要条件，而并非充分必要条件（充要条件）；在第二阶段中，判例作出的解释（通过间接证据进行认定的间接事实）到底应作为事实认定标准抑或注意法则，日本司法界大致有以下探讨：首先，判例所作出的解释只是一个抽象标准，与“排除合理怀疑”的证明同义。对每个间接事实进行总体评价，并得出是否达到“排除合理怀疑”证明程度的结论就已足以，并无必要将其作为事实认定标准。其次，若将其当作不可或缺的认定标准，在对罪责有争议的情况下，进行事实认定必须将此标准予以具体与明确。最后，该判例解释仅在各间接事实证明力薄弱时加以参考，在间接事实证明力相对较强的案件中，则不需要参考该判例解释，只需达到排除合理怀疑的证明程度即可。①

在对罪责有争议的情况下对事实进行认定时，当存在直接证据（如被告人自白或被害人的被害陈述）时，还需探讨其提出的任意性与可信性；若无直接证据存在，则有必要对间接证据进行综合认定，即针对各间接证据的证据力，各间接事实之间的相互关系以及各间接事实作为证据的重要性等进行整体评价。② 试举一例。

（1）案件事实

被告人 X 在其担任店长的酒店事务所中物色、寻找值钱物品时，被酒店经理 A 发现其犯罪意图；被告人 X 对 A 施加杀人故意的伤害行为，后于本事务所夺取约 43 万日元现金。被告人 X 对 A 施加的伤害行为，直接导致 A 重伤，并导致 A 6 年后死亡。检方针对被告人 X 抢劫杀人的事实提起公诉。③

本案适用裁判员制度进行审理。关于被告人 X 罪责的争论，案件一审时，裁判员存在如下见解：第一，本案被告人于事务所夺取了 230 多枚千元（日元）面额的现金（约 26 万日元现金）。案件发生约 12 小时之后，被告人使用 ATM 机存入 230 枚千元（日元）面额的现金。按照社会常识判断，日常生活中，除非存在特殊情况，通常不会携带大量的千元面额现金。据此，推定被告人 X 为本案犯罪事实的行为人。第二，犯罪行为实施前后，X 徘徊、滞留于该酒店。第三，对于不熟知本案酒店内部构造的人来说，事务所位于酒店最难接近的位置。而本案被告人 X 熟知酒店的内部构造与实施状况，从该间接事实中可推认，被告人 X 为本案犯罪行为人。第四，犯罪事实发生后，被告人 X

---

① 原田国男「合理的疑いを超える証明」ジュリスト増刊——刑事訴訟法の争点（2013 年）第 146 頁以下など。

② 针对此点具体可参见日本最高裁判所 2010 年 4 月 27 日判决，刑事裁判集 64 卷 3 号。

③ 日本最高裁判所第 2 小法庭 2018 年 7 月 13 日，刑事裁判集 72 卷 3 号 324 页。

前往外县，与妻子及朋友断绝往来，对警察提出的出庭要求亦置之不理。根据以上诸行为，可推定被告人 X 具有潜逃的可能性。此外，排除被告人 X 以外的营业员实施上述犯罪行为的可能性，以上述理由认定 X 为本案的犯罪行为人，否认其抢劫的故意，指控其构成杀人罪与盗窃罪。

针对检察官与辩护人双方的控诉，上诉法院（控诉审）[①] 以一审判决认定被告人 X 有罪存在事实错误为由，撤销原一审判决，改判被告人 X 无罪。对此，检察官提起上告（上告审）。

（2）判决要旨与解说

原判决（一审判决）以裁判员提出的第一点至第三点见解为中心，在综合考虑第四点见解的情况下，得出被告人 X 与本案犯罪行为人具备同一性的结论。对此，控诉审法官认为，一审判决仅讨论个别事实、个别情况，缺乏从综合评价的角度，考量间接证据及其证明的间接事实，具体而言：首先，针对本案犯罪行为人“从现场事务所夺取 230 多枚千元（日元）面额的现金，12 小时之后通过 ATM 机在自己的账户中存入约相同数值的现金”的客观事实，原判决中并未对其进行仔细考量与推论；其次，针对犯罪行为人二百多枚千元（日元）面额现金的持有过程，一审并未采纳被告人 X 的说明，判决中亦未明示其未采纳理由；最后，仅根据“被告人 X 在本案件发生时间前后，于本案酒店附近徘徊 40 分钟之久”这一客观间接事实，便推断被告人 X 为本案犯罪行为人，实有不妥之处，缺乏与其他间接事实结合的综合考量。据此，从整体上来看，原判决仅逐个、零散审查各间接证据及其推导得出的间接事实，并未综合评价间接证据以及间接事实。一审法院的事实结论不能充分显示出间接事实在逻辑规则、经验法则等方面的不合理性。原判决是对日本《刑事诉讼法》第 382 条适用的曲解，存在事实误认的违法之处。

根据日本最高裁判所 2007 年 10 月 16 日判决[②]中关于“排除合理怀疑”的解释，刑事裁判中的有罪认定，以达到“排除合理怀疑”的证明程度为必要条件。这里所说的“排除合理怀疑”，并不是指反对事实完全不存在的情

---

① 需要特别说明的是，日本法院对普通案件采用的是三审制，在判决最终确定之前可以通过两级法院提出上诉。对一审法院判决不服，要求二审法院审理的，称为“控诉审”；对二审法院判决不服要求三审法院审理的，称为“上告审”。控诉审与上告审统称为“上诉审”。为实现各审级之间的合理分工，第一审与控诉审（二审）法院是从事实和法律两方面进行事实审理；上告审（三审）法院则专门从法律层面审理案件（法律审理）。由此可见，虽控诉审与上告审同属于上诉审，但控诉审审理事实认定问题，上告审审理法令违反问题。

② 日本最高裁判所 2007 年 10 月 16 日判决，刑事裁判集 61 卷 7 号 677 页。

况，而是指按照健全的社会常识，排除疑问存在的合理性，从而使有罪认定成为可能。这一点无论是对于直接证据抑或间接证据而言均并无不同。[①] 基于间接证据的事实认定，可分为通过间接证据认定间接事实、通过认定的间接事实推导待证事实两个步骤。控诉审中的事实误认审查，也是在这两个步骤中，判断一审是否违背逻辑规则与经验法则。此案中上诉法院认为，原一审判决缺乏对间接事实的综合探讨，且此探讨有必要留意“事实关系”。易言之，为得到“若被告人并非本案犯罪行为人则无法合理解释（存在说明困难）”程度的推断，并非仅具备一个决定性的单一事实即可，构成整体评估基础的个别间接事实作为有罪认定的先决条件，本身也并不需要达到“若被告人并非本案犯罪行为人则无法合理解释（存在说明困难）”程度的推断[②]，而是要在综合多个事实的基础之上进行评估，从而形成心证。由于间接事实推断力的强弱具有连续性，因此，依据间接证据作出的事实认定，是在针对具有一定推断力的间接事实的积极、消极两方面进行综合评价，在此基础之上判断其是否达到“排除合理怀疑”的证明程度。

二、现状反思：我国刑事证明标准中的“排除合理怀疑”

与日本类似，2012 年我国刑事诉讼法修改之时，同样引入了英美法系中“排除合理怀疑”这一经典表述，将其作为“证据确实、充分”的判断依据，纳入刑事诉讼证明标准体系。“排除合理怀疑”的引入，扭转了我国证明标准长期以来强调证据完备、形成完整证据链、证据与证据之间相互印证等侧重客观因素之局面，调动了办案主体特别是侦查人员、审查起诉人员的司法能动性，一定程度上亦丰富了我国证明标准的层次性。[③] 但“排除合理怀疑”这一英美法系舶来品，如何与我国司法实践相结合发挥其应有效能，如何调动办案人员特别是侦查人员、审查起诉人员、审判人员对于“排除合理怀疑”的诉

---

① 日本最高裁判所 2007 年 10 月 16 日判决，刑事裁判集 61 卷 7 号 677 页。

② 前田雅英、星周一郎『刑事訴訟法判例ノート（第 3 版）』（弘文堂，2021 年版）第 254—255 頁。

③ 我国刑事诉讼法中对侦查终结、提起公诉和定罪量刑的证明标准均表述为“犯罪事实清楚，证据确实、充分”，可能会引发证明标准“同一性”的问题。而“排除合理怀疑”的引入丰富了我国证明标准的层次性，不同阶段“排除合理怀疑”的主体不尽相同，侦查人员、起诉人员、审判人员因掌握的证据材料以及发挥职能的不同，达到“排除合理怀疑”证明标准的难易程度亦不相同，从而形成刑事证明标准的层次性。具体参见杨宇冠、郭旭：《“排除合理怀疑”证明标准在中国适用问题探讨》，载《法律科学》2015 年第 1 期。

讼认知，在理论和实践中仍存有讨论空间。

（一）“排除合理怀疑”：“证据确实、充分”的判断依据

我国“排除合理怀疑”之定位，与上文提及的日本“排除合理怀疑”稍有不同：于日本而言，“排除合理怀疑”实则为日本刑事证明的客观标准。针对犯罪证明，主观上形成“（内心）确信”，客观上达到“排除合理怀疑”，二者相互统一。一般认为，达到“排除合理怀疑”之程度，即可形成确信；而于我国而言，“排除合理怀疑”作为“证据确实、充分”的判断依据，与内心确信二者均为证明标准的主观性要素。

“证据确实、充分”证明标准侧重于追求客观效果，可能会忽视办案主体特别是侦查人员、审查起诉人员的司法能动性。况且，若一味片面追求实现证据完备、形成证据链条，则易陷入重蹈法定证据主义覆辙之危险，使侦查人员或公诉人为取得特定证据走入极端：一则为取得证据而采取刑讯逼供等法律明文禁止的非法手段，形成冤案；二则由于某项证据的缺失，使原本已形成内心确信的、无疑是犯罪行为之人逃脱法律制裁，导致错案。[①] 2012 年我国刑事诉讼法引入“排除合理怀疑”，一定程度上弥补了“证据确实、充分”证明标准的弊端，使其得以补充、细化。根据《刑事诉讼法》第 55 条[②]，“证据确实、充分”应当符合以下条件：第一，定罪量刑的事实都有证据证明；第二，据以定案的证据均经法定程序查证属实；综合全案证据，对所认定事实已排除合理怀疑。由此可见，针对涉及定罪量刑的犯罪事实，客观方面需具备查证属实的证据予以证明，主观方面需对犯罪事实形成足够的内心确信，达到排除合理怀疑的程度。客观方面与主观方面二者相统一，方可完成犯罪证明。

（二）“排除合理怀疑”：不同阶段不同主体的诉讼认知

“排除合理怀疑”是刑事司法中，事实裁判者对于证据所能达到的证明程度所形成的主观与客观相结合的产物。英美法系中，“排除合理怀疑”的适用主体为作出事实认定的陪审员；日本法中，“排除合理怀疑”的适用主体为法官与裁判员。值得注意的是，与上述二者相较，我国刑事诉讼程序中，“排除合理怀疑”的适用主体范围更为宽泛，侦查人员、检察官以及审判人员均包含在内。原因在于，我国刑事诉讼法中，对侦查终结、提起公诉诉和判决有罪

---

① 参见杨宇冠、郭旭：《“排除合理怀疑”证明标准在中国适用问题探讨》，载《法律科学》2015 年第 1 期。

② 2012 年刑事诉讼法修改，有关“证据确实、充分”的条文为第 53 条；2018 年刑事诉讼法修改，有关“证据确实、充分”的条文变更为第 55 条，所规定的具体内容尚未改变。

的证明标准均表述为“犯罪事实清楚，证据确实、充分”。因此，刑事证明不仅在审判阶段需达到“排除合理怀疑”的程度，在侦查终结阶段、提起公诉阶段均需达到“排除合理怀疑”之标准。由此，侦查人员、检察官以及审判人员均成为“排除合理怀疑”的判断主体，需在综合全案证据的基础之上形成“排除合理怀疑”之心证。

“证据确实、充分”具有较强的客观性，但我国司法实践中，这一标准是否达到，还需经过侦查人员、检察官、审判人员的主观判断，以达到主客观相统一。因此，可以认为，“排除合理怀疑”从主观方面进一步明确了“证据确实、充分”的具体含义，便于办案人员把握。[①] 虽然“排除合理怀疑”贯穿于刑事诉讼程度始终，适用于刑事诉讼各个阶段，但诉讼阶段的不同，各适用主体针对犯罪事实及其证据的认识亦不尽相同，“排除合理怀疑”也应体现出层次感。一般而言，适用主体对案件的主观认识程度，受其所掌握证据材料的影响颇深，具体如下：

1. 侦查阶段

案件侦查阶段尤其是侦查初期阶段，尚处于证据收集阶段，所掌握的证据材料并不充分。受限于此，侦查人员可能并未形成较为合理的主观性认识。后期侦查活动不断推进，侦查人员掌握的证据材料逐渐增多，对案件的认识程度亦随之加深，愈接近“排除合理怀疑”之要求。值得注意的是，侦查人员亲历犯罪现场取证，加之其本身所具备的“追诉性”特征，容易产生“先入为主、排除一切怀疑”的观念。因此，侦查人员基于所掌握证据，分析案情、认定案件时，必须谨慎探究其是否达到“排除合理怀疑”之程度。作为“排除合理怀疑”的适用主体之一，侦查人员把握“排除合理怀疑”大致应注意以下几点：

首先，准确把握证据的合法性。作为案件事实认定之依据、侦查人员形成“排除合理怀疑”内心确信之基础，证据必须具备证据能力。侦查机关需按照法定程序，收集证据材料。以大数据侦查为例，现如今“智慧公安”背景下各警种多源数据信息的高度融合，使大数据侦查等技术性侦查措施广泛应用于侦查活动中。作为一种新型侦查措施，大数据侦查的适用范围、运行模式与传统侦查措施均有所不同。但是，目前我国刑事诉讼法尚未对大数据侦查进行明确规定，缺乏相应的程序规范；2020 年《公安机关办理刑事案件程序规定》第 264 条概括性地规定了技术侦查可以采取的侦查手段，包括记录监控、行踪

---

① 李训虎：《刑事证明标准“中体西用”立法模式审思》，载《政法论坛》2018 年第 3 期。

监控、通信监控和场所监控等。但这一立法模式中，技术侦查与大数据侦查难以区分。虽然，大数据侦查手段与技术侦查手段存在交叉之处，但这些交叉之处是否能够完全纳入技术侦查之中，并受刑事诉讼法中有关技术侦查规定的规制，还是由一般侦查部门适用一般侦查程序，现行法律尚未予以明确规定。因此，在刑事诉讼法尚未对其进行更加细致、明确的规制之时，侦查人员在运用大数据侦查等技术性侦查措施收集证据材料时，更应主动证据收集的合法性。其次，准确把握证据的相关性。证据的相关性是证据在案件中所存在的状态，它具有盖然性。证据的相关性要求侦查人员基于侦查工作与生活常识，判断证据与案件事实之间存在的关联性强弱。[①] 最后，以大数据侦查为例，搜寻案件侦查线索的关键是为关联信息查询。侦查机关建立的各类人员信息数据库，为侦查人员利用大数据侦查手段，搜索与案件有关的关联信息奠定了充实基础。但是，就海量数据信息而言，相较于数据之“量”，数据之“质”更为重要。侦查人员在进行关联信息比对与查询时，需要谨慎把握其与案件事实存在的必然联系，防止陷入产生“合理怀疑”而使犯罪事实不能被认定之危险。

另外，虽然侦查终结亦需达到“证据确实、充分”“排除合理怀疑”之要求，但就证明标准而言，即使案件宣告侦查终结，移送至检察院审查起诉，仍有可能存在证据材料不完备的情况（例如，检察院要求侦查机关补充侦查），因此，侦查阶段的排除合理怀疑，应当被认为是最低层次的证明标准。

2. 审查起诉阶段

案件宣告侦查终结后，随即移送至检察院审查起诉。检察官需审查、判断侦查机关移送的证据等材料是否符合起诉要求。与侦查人员相比，检察官兼具提起公诉与法律监督的双重身份。受其双重身份的影响，检察官在审查案件证据材料、形成内心确信时具备更多的中立性。值得注意的是，虽然侦查终结与审查起诉均需达到“证据确实、充分”证明标准，侦查人员与检察官均为“排除合理怀疑”的适用主体，但相较于审判阶段证明标准而言，侦查终结与审查起诉阶段需达到的“证据确实、充分”与“排除合理怀疑”，实则为侦查人员与检察官的预判，即预判该犯罪嫌疑人存在极大的犯罪可能性。检察机关决定对犯罪嫌疑人提起公诉，仅可说明该证明达到提起公诉的标准，与审判阶段所需达到的证明标准存在本质区别：公诉标准被认定，意味着犯罪嫌疑人因被起诉而成为被告人；证明标准被认定，则意味着被告人被宣告有罪，成为罪犯。

---

① 吴谡瑾：《公安机关侦查中“排除合理怀疑”的理解与适用》，载《浙江警察学院学报》2016 年第 5 期。

概言之，“排除合理怀疑”在不同的诉讼阶段（侦查终结、审查起诉、审判阶段）应体现出层层递进之特征。审查起诉是侦查的一种延续，侦查终结所要求的标准和决定起诉所要求的标准无限趋近[①]；检察机关提起公诉的标准在证明程度上应当无限趋近于审判阶段的证明标准。

3. 审判阶段

侦查机关与检察机关承担刑事诉讼的证明责任，而审判机关作为刑事诉讼裁判主体，承担审理和裁判职能，处于中立地位。尽管我国存在“排除合理怀疑”适用主体多样化的特点，但从审判中心主义的基本要求和诉讼构造出发，应当以法庭审理过程中所要求达到的“排除合理怀疑”作为刑事诉讼程序中的最高证明标准。如果没有将不具有可采性的证据排除在事实裁判者的内心确信形成过程之外，所谓的“排除合理怀疑”只是一种虚假的排除，并不能起到其作为刑事诉讼最高程度的证明标准、保护被告人基本权利的作用，反倒推动冤假错案的形成。[②]

首先，理解何为“排除合理怀疑”是为关键。只有明确“排除合理怀疑”的含义及其所要求的条件，使其所要求的条件和所要达到的目标及程度具体化，法官才能对案件事实进行准确、具体的把握与认定，判断案件事实是否能够达到“排除合理怀疑”的程度，才能够防止法官任意认定“合理怀疑”。[③]其次，作为事实认定者，法官必须在综合全案证据的基础之上进行判断，在充分评议的基础之上形成“排除合理怀疑”之心证。反观日本，日本最高法院并未在判例中针对证明标准以及“合理怀疑”之具体含义予以直接明确的说明，日本司法实务界对诸如“证明标准的意义”等问题亦争论不休。基于此现状，一向善于汲取、继受别国法律经验的日本在借鉴美国“排除合理怀疑的证明”具体要求时，结合自身司法现状，集中探讨了“评议的充实性”对于“排除合理怀疑”的重要性。于日本而言，实现“排除合理怀疑”的证明，关键在于“充实一审”抑或“充实评议”。“充实一审”抑或“充实评议”不仅是制度、政策的问题，更涉及“排除合理怀疑的证明”能否彻底实现，两者间密不可分。日本司法认为，撤销原有罪判决、改判无罪的情况，大多是法

---

① 参见汪振林、何凯迪：《排除合理怀疑的适用范围研究》，载《社科纵横》2020 年第 6 期。

② 参见杨宇冠、郭旭：《“排除合理怀疑”证明标准在中国适用问题探讨》，载《法律科学》2015 年第 1 期。

③ 何凯迪：《“排除合理怀疑”的理解和适用研究》，重庆邮电大学 2020 年硕士学位论文。

官在案件事实认定未排除合理怀疑、评议不充分所导致。法官以“有罪推定”的态度先入为主，如此作出的事实认定充满着法官的偏见与预断[①]；而且，日本法官经常需面对庞大的案件数量，随着案件的拖延以及法官频繁的更换，法官需根据审判记录了解案件审理情况，此种现象亦被称为“记录审判”。法官将审判记录带回自宅阅读的做法，使对证据的探讨与审议之场所被移至法官自宅中，而非法庭之中。[②] 针对司法实务中存在的此类问题，日本建立“公判前整理程序”与“连日开庭规则”，保障评议的充实性。于我国而言，为保障法官形成“排除合理怀疑”的心证，充分发挥“排除合理怀疑”刑事证明标准在事实认定与防止冤假错案中的作用，明确“排除合理怀疑”的具体含义、保障庭审的充实性具有重要意义。

三、启示镜鉴：我国“排除合理怀疑”的完善进路

刑事诉讼的证明标准问题是刑事证明环节中的难点问题，其一难在该项标准的尺度难以设定，其二难在该项标准的适用难以把握。[③] 无论在日本还是在中国，“排除合理怀疑”均为刑事证明标准，但因其抽象的言词表达，且在语义上存在的模糊性，理论界与实务界对“排除合理怀疑”的阐释从未达成一致。[④] 日本通说将“合理怀疑”定义为“通常人持有的怀疑”，日本理论界在刑事诉讼证明标准的问题上，普遍认为应达到“排除合理怀疑”的程度[⑤]，在形成最终结论前，必须完成“排除合理怀疑”的证明。作为事实认定者，法官（或裁判员）必须依照逻辑规则与经验法则对证据进行客观评价，并析出合理怀疑。日本司法实践中，将主观上的（内心）确信与客观上的“排除合理怀疑”二者混同的情形亦时有发生，日本学界认为，对此问题的探讨必须建立在构建正确理论的基础之上，即正确分析“排除合理怀疑”“高度盖然性”以及“确信”间的相互关系。总结而言，犯罪证明（诉讼证明）从属于历史证明，因此并不需要如同逻辑、科学证明一样追求绝对真实。若客观上达到了“排除合理怀疑”或“高度盖然性”的证明程度，那么主观上就必将形

---

① 法学セミナー増刊『日本の冤罪』(日本評論社，1983 年) 204 頁。

② 中川孝博『合理的疑いを超えた証明——刑事裁判における証明基準の機能』(現代人文社，2003 年) 257 頁。

③ 陆锋：《司法实践视野下的排除合理怀疑》，法律出版社 2019 年版。

④ 参见王彬：《后果论视角下的刑事证明标准——以“排除合理怀疑”为中心的分析》，载《法商研究》2021 年第 6 期。

⑤ 肖沛权：《排除合理怀疑研究》，法律出版社 2015 年版，第 175 页。

成（内心）确信。反之亦然，能够形成（内心）确信的情况，也必然能够“排除合理怀疑”。据此，虽然“排除合理怀疑”与“（内心）确信”分属客观与主观两个层面，但二者能够互相推导，具有同质性（见图2）。于我国而言，随着司法改革的深入，“排除合理怀疑”作为证明标准在我国刑事司法制度中得以移植，其背后所体现的程序正义理念逐渐深入人心。这一证明标准的引入，意味着我国的刑事诉讼在逐渐摆脱“客观真实论”的认识论窠臼，与现代程序正义理念进行对接。然而，现阶段我国“排除合理怀疑”的道德正当性依然优先于技术操作性。我国虽然已经确立了“排除合理怀疑”的证明标准，但是具体运作中与本土文化的冲突仍然存在，法律制度与社会意识的调适仍需要过程。在我国的刑事诉讼实践中，由于“排除合理怀疑”的文本表达模糊、技术性操作标准缺乏，实质正义的社会心理根深蒂固，因此在道德压力的作用下，“排除合理怀疑”存在“排除一切怀疑”的危险。[①]

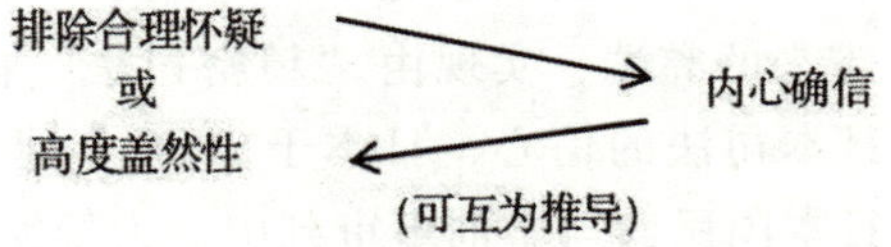

图2 日本排除合理怀疑与内心确信的相互关系

与日本上诉法院对“排除合理怀疑”的证明进行“追溯性审查”相类似的是，我国排除合理怀疑标准作为“证据确实、充分”的重要尺度，必然受到二审法院的审查。在我国，法院审理案件实行两审终审制。对于一审判决，辩护方可以提起上诉，控诉方可以提起抗诉。二审法院审理案件，应当围绕一审法院认定的事实是否清楚，证据是否确实、充分，适用法律是否正确等问题全面审理。倘若二审法院在综合全案证据的情况下，认为所认定的事实没有排除合理怀疑，那么，应当认定未达到“确实、充分”的程度，进而作出裁决，以纠正一审法院的错误裁判；反之，倘若二审法院综合全案证据，认为所认定的事实已排除合理怀疑，那么，应当结合“证据确实、充分”，作出相应裁决。由此可见，我国二审程序是保证排除合理怀疑在司法实践中正确实施的重要途径。我国排除合理怀疑的保障措施在保证证据真实的证据规则设置上不够完备，虽然刑事诉讼法确立了非法证据排除规则、不得强迫任何人自证其罪等

① 参见王彬：《后果论视角下的刑事证明标准——以“排除合理怀疑”为中心的分析》，载《法商研究》2021年第6期。

原则，但仍有待进一步改革与完善。[①] 反观日本，其自引入“排除合理怀疑”法律概念后，通过借鉴英美法中“排除合理怀疑”的具体要求以及德国法中的“追溯性审查机制”，逐渐与自身司法实务相结合，将其内化为具备自身司法特征的刑事证明标准。从制度引入与内化改良而言，日本的做法对我国具有一定的借鉴意义。

日本“排除合理怀疑”另一值得借鉴之处，在于裁判员制度中“排除合理怀疑”的理解与适用。在英美法系国家，判断怀疑是否合理的主体为陪审团。陪审团由普通公民组成，这种做法无疑可以在司法活动中灌输公众观点，进而使排除合理怀疑的适用不至于偏离社会普遍认可的价值准则。战后日本全面继受英美法，将直接从英美法引入的“排除合理怀疑”与效仿美国建立的裁判员制度有益结合。一直以来，日本检察官提起公诉必须以形成有罪（内心）确信、犯罪嫌疑确实存在为前提。[②] 由此，日本刑事审判长期处于过度依赖讯问笔录、脱离以审判为中心的状态之下，导致了“精密司法”[③] 的出现。为改善“精密司法”带来的弊端，实现由“精密司法”向“国民司法”的转型，重拾日本国民对日本司法的信心，日本于2006年建立了裁判员制度。裁判员制度的建立，使日本国民参与至刑事审判中。为帮助并非法律专业出身的裁判员更好地理解“排除合理怀疑”等法律概念，在审判中形成主观（内心）确信，日本司法理论界与实务界均作出了相应努力。例如，从辩护人、法官、法学专家等多角度以通俗易懂的方式向裁判员解说何为“排除合理怀疑”的证明程度以及何为“（内心）确信”[④]；另外，对于裁判员作出的（内心）确信与判断，法院给予其最大限度的尊重。在分析法官与裁判员所作出的“排除合理怀疑”的判断与“（内心）确信”异同的基础之上，寻找其中的平衡点。在集体讨论和交换意见后，作出更令国民接受的刑事审判结论。比较而言，我国亦建立了类似于日本裁判员制度的人民陪审员制度。我国适用排除合理怀疑认定案件事实的主体包括法官和人民陪审员。由于法官一般具有相当的法学理论与丰富的司法实践经验，其适用排除合理怀疑证明标准必然以法学知识和司法经验为基础。因此，要使排除合理怀疑的适用避免偏离社会公众观

---

① 肖沛权：《排除合理怀疑研究》，法律出版社2015年版，第243页。

② 检察官根据确实的证据，有相当大的把握作出有罪判决时，才可认为有足够的犯罪嫌疑而提起公诉，这也是日本起诉后有罪判决率达99%，而无罪判决率低的原因。

③ 精密司法即指过度依赖讯问笔录与审前程序的现象。

④ 参见日本弁護士連合会「法廷用語の日常語化に関するPT報告書」，https://www.nichibenren.or.jp/ja/citizen_judge/program/data/houteiyougo6.pdf，最后访问日期：2022年3月27日。

念，必须充分发挥人民陪审员在认定案件事实方面的作用，这是由人民陪审员来源于普通公民，可以将普通公民的日常情感灌注案件审理所决定的。值得注意的是，尽管我国人民陪审员制度在不断改革完善，但仍存在不少问题，司法实践中常常出现人民陪审员在法庭上陪而不审、审而不议等现象，这无疑不利于运用排除合理怀疑标准过程中灌注一般民众的常识观念。[①] 与日本裁判员类似，我国人民陪审员同样并非法律专业出身，在理解“排除合理怀疑”时也存在与日本裁判员同样的理解障碍与问题。因此，我国可借鉴日本做法，更加细致、全面地解说“排除合理怀疑”等法律概念，帮助人民陪审员形成其（内心）确信与判断。

---

① 肖沛权：《排除合理怀疑研究》，法律出版社 2015 年版，第 233 页。

美国死刑案件量刑程序中“排除合理怀疑”标准的适用

——兼论中国法语境下死刑案件量刑阶段中的“排除合理怀疑”标准

曹　妍*

一、问题的提出

刑事证明标准是刑事诉讼活动的核心，其在诉讼活动中指引并规范控辩双方的举证、质证；同时也指引审判者尽量准确、公正地完成审判活动。《布莱克法律词典》对证明标准的定义为：“证明标准是负举证责任的一方，严格地遵循证据规则和法定程序收集证据，使证据必须达到确信的状态。”“排除合理怀疑”作为英美法的有罪证明标准，多用于刑事案件。2012 年我国刑事诉讼法的修改新增了这一标准，将其作为对“事实清楚，证据确实、充分”的补充。在所有刑事案件中，死刑案件由于其判决结果关涉被告人的生命权，故关于死刑案件的证明标准更值得探讨。我国的量刑程序改革随着《人民法院量刑程序指导意见（试行）》和《关于规范量刑程序若干问题的意见（试行）》（已失效）的颁布出台而展开，这为我国构建相对独立的量刑程序拉开了序幕。在美国，早在 1976 年，美国联邦最高法院便通过格雷格系列案①，确立了一种二分式的死刑程序架构，在这种架构下，死刑案件的定罪程序和量刑程序是分离的。关于“排除合理怀疑”标准如何在死刑案件量刑程序中适用，美国各州及联邦都已对此进行了较为深入的探讨和分析，故本文试图以期对我国死刑案件量刑环节如何适用“排除合理怀疑”标准提供比较法视角的

---

* 曹妍，北京市京都律师事务所律师（实习律师）。

① Gregg v. Georgia，Proffitt v. Florida，Jurek v. Texas，Woodson v. North Carolina，and Roberts v. Louisiana，428 U. S. 153（1976）.

参考。

二、美国“排除合理怀疑”标准概述

证明标准是指一方在法庭上证明某事并使其在法律上成立所必须达到的标准。在美国，最常使用的证明标准在刑事案件中是“排除合理怀疑”标准，在民事案件中是“优势证据”标准。1824 年，美国证据法学家 Thomas Starkie 提出：“刑事案件中控方要充分、实质地证明被告人有罪，证据的证明力要消除所有的合理怀疑。”随后，美国最高联邦法院在 1970 年的 Winship 案件中指出：“依照正当程序的要求，指控有罪的证明要排除所有的合理怀疑，否则不能作出有罪的事实认定。”[①] 该判例讨论了刑事案件中“排除合理怀疑”标准的发展历史，认为这表明该标准是正当程序概念的基础，故此，该判例正式将“排除合理怀疑”标准作为正当程序条款的组成部分，使刑事指控中的“排除合理怀疑”标准成为宪法性的要求。在刑事案件中，“排除合理怀疑”标准表明，将无罪的人定罪比将有罪的人无罪释放的社会危害性更大，这也是著名的刑事司法原则——布莱克斯通错误比所表述的内涵，即“法律认为，十个有罪的人逃脱，比一个无辜的人受苦要好”。

（一）与“排除合理怀疑”标准有关的原则和制度

1. 无罪推定

无论是普通法系国家，还是大陆法系国家，都将无罪推定原则纳入其刑事审判的基本法律原则之一。无罪推定，是指在被证明有罪之前，每个被指控犯有任何罪的人都应当被视为无罪。推定反映的是已知事实和未知事实、前提事实和推定事实之间的关系；推定事实发生的依据包括法律规定和经验法则，法律推定是依法律法规进行的推定，事实推定是依经验法则进行的推定。[②] 通常情况下，刑事案件发生后，无论现代科学技术如何发达，依然无法做到对案发当时情况的百分之百的还原，是以，即使在综合全部在案证据的情况下，对于案件事实的认定也只能是无限接近于真实。无罪推定原则的出现避免了因无法百分之百还原案件事实而错误定罪的情况发生。“排除合理怀疑”标准尽管没有直接表达出“无罪推定”原则，但其内涵却反映了“无罪推定”的理念：只有“合理怀疑”被排除了，才能认定被告人有罪。另外，“无罪推定”原则

---

① In re Winship，397 U. S. 358，90 S. Ct. 1068（1970）.

② 李慧颖：《英美法“排除合理怀疑”的确立——历史、哲理与分析》，厦门大学 2019 年硕士学位论文。

与“排除合理怀疑”标准都要求控方承担证明责任，而辩方既不承担证明己方有罪的责任也不承担证明己方无罪的责任。从某种程度上讲，“排除合理怀疑”标准保障了“无罪推定”原则的实现。

2. 陪审团制度

“排除合理怀疑”标准的确立离不开陪审团制度，其设立之初就为了规范陪审团成员的“良心”裁决，减轻陪审团可能因错误定罪产生的道德责任和心理负担。陪审团作为事实审判者参与案件的审判。美国宪法第六修正案指出，“在所有的刑事诉讼中，被指控的罪犯有由公正的陪审团进行快速和公开审判的权利”。在美国，“排除合理怀疑”标准要求，为了给被告人定罪，控方必须说服陪审团，根据全案证据，可以在“排除合理怀疑”的基础上认定案件事实。同样，法官也需要面临向陪审团指示如何适用“排除合理怀疑”标准的难题。

（二）“排除合理怀疑”标准的定义

由于“排除合理怀疑”标准本身具有高度的盖然性，其语言的表述上具有模糊性，并且其关涉到人的主观心理状态，故关于如何定义或解读“排除合理怀疑”标准，理论界和实务界一直众说纷纭。早在1880年，美国联邦最高法院就已指出：“尝试解释合理怀疑这一术语，通常并不能使得陪审团获得更加清楚的结果，甚至会降低正当程序所要求达到的程度。”[①] 因此，美国联邦最高法院给予其下级法院是否向陪审团定义“合理怀疑”的自由裁量权，并指出宪法没有阻止法院定义“合理怀疑”，也没有要求法院去定义“合理怀疑”。美国联邦各巡回法院以及各州法院通常持以下三种不同的立场：

1. 主张对“合理怀疑”进行定义，即肯定说

美国联邦第三巡回上诉法院、第八巡回上诉法院、第十巡回上诉法院以及马萨诸塞州、内华达州、夏威夷州、新泽西州等州认为对于不具备法律专业知识的陪审员们而言，准确“合理怀疑”这一术语存在困难，各地区、各级法院如果采用统一、明确的标准，有利于控辩双方进行公平的对抗、保障被告人的权利。在陪审员无法了解“合理怀疑”的定义的情况下，其无法判断控方提出的证据或辩方提出的问题是否达到了证明标准，即是否存在“合理怀疑”，这可能会导致司法资源的浪费、诉讼效率的拖延。在实践中，部分州已经“合理怀疑”的定义成文法化并写入法典，如加利福尼亚州的刑法典中对“合理怀疑”定义为：“这不仅仅是一种可能的怀疑，因为与人类事物有关的

① Miles v. United States, 103 U. S. 304 (1880).

一切都可能存在一些可能的或想象的怀疑。它是指在对所有证据进行全面比较和考虑之后，使陪审员的思想处于这样一种状态，即他们不能说他们对指控的真实性感到持久的确信。”①

2. 不主张对“合理怀疑”进行定义，即否定说

美国联邦第四巡回上诉法院、第五巡回上诉法院、第七巡回上诉法院以及佐治亚州、密西西比州等州法院认为，“合理怀疑”标准追求的是理性人依据一般常识、经验进行总结、推理而得出的判断。同时，在陪审员组成随机的情况下，具有不同社会背景、成长环境、教育经历、职业的陪审员之间对同一问题往往具有不同的观点和视角，而对“合理怀疑”标准的适用需要经过陪审团成员主观上的价值判断，并在陪审团的协商、评议中结合集体智慧，得出其最终的判断，故如果对“合理怀疑”进行定义，有时反而会使陪审团产生困惑，不利于实现公正审判。

3. 对定义“合理怀疑”既不支持也不反对

美国联邦第二巡回上诉法院、第十一巡回上诉法院以及路易斯安那州等州法院对是否给予“合理怀疑”定义持中立态度。持中立态度的法院通常没有明确规定是否对“合理怀疑”进行定义，但支持法官在其自由裁量权的范围内向陪审团对“合理怀疑”进行合理的释明、指示。

（三）“排除合理怀疑”标准的证明程度

虽然律师一般不允许用数学或统计学的术语来描述陪审团的证明标准，但许多学者都通过量化的方式对每个证明标准都赋予了某些粗略的数字值。例如，通过“优势证据”“分量更大的证据”和“更有可能”的标准通常要求超过50%的确定性，即使只有50.0000001%的确定性，而“排除合理怀疑”被理解为要求至少有90%—95%的确定性。温斯坦法官在合众国诉法蒂卡案②中指出：优势证据意味着证明要超过50%的确定性；明确和令人信服的证据应该是70%的陪审员确定性；明确、清晰且令人信服的证据应该至少达到80%的确定性；而对于“排除合理怀疑”的证据，应该有95%的确定性。此外，也有学者认为“排除合理怀疑”标准只需要证据的确定性达到90%即可。

（四）“排除合理怀疑”标准确立的意义

“排除合理怀疑”标准确立的最重要的两个目标便是对实现司法公正、人

---

① FindLaw. com - California Code, Penal Code - PEN § 1096 - last updated January 01, 2019 | https: //codes. findlaw. com/ca/penal - code/pen - sect - 1096/.

② United States v. Fatico, 458 F. Supp. 388, 403 - 07 (E. D. N. Y. 1978), aff' d, 603 F. 2d 1053 (2d Cir. 1979).

权保障的追求，这两者也是各国刑事诉讼所追求的目标。“排除合理怀疑”标准作为美国诉讼体系中最高的证明标准，在刑事诉讼中，能够最大限度地保证对被告人定罪量刑的准确性，使有罪的人被定罪处罚，无辜的人洗清嫌疑，减少冤假错案的发生。通过正当程序条款，“排除合理怀疑”标准不但具有了宪法性，而且从程序正义的角度实现了对人权的保障。作为证明标准之一，“排除合理怀疑”标准的确立解决了诉讼中证明责任的分配和不利后果的承担问题，这为控辩双方在对抗制的诉讼活动中处于更加平等的地位提供了基础。

三、美国死刑案件及其量刑程序概述

目前，在美国只有 27 个州、美国军队和联邦政府仍然批准将死刑作为刑罚的一种，其余的 23 个州已经禁止死刑。各州的死刑审判程序略有不同，但最常见的便是美国联邦最高院通过格雷格系列案确立的二分式的死刑程序架构，即将死刑案件的定罪程序与量刑程序分离。与普通刑事案件在定罪阶段的审判后进行量刑听证不同，二分式的死刑架构会在单独的审判程序中对量刑问题进行裁决，即控辩双方可在量刑程序中对涉及量刑的问题提交证据，并展开充分的辩论。在汤普森诉俄克拉荷马州（Thompson v. Oklahoma）一案中，奥康纳大法官在一份同意意见中表示：“作为一个实际问题，我们实际上要求只有在有罪判决之后进行单独审判时（如量刑程序）才能判处死刑，而且我们已经将刑事审判期间适用的许多程序性限制扩展到这些程序中。”① 故与普通刑事案件的量刑程序由法官主持并作出裁决，且陪审团不会参与到量刑程序的模式不同，死刑案件的量刑阶段需要有陪审团的参与。美国联邦最高法院在 2002 年瑞宁诉亚利桑那州（Ring v. Arizona）一案中认为，判处死刑的加重因素相当于判处更严重犯罪的构成要件，宪法第六修正案要求其应当由陪审团裁决。

死刑案件的量刑程序进一步分为适格决定（eligibility decision）和选择决定（selection decision）两个环节。“适格决定”解决的是死刑适用的门槛问题，即被告人是否可以被判处死刑的问题。“适格决定”旨在限制适用死刑的案件类型和被告人类型，在这一部分主要涉及的是判断被告人所实施的犯罪行为是否具备法定加重情节，如是否具有严重犯罪前科、谋杀警察、谋杀多人、谋杀将会作出不利于自己证言的证人等。如果陪审团认定存在一个或者多个法定加重情节，那么对该被告人判处死刑就是适格的；反之，如果陪审团认为该

---

① Thompson v. Oklahoma，487 U. S. 815（1988）.

被告人的犯罪行为不具备任何法定加重情节，那么将不得对该被告人适用死刑。在基于加重情节而认定对被告人施以死刑是适格的情况下，就需要进行“选择决定”。“选择决定”旨在确定被告人是否事实上应当判处死刑，以此来实现个别化裁量。在“选择决定”阶段，陪审团和法官可以考量的证据范围非常广泛，凡涉及犯罪行为本身的性质，以及被告人的品行和记录等的证据都可纳入“选择决定”部分的考量，如童年时期受虐待对个人生命历程的影响、精神疾病、有悔罪表现等。

由于美国死刑案件的量刑阶段相当于一个单独的审判程序，其同样具备普通刑事案件审判环节应有的步骤，如判决前调查、被害人影响陈述、证据调查和辩论等。在证据调查和辩论部分，控辩双方可以分别、依次向法庭提交与量刑有关的证据。但基于控方的角色要求，控方的主要目的是证明量刑加重因素的存在，以期得到判处被告人死刑的判决；相反，辩方基于其维护被告人利益的需要，其举证质证的目的旨在证明量刑减轻因素。在证据调查和辩论阶段结束后，法官通常会围绕上述阶段中知悉的量刑加重或减轻因素，向陪审团提问和作出指示。陪审团不但需要考虑围绕犯罪行为本身的加重和减轻情节，而且还要考查与被告人本人有关的加重和减轻情节，并作出他们对该案件的量刑建议。在死刑案件中，陪审团将在死刑、无假释的无期徒刑，以及除无假释的无期徒刑外的监禁之间作出选择。在考虑了陪审团的量刑建议后，法院将正式宣布对被告人的刑罚。在一些州，法官必须遵循陪审团的建议，在其他州，法官可以在没有陪审团的情况下判刑，或推翻陪审团的建议。由此可见，在将死刑案件的定罪程序和量刑程序相分离的情况下，陪审团可以在量刑阶段得到所有与量刑有关的信息，而不会威胁到定罪阶段审判的公正性。综上，死刑案件二分式的程序架有助于使死刑案件的被告人得到恰当的量刑，有助于实现死刑案件中的程序正义，并有助于减少冤假错案的发生。

四、美国死刑案件量刑程序中“排除合理怀疑”的适用

在考量死刑案件问题时，除了在格雷格系列案中从宪法第八修正案角度出发外，死刑案件的问题还涉及第六修正案中的律师有效协助问题、第四修正案的搜查和扣押问题和第五修正案的自证其罪问题。此外，即使作为刑事案件中特殊的一类，在死刑案件中也如在其他刑事案件中一样，可以对如上诉时获得律师的权利、审前辨认程序的公正性、谁承担说服责任以及适当的证据标准等问题独立援引第十四修正案的正当程序条款。由于死刑案件关涉到被告人的生命，一旦发生错判、误判将导致无法挽回的结果，故其采用最高的证明标准——排除合理怀疑，来减少错判、误判的发生。虽然一些州在量刑时也要

求采用“排除合理怀疑”的证明标准，但其中有几个州只在必须证明加重因素以获得死刑时才适用这一标准。

实践中，在仍然保留死刑的州中，有7个州在死刑案件的量刑阶段采用“排除合理怀疑”的标准，这7个州分别是：阿肯色州、科罗拉多州、新泽西州、俄亥俄州、得克萨斯州、犹他州和华盛顿州。这些州认为，在认定“加重处罚的情节超过减轻处罚的情节”或“死刑是适当的补救措施”时，必须“排除合理怀疑”地作出确切的决定。其中，俄亥俄州、新泽西州、阿肯色州、华盛顿州和得克萨斯州对“排除合理怀疑”标准是有法定要求的，即使法令的语言存在差异，但每条法规的效果都是要求判刑者确定死刑的证明标准是排除合理怀疑的。新泽西州、犹他州和科罗拉多州最高院的判决阐明了在法规没有规定的情况下，对刑罚的确定需要采用“排除合理怀疑”标准。此外，有11个州明确拒绝在量刑阶段采用“排除合理怀疑”的标准。无论这些拒绝采用“排除合理怀疑”标准的州如何措辞，拒绝适用该证明标准的一个常见的门槛理由是，证明标准适用的前提条件是对事实的证明，而权衡加重和减轻处罚的情节不是对事实的证明，故没有任何证明标准可以适用于权衡加重和减轻处罚情节的量刑阶段。

在美国，政策证明和宪法都为将“排除合理怀疑”的标准纳入死刑案件的量刑阶段提供了强有力的论据。美国联邦最高法院虽然在格雷格系列案中援引了第八修正案，但根据目前最高法院的决定，第八修正案被拒绝作为“排除合理怀疑”要求的可行依据。然而，根据第十四修正案的正当程序条款进行的分析，为在刑罚阶段以“排除合理怀疑”的要求为基础提供了一个令人信服的独立理论。对正当程序理论的分析涉及对刑罚阶段所作决定的性质以及最高法院关于证据标准的决定的审查。通过上面关于美国死刑案件量刑阶段的论述可知，美国死刑案件的量刑阶段可类比于一个单独的审判阶段，故死刑案件量刑阶段的“关键权衡决定”（critical weighing decision）与定罪阶段的犯罪构成要素相类似，由此，在量刑阶段对加重和减轻情节的权衡是一项需要证据标准的决定。尽管一些拒绝接受“排除合理怀疑”标准的下级法院区分了“权衡决定”和“事实调查”，但这种区分并没有改变在作出决定时对确定性程度的考查需要。在大多数州，事实调查者必须决定加重处罚的情节是否事实上超过了减轻处罚的情节。除非作出上述裁决，否则不能对被告人施以死刑。因而，事实调查者仍然面临着决定他或她在多大程度上确信加重处罚情节超过减轻处罚情节，即死刑案件量刑阶段的决定仍需要考虑证明标准问题。

五、中国法语境下的“排除合理怀疑”标准

我国“排除合理怀疑”标准首次出现在2012年修正的刑事诉讼法中，该标准的出现与促进司法公正的目标紧密相关。促进司法公正，首先就要提高司法认定案件事实的准确性，这就对证明标准的严格程度提出了考验。在普通人通识的概念中，证明标准越严格，事实认定的准确性越高，案件被错判、误判的概率就会越低。然而，在司法实践中，对如何达到“事实清楚，证据确实、充分”这一高标准却无具体要求。“排除合理怀疑”标准的出现从某种程度上打破了上述僵局，其不仅指出了证明目的即证明应当达到的状态要求，而且指出了达到这种证明目的的方法，即通过对“疑点”理性的分析以及“排除合理怀疑”的过程实现证明。①

（一）“排除合理怀疑”的定义、概念

在美国，无论是理论界还是实务界，关于是否应该对“排除合理怀疑”进行定义的说法和做法不一，大体上分为肯定说、否定说和中立说三类。那么在中国法语境下，对“排除合理怀疑”标准是否定义或者如何定义呢？按照全国人大常委会法制工作委员会（以下简称全国人大法工委）刑法室的解释，“排除合理怀疑”是指“对于事实的认定，已没有符合常理的、有根据的怀疑，实际上达到确信的程度”。此外，根据最高人民法院《关于适用〈中华人民共和国刑事诉讼法〉的解释》第140条第4项“根据证据认定案件事实足以排除合理怀疑，结论具有唯一性”，有的学者将“排除合理怀疑”标准与“唯一性”画上了等号。

（二）“排除合理怀疑”标准的本土定位

全国人大法工委曾对“排除合理怀疑”标准作了具体的说明：“‘证据确实、充分’具有较强的客观性，但司法实践中，这一标准是否达到，还是要通过侦查人员、检察人员、审判人员的主观判断，以达到主客观相统一。只有对案件已经不存在合理的怀疑，形成内心确信，才能认定案件‘证据确实、充分’。这里使用‘排除合理怀疑’这一提法，并不是修改了我国刑事诉讼的证明标准，而是从主观方面的角度进一步明确了‘证据确实、充分’的含义，便于办案人员把握。”② 由上述说明可知，立法机关的立法本意是通过“排除

---

① 龙宗智：《中国法语境中的“排除合理怀疑”》，载《中外法学》2012年第24卷。

② 全国人大常委会法制工作委员会刑法室：《关于修改中华人民共和国刑事诉讼法的决定：条文说明、理发理由及相关规定》，北京大学出版社2012年版，第53页。

合理怀疑”标准的引入，从主观方面对“事实清楚，证据确实、充分”标准进行补充。

“事实清楚，证据确实、充分”标准为裁判者认定案件事实设立了外在的、具体的证明要求，但其固有的客观性却往往忽视了事实裁判者在对证据进行审查判断时的内心确信。虽然从表面上看，客观性的证明标准会限制司法人员的自由裁量权，防止司法人员在认定证据时的任意和武断，但这也极易造成事实裁判者在认定证据时的僵化和形式主义，即只要证明在形式上满足了“证据确实、充分”的标准即可。然而，“排除合理怀疑”标准的出现，对“事实清楚，证据确实、充分”标准的主观方面进行了补强，实现了我国证明标准的主客观方面的统一，同时，该标准的出现也为“证据确实、充分”标准提供了判断方法。通过对《刑事诉讼法》（以下简称《刑诉法》）第55条进一步的审视可以看出，“排除合理怀疑”标准在刑事诉讼法体系中处于“事实清楚，证据确实、充分”之下。综上，笔者认为，在学界对这两个证明标准的讨论有“补充说”“解释说”“取代说”三种不同观点的情况下，“补充说”更能准确地反映两者的关系。

六、中国法语境下死刑案件量刑阶段“排除合理怀疑”标准的考量

2010年，我国开始进行量刑规范改革，在此之前，我国刑事诉讼中的定罪程序和量刑程序实行的是一体化模式，此次改革明确了量刑问题的重要性和独立性，使得司法实践对量刑问题开始予以重视。然而，法律并没有对于定罪阶段与量刑阶段如何划分，是否设立完全独立的量刑程序进行明确规定。按照量刑规范改革的要求，不但检察机关可以提出量刑建议，当事人也可以提出量刑意见，并且侦查机关和检察机关也有义务去收集量刑证据。在我国量刑制度改革的背景下，即使最高人民法院已经以“构建独立的量刑程序”为思路在部分下级法院开展了量刑独立改革试点工作，死刑案件审判中仍普遍未设置独立的量刑程序。由于死刑案件的量刑决定了被告人的生与死，故对与死刑案件量刑阶段中证明标准的考量便显得尤为重要了。当前，我国死刑案件的定罪标准依然采用“事实清楚，证据确实、充分”的标准，同时，根据《刑诉法》及其司法解释、《关于办理死刑案件审查判断证据若干问题的规定》，“排除合理怀疑”的标准也同样适用。然而，通过对上述法律法规和司法解释的审视可知，其并未对定罪阶段和量刑阶段中适用证据的证明标准进行区分，据此可知，“排除合理怀疑”标准当然适用于死刑案件的量刑阶段。另外，鉴于死刑刑罚执行后的不可回溯性和其严厉性，在量刑阶段采用“排除合理怀疑”这

个证明程度较高的证明标准有利于减少错判误判。

有学者认为，“在量刑程序中，鉴于法院已在定罪阶段对被告人做出有罪认定，无罪推定不再发生法律约束力，因此‘谁主张，谁举证’成为这一程序中确定举证责任分配的基本原则”。[①] 故无论是控方还是辩方，都有权提出相关的量刑证据和己方的量刑意见，并对各自的主张承担举证责任。具体而言，控方将对与犯罪事实有关的量刑情节、从重量刑情节承担举证责任；而辩方通常会提出有利于被告人的量刑情节并对其承担举证责任。还有学者认为，对被告人不利的量刑情节和对被告人有利的量刑情节应适用不同证明标准。其中，对于不利于被告人的量刑情节，应由控方承担排除合理怀疑的证明责任，而有利于被告人的从轻、减轻的量刑情节只需采用优势证明标准。

在“排除合理怀疑”标准可以在死刑案件的量刑阶段适用的基础上，结合上述对美国死刑案件量刑程序中“排除合理怀疑”标准的讨论，笔者对当前我国死刑案件量刑阶段“排除合理怀疑”标准的适用提出如下建议：

（一）建立定罪与量刑程序相分离的死刑案件程序架构

在死刑案件量刑阶段对量刑情节进行审查时引入“排除合理怀疑”标准的主要目的之一是保障被告人的权利，使其感受到司法赋予其的程序正义。设置刑事诉讼不仅是为了威慑被告人，也在于提供对被害人的权利保护。在定罪与量刑程序相分离的情况下，对被害人与被告人的权利保护才能达到一种均衡的状态。这是因为，在定罪阶段，检控方代表被害人与被告方对抗，被害人无法主动、亲自为自己争取权利，但又要承担最终呈现的判决结果。如果因为公安机关及检察机关的失职或能力不足而让被告人侥幸逃脱定罪处罚，被害人其实并无其他有效的权利救济途径。然而，如果设立了独立的量刑程序，在这个程序中，一切与量刑有关的证据都可以呈交法庭，那么该程序便为被害人提供了充分参与量刑决策过程的机会。在被告人也可以提交与减轻量刑情节有关证据的情况下，被害人与被告人的诉讼地位在该程序中趋于平等，而“排除合理怀疑”标准的引入为审查双方呈上的证据提供了证明标准，更能强化这种平等。此外，在量刑阶段前，被告人已被作出有罪裁决，故而“无罪推定”在量刑阶段并没有太大意义，并且其他证据规则、司法证明规则也失去了发挥作用的机会。在这种情况下，“排除合理怀疑”标准的作用便开始凸显。

（二）发挥判例、指导案例的指导与参考作用

我国是成文法国家，不能像那些判例法国家一样可以借助判例对“排除

---

① 陈瑞华：《量刑程序中的证据规则》，载《吉林大学社会科学学报》2011 年第 1 期。

合理怀疑”标准的内涵、“合理怀疑”的程度等作进一步地阐释和说明。但当前，我国刑事案件指导制度的雏形已经显现。最高人民法院通过对在事实认定、证据采纳、法律适用和量刑裁决等方面具有研究意义的典型案例的发布汇编，不仅对全国各级法院刑事审判工作进行了业务指导，也为办理刑事案件的实务工作者、研究刑事案件的学者了解最高人民法院对各类刑事案件的证据、事实认定、证明标准的适用等方面的最新观点提供了参考。因此，在研究“排除合理怀疑”标准如何恰当地适用于死刑案件的量刑阶段时，如果最高人民法院可以及时发布相关指导案例，将在司法实践中发现的对“排除合理怀疑”标准适用得当、论证合理的案例进行汇总与展示，那么司法工作人员、律师、学者将能及时、准确地把握“排除合理怀疑”标准的运用。

（三）改革和完善人民陪审员制度

美国和其他英美法系国家建立“排除合理怀疑”标准的制度基础之一便是其陪审团制度。陪审团作为诉讼案件中的事实裁判者，要在证明标准的基础上，运用其一般常识，对在案证据进行价值判断并最终形成内心确信。陪审团在事实认定中展现的是集体智慧，这在一定程度上可以帮助法官分担认定事实方面的风险，而我国最初引入“排除合理怀疑”标准的原因之一便是减少法官在认定事实方面出错的风险和限制法官的自由裁量权。

我国采用的是陪审制的另一种表现形式——参审制，即人民陪审员制度。党的十八届三中、四中全会也对完善人民陪审员制度的改革进行了部署，并重申了人民陪审员制度是中国特色社会主义司法制度的重要组成部分。在人民陪审员制度下，人民陪审员除不能担任审判长之外，与职业法官享有同等地位的审判权，这体现在人民陪审员也可以与职业法官共同组成合议庭，既可以认定案件事实，又有权决定法律适用。但在当前的司法实践中，人民陪审员制度在某些地区流于形式，人民陪审员只陪不审、只合不议的情况多有发生。然而，“排除合理怀疑”标准在死刑案件量刑阶段的准确适用，需要人民陪审员通过其作为普通民众的基本认知来达成集体智慧、形成内心确信。死刑案件的量刑阶段主要是对与被告人有关的从重量刑情节以及从轻、减轻或免除刑罚等量刑情节的考查。因此，笔者建议，在当前人民陪审员制度落实不到位的情况下，人民陪审团制度改革最起码应当确保人民陪审员作为事实认定者，在对死刑案件量刑证据考查过程中发挥其集体智慧，形成内心确信。

（四）列明死刑案件量刑阶段涉及量刑加重情节、减轻情节的类型

在定罪与量刑相分离的诉讼结构中，有罪认定已在定罪阶段完成，量刑阶段主要解决的问题是是否应当将被告人判处死刑。鉴于此，量刑阶段主要是对

涉及加重或减轻量刑情节的证据的审查。为了让事实认定者更好地利用“排除合理怀疑”标准对死刑案件量刑证据进行审查，更好地理解应对何种证据或情节产生“合理怀疑”，笔者建议，立法机关可以参照美国联邦或各州法典中对死刑量刑中的加重因素、减轻因素的规定，结合我国本土实际情况，将不利于被告人的量刑加重情节和有利于被告人的量刑减轻情节在有关法律法规或司法解释中列明。

（五）落实非法证据排除规则

鉴于死刑刑罚的严厉性和不可挽回性，对于死刑案件量刑阶段与量刑情节有关证据的考查更应当确保其合法性和可采性。因此，在已确立非法证据排除规则的情况下，通过更加完善的程序，进一步落实非法证据排除规则，对死刑案件量刑阶段“排除合理怀疑”标准的适用是很有必要的。